Berta Eggersberger / Inge Puchalka

DIE WAHRHEIT ÜBER

# „ERDSTRAHLEN"

IM WOHNBEREICH

ENTSTEHUNG UND ABHILFE

Mit Anhang:

Erfahrungen in der freien Natur mit Tieren und Pflanzen

Bestellungen an:
[illegible]
[illegible] 10
8000 München 40
Tel.: 089 / 361 44 13



ISBN-Nr. 3-9802186-1-9

9 783980 218610

1.87
5.89

Ich danke besonders meiner lieben Freundin, Frau Dreb, für die große Sorgfalt bei der Durchsicht des Manuskripts.

Herrn Josef Schweiger, München, will ich meinen Dank aussprechen für die vielen Anregungen zur Gestaltung des Buches.

Die Philosophie ist wie ein Baum
die Wurzeln sind Metaphysik
der Stamm ist Physik
und die Zweige sind die anderen Wissenschaften

Descartes

# Inhaltsverzeichnis

# Vorwort

Aus vielen Erfahrungen heraus wurde dieses Buch geschrieben, in der Absicht Ihnen zu helfen, Ihr Wohlbefinden zu erhalten oder wieder zu erlangen.

Mit Sicherheit haben Sie schon öfter von Erdstrahlen, Wasseradern oder geopathogenen Zonen gehört oder gelesen. Wir mußten immer wieder feststellen, daß diese Publikationen nur allgemein informieren, aber keine Ratschläge zur Selbsthilfe geben, die nach unserer Erfahrung durchaus möglich ist.

Wir sind überzeugt, daß durch Befolgung gewisser Verhaltensweisen eine Minimierung der Strahlenbelastung Ihres Wohnbereichs, vor allem in Ihrem Schlafzimmer zu erreichen ist.

Die neue Erkenntnis die Ihnen dieses Buch bringt, ist die Entdeckung, daß die im Wohnbereich von den Rutengängern gefundenen „Erdstrahlen" nicht aus dem Erdinneren oder aus dem Kosmos stammen, sondern von den verschiedensten Gegenständen im Raum selbst ausgesendet werden. Viele Rutenuntersuchungen, die Sie im Buch exakt geschildert finden, belegen diese interessante Tatsache einwandfrei.

Gegenstände, angefangen von Kugelschreibern, über Vasen, Kerzenständer, Bilder, Pokale, alle Dinge die aus Materialien hergestellt sind, welche aus der Erde gefördert werden, bis zu Spiegeln, Elektrogeräten usw. erweisen sich als Strahlenquellen.

Da der Standplatz dieser Gegenstände meist laufend geändert wird, wechselt auch das Strahlungsfeld. Dies ist endlich die plausible Erklärung dafür, daß das Verstellen der Betten, sowie die feste Anbringung teurer Entstrahlungsgeräte nur kurzdauernden Erfolg bringen kann, nämlich bis zur nächsten Veränderung im Raum. Es genügt z.B. ein neu auf dem Nachttisch aufgestelltes Wasserglas, um die mühsam hergestellte Strahlenharmonie wieder entgleisen zu lassen.

Als logische Konsequenz daraus ergibt sich eine neue, umwälzende Methode, gegen diese Störfelder Abhilfe zu schaffen. Vor allen Dingen sollen die Menschen den Schlafbereich möglichst frei von strahlenden Gegenständen halten. Und der Rutengänger kann mit Hilfe der Dipolwirkung, für die er einen schon in der Wohnung vorhandenen Gegenstand verwenden kann, und die im Buch genau beschrieben ist, ohne daß ein teures Abschirmgerät notwendig ist, wieder ein harmonisch ausgewogenes Strahlungsfeld herstellen.

Wir möchten Sie im vorliegenden Buch über die Ursachen und Auswirkungen dieser Phänomene in kurz gefaßter und allgemein verständlicher Form informieren. Es wurde für jedermann geschrieben und soll falschen Vorstellungen und Vorurteilen entgegenwirken.

Wir hoffen, mit diesem Buch einen Beitrag zu Ihrem Wohlergehen leisten zu können.

Die Verfasser

Wie ich meine Rutenfühligkeit entdeckte:

# Berta Eggersberger

Im Jahre 1969 bestellte ich für unser neu erbautes Haus einen Rutengänger, der schädliche Stellen orten und diese mit Hilfe von Kupferringen, die er an der Kellerdecke anbrachte, beseitigen wollte. Sie sollten im Umkreis von elf Metern alles abschirmen.

Der Durchmesser der Ringe betrug ca. 0,30 m, die Stärke 11 mm. Der Rutengänger wies darauf hin, daß sich die Ringe aufladen und somit unwirksam werden. Zur Regeneration sollten sie dann nur mit Handschuhen angefaßt, gewaschen und mit Schmirgelpapier abgeschliffen werden.

Auf die Frage, welche Zeit es in Anspruch nehmen würde bis die Ringe wieder aufgeladen sind, antwortete er mir, daß man dies nur mit der Rute feststellen könne.

Dieser Umstand weckte meine Neugier und ich wollte selbst ausprobieren, ob auch ich in der Lage wäre, mit der Rute Strahlen zu orten.

Zu meinem Erstaunen funktionierte es auf Anhieb. Seit diesem Zeitpunkt war mein Interesse für die Arbeit mit der Rute geweckt.

Nach einigen Tagen stellte ich fest, daß sich die Ringe im Keller aufgeladen hatten und gereinigt werden mußten. Dies tat ich einige Male. Das immerwährende Abmontieren und Putzen war mir jedoch bald lästig, und so ließ ich die Ringe im Keller an der Decke hängen.

Bald darauf untersuchte ich meine Wohnung mit der Rute und warnte meine Angehörigen, sich auf die von mir festgestellten Störfelder zu legen, was sie unter Hinweis auf die Kupferringe ablehnten. Dieser Meinung konnte ich mich jedoch nicht anschließen, da ich trotz der Ringe, auch wenn sie gereinigt wurden, immer noch Störfelder muten konnte. Nachträglich wurde mir bewußt, daß wir auch in unseren früheren Wohnungen nicht ganz strahlenfrei geschlafen hatten.

Damals kam mir natürlich nicht in den Sinn auf irgendwelche „schädliche" Einrichtungsgegenstände zu achten. Wir nahmen ja bei unserer zweimaligen Übersiedlung sämtlichen Hausrat, leider auch zwei Gewehre, Patronen und Bajonett, die mein Mann in unserem Schlafzimmer aufbewahrte, mit. Heute drängt sich mir allerdings die Vermutung auf, daß bei der Ursache für die schwere Krankheit meines Mannes — er litt an Nierenbeckenkrebs — diese Umstände eine Rolle gespielt haben.

Der Ausbruch der Krankheit meines Mannes war der Anlaß, mich noch intensiver mit der Wünschelrute zu beschäftigen.

In der Folgezeit nahmen immer mehr Bekannte meine Fähigkeit in Anspruch und der Kreis derer, die mich um Rat ersuchten, wurde allmählich größer.

Meine Arbeitsmethode war damals die gleiche, wie die der meisten Rutengänger. Man stellte eine Störzone fest und veränderte die Position der Betten.

Bei einer späteren Kontrolle stellte ich fest, daß sich erneut Störzonen über den Schlaf- und Liegestätten gebildet hatten.

Bis nun war der Ablauf nach der Suche eines guten Platzes etwa folgender: Der Rutengänger mutete die Bettstelle und fand meist Störzonen über dieser. Daraufhin suchte er einen anderen, störungsfreien Platz im Raum. Das Bett wurde in der Regel in Abwesenheit des Rutengängers umgestellt, und dabei mußten auch andere Gegenstände im Raum ihren Standplatz wechseln. Durch die räumliche Veränderung dieser Dinge konnten sich neue Störzonen aufbauen. Der nächste Rutengänger konnte dann Störzonen über dem Bett an dem „Guten Platz" muten. Nun konnte das böse Spiel von neuem beginnen.

Ich stellte mir immer die Frage, woran das liegen könnte.

Viele Personen, die ihre Wohnungen durch einen Rutengänger überprüfen und hernach einen zweiten zur Nachkontrolle kommen ließen, mußten erfahren, daß sich die Position und die Anzahl der Störfelder geändert hatte, was sie zu dem Schluß kommen ließ, daß sie einem Scharlatan aufgesessen wären.

Diesen Rutengängern wurde wohl Unrecht getan auf Grund der Annahme, daß sich Störfelder in ihrer Position kaum verändern und nur aus dem Erdinnern oder aus der Atmosphäre herrühren.

Man wußte nicht, daß die Störfelder durch Gegenstände aufgebaut werden und daß durch Umstellen von Möbeln, Einrichtungsgegenständen, Spiegeln und dergleichen, man Einfluß auf die Störfelder selbst nimmt, woraus eine Veränderung ihrer Position resultiert.

Durch Umstellen leicht beweglicher Gegenstände werden über den Betten immer wieder andere Strahlensituationen aufgebaut, d.h., dadurch wird nicht dauernd dasselbe Organ den gleichen Strahlen ausgesetzt.

Eine Hausfrau, die gerne Veränderungen vornimmt, ohne gleich die Betten umzustellen, kann in ihrem Schlafbereich eher eine Entlastung bewirken.

Ich hoffe, daß ich mit Hilfe meiner Mitarbeiterin, Frau Inge Puchalka, heute in der Lage bin, manche offene Frage der Radiästhesie beantworten zu können. Durch unsere gemeinsame Tätigkeit konnten wir diese Ergebnisse erzielen, die wir Ihnen in diesem Buch vorstellen wollen.

Ich hoffe, daß ich ein kleines Zahnrad im Getriebe der Radiästhesie, zum Wohle der Menschen, sein darf.

## Inge Puchalka

Vor vielen Jahren, während eines „Imago Mundi" Kongresses in Augsburg, wurden die Teilnehmer durch eine Schülerin des berühmten Wunderheilers Harry Eduards, London, auf ihre magnetischen Fähigkeiten getestet.

Zu meiner großen Überraschung wurden bei mir Kräfte in überaus starker Form festgestellt.

Durch diesen Vorfall auf meine Fähigkeiten aufmerksam gemacht, bemerkte ich während eines anderen Kongresses, als ich unmittelbar hinter dem Vortragenden stand, daß von seiner Wirbelsäule starke Impulse ausgingen, die auf meinen Handrükken störend wirkten. Ich tastete mit der Hand, in ca. 10 cm Entfernung, seine Wirbelsäule ab und machte die Feststellung, daß die Intensität der Impulse variierte.

Dies beobachtete eine nebenan sitzende Dame, die sich als Gattin des Vortragenden zu erkennen gab. Auf die Frage, was ihrem Mann fehle, antwortete ich, daß ich dies nicht wüßte, fragte sie aber, ob ihr Mann starke Schmerzen im Bereich der Wirbelsäule hätte; was sie erstaunt bestätigte.

Dieses Gespräch endete mit einer weiteren Überraschung. Im Verlauf unserer Unterhaltung nahm ich wahr, daß von ihrem Bauch auch Impulse, allerdings anderer Art, ausgingen. Aus einer unbegreiflichen inneren Eingebung heraus sagte ich zu ihr: „Und Sie sind schwanger!"

Das Gesicht dieser Frau werde ich ein Leben lang nicht vergessen. Sie starrte mich überrascht an und bat mich nicht laut zu sprechen, denn sie sei tatsächlich in anderen Umständen, aber ihr Mann wisse noch nichts davon.

Nach diesem amüsanten, aber doch sehr bedeutungsvollen Ereignis, begann ich ernsthaft über meine Fähigkeiten nachzudenken und prüfte mich ehrlich und unvoreingenommen, ob ich in der Lage wäre, diese Gabe zum Wohle anderer Menschen einzusetzen.

Obwohl ich schon in meiner Jugend intuitiv den Gesundheitszustand anderer Personen erfassen konnte, kam ich erst nach oben angeführtem Vorfall auf den Gedanken, daß dieser Umstand mit meiner magnetischen Sensibilität im Zusammenhang stehen könnte.

An Bekannten begann ich meine Fähigkeiten zu testen und sammelte so meine ersten Erfahrungen.

Eines Tages besuchte ich einen schwerkranken, an einem Gehirntumor leidenden Mann. Ich testete seine Schlafstelle sowie seine Ruhestätte im Wohnzimmer auf Strahlen. Ich sagte ihm, wo er sich hinlegen dürfe, wußte aber zu diesem Zeitpunkt noch nicht, worauf diese Strahlen zurückzuführen sind und schon gar nicht, wie ich diese Störungen beseitigen könnte. Die Dame des Hauses erklärte mir, daß sie jemanden kenne, der eine Abschirmung vornehmen könne.

Bei einem späteren Besuch konnte ich, zu meinem Erstaunen, keine schädlichen Strahlen mehr feststellen. Ich fragte verwundert, ob abgeschirmt worden sei und wurde aufgeklärt, daß Frau Eggersberger hier gewesen sei und mit der Wünschelrute die

Störfelder auch gefunden habe und sie mit einer quadratischen leeren Flasche abgeschirmt hätte.

Die Flasche sah ich dann auf einem Möbelstück im Wohnzimmer stehen. Da ich das nicht so einfach glauben konnte, wollte ich mich sofort davon überzeugen.

Ich stellte mich mit dem Rücken zur Flasche, strich mit der Hand über die besagte Stelle und konnte keinerlei Störfelder mehr feststellen. Ich ersuchte Frau H. die Flasche von ihrem Platz zu entfernen. Augenblicklich empfand ich starke Schmerzen, die vom Brustansatz ausgingen, bis ins kleine Becken ausstrahlten und sogleich verschwanden, als die Flasche auf ihren alten Platz zurückgestellt wurde.

Wir wiederholten dieses Experiment einige Male, immer mit demselben Ergebnis. Danach war ich überzeugt, daß die leere Flasche, die auf einer von Frau Eggersberger ausgeruteten Stelle stand, ihre Funktion tatsächlich erfüllte.

Nach dieser Erfahrung nahm ich Kontakt zu Frau Eggersberger auf und so wuchs mein Interesse und das meiner Bekannten an meiner Fähigkeit, die Strahlen mit der Hand zu testen.

Mit der Ausübung wuchs meine Strahlenfühligkeit. Die Strahlenarten, die ich nicht nur mit der Hand, sondern auch körperlich stark empfinde, sind sehr zahlreich und deren Intensität ist ganz unterschiedlich.

Ich bekomme leichte bis starke Kreislaufstörungen, verschiedentlich nehme ich sofort einen unangenehmen, modrigen Geruch wahr oder mein Magen produziert in kurzer Zeit viel Luft, was sich im ständigen Aufstoßen, das mir Erleichterung bringt, äußert.

Dieser Zustand hält oft einige Stunden an und mein Wohlbefinden ist hernach erheblich gestört.

Ich hatte schon das Gefühl von Herzbeklemmung; dies meist in Wohnungen, in denen Menschen, wie sich später herausstellte, von Krebstumoren geplagt waren und einige Operationen hinter sich hatten.

Wie ich jetzt weiß, sind dies Auswirkungen von verstärkter Radioaktivität und von Verwerfungen.

Aus diesem Treffen mit Frau Eggersberger entwickelte sich bald eine tiefe Kameradschaft und erfolgreiche Zusammenarbeit.

Da wir teils gemeinsam, teils getrennt gearbeitet haben, geben wir jeweils im Text an, wer den Fall bearbeitet hat.

Ich = Berta Eggersberger
oder nach Angabe
BE = Berta Eggersberger
IP = Inge Puchalka

# Kapitel I

## DIE STRAHLENARTEN:

Ich möchte einfach und verständlich, auch für den Nichtfachmann, einige Grundbegriffe der Radiästhesie erklären.

### „Erdstrahlen"

Die gesamte Schöpfung ist Strahlung. Die physikalische Wissenschaft des XX. Jahrhunderts weiß, daß alles, was auf der Erde und im All existiert — alle Energie, alles Leben, alle Materie — im Grunde Schwingung ist, die in ihrer unendlichen Verschiedenartigkeit die Vielfalt der Welt ausmacht.

Gewisse Schwingungen, z.B. Licht, Wärme, Schall und Vibration empfindet der Mensch mit seinem adäquaten Sinn. Für andere Schwingungen braucht er Apparate zum Empfang, wie z.B. für Radiowellen.

Manche Menschen sind noch in der Lage mit ihrem Empfangssinn Schwingungen wahrzunehmen die als Erdstrahlen bezeichnet werden. Sie sind dafür fühlig. Diese Fühligkeit kann durch Ausschlag der Rute oder des Pendels sichtbar gemacht werden.

Wenn ich im Buche der Einfachheit halber nur von der Mutung mit der Rute schreibe, so geschieht dies, weil ich mit der Rute arbeite. Aber was für die Rute gilt, ist genau so für den Pendel gültig.

Heute sind auch schon von Wissenschaftlern technische Geräte geschaffen worden, die „Erdstrahlen"*) nachweisen und messen können. Mit diesen elektronischen Geräten ist dies heute noch ungeheuer aufwendig und mit Ausnahme von einzelnen wissenschaftlichen Untersuchungen noch nicht für die Praxis verfügbar, sodaß Rutengänger die auftretenden Schwingungen noch nicht physikalisch bestimmen können. So haben sich bei den Radiästheten einige Fachausdrücke eingebürgert, die uns bis auf weiteres noch dienen müssen, und die wir mit dem Sammelbegriff Erdstrahlen bezeichnen. Bis heute wußte aber noch niemand wie sie entstehen und wie man sie eliminieren kann.

Die aus dem All oder aus der Erde stammenden Entstehungsursachen für Strahlen waren nach der bisher geltenden Meinung die einzigen Strahlenquellen. Aus der Lektüre unseres Buches werden Sie ersehen, daß wir bei unserer Arbeit noch andere wichtige Strahlenquellen entdeckt haben, die gerade in den Wohnungen für das Vorkommen der „Erdstrahlen" verantwortlich sind. Die Strahlenarten, die aus diesen Quellen entstehen, sind dieselben wie die, deren Ursprung aus der Erde oder aus dem Kosmos herrührt.

Der Radiästhet unterscheidet in diesem Rahmen folgende Schwingungsarten:

**a) Wasserläufe und Wasserkreuzungen:**

Hier handelt es sich um unterirdische, oft sehr tief liegende Wasserläufe, die nicht im direkten Zusammenhang mit offenen Gewässern stehen müssen.

*) Dieser sprachliche Ausdruck ist interessant. Tatsächlich bauen alle Stoffe die aus der Erde gefördert werden — nicht aber was die Erde als Wachstum hervorbringt — diese „Erdstrahlen" auf.

Ihre Breite und ihr Verlauf variieren stark und sie sind wohl die allgemein bekannteste Art für Störzonen. Diese können nur bei Auftreffen auf verschiedene Gesteins- oder Erdarten (z.B. Lehm, Kies) entstehen. Die Wirkung ist besonders gravierend an Stellen, an denen sich zwei oder mehrere Läufe in verschiedenen Tiefen kreuzen. Wir sprechen dann von Wasserkreuzungen. An diesen Stellen schlagen bevorzugt Blitze ein.

Die Belastung ergibt sich nicht allein aus der Wasserströmung, sondern auch aus der Uferzone, die stärkere Turbulenzen aufweist als die Strömung selbst, weil bei weniger Tiefe oft eine stärkere Reibungsfläche vorhanden ist.

**b) Verwerfungen:**

Bei Verwerfungen handelt es sich um Gesteinsverschiebungen und Spalten im Erdinneren. Sie setzen oft radioaktive Gase*) frei und haben einen schwächenden Einfluß auf die Konstitution des Körpers.

**c) Globalgitternetz:**

Es ist als sogenanntes Hartmann-Gitternetz bekannt, das nach seinem Entdecker, Dr. med. Ernst Hartmann, benannt wurde.

Ein Globalgitternetz ist eine Anordnung geometrischer Strahlenstreifen, die in der Richtung den Längen- und Breitengraden unseres Globus folgen. Es verläuft wie die Längengrade, engmaschiger gegen die Polregionen hin und hat seine größte Breite am Äquator. Es kann aber durch äußere Einflüsse verzerrt werden, z.B. Untergrundbeschaffenheit, Stromleitungsmasten und vielfältige Strahlenquellen, die wir noch näher beschreiben werden.

In unserer geographischen Lage beträgt die Breite der einzelnen Strahlenstreifen 20 cm. Die Entfernung zueinander beträgt in Nord-Süd-Richtung ca. 2 m und in der Ost-West-Richtung ca. 2,50 m.

Da die Nord-Süd-Streifen eine andere Wirkung als die Ost-West-Streifen auf den Körper ausüben — erstere erzeugen Krämpfe, letztere (chronische) Entzündungen — addieren sich die Eigenschaften auf den Kreuzungspunkten, was auf Dauer einen verstärkt negativen Einfluß auf den Körper hat. (Siehe Dr. Ernst Hartmann, „Krankheit als Standortproblem", Seite 52, letzter Absatz.)

Aus den zwei folgenden Zeichnungen können Sie den Verlauf der zwei bekanntesten Gitternetze in freier Natur, ohne Abweichungen, ersehen.

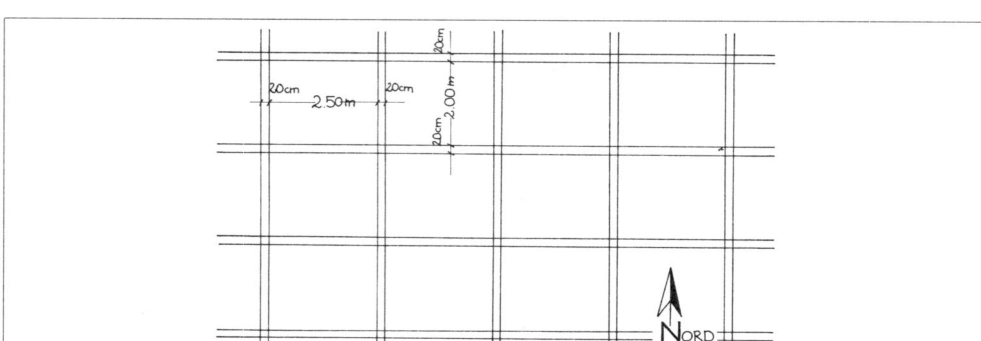


*) h) Radioaktivität, Seite 16.

**d) Diagonal- oder Currynetz:**

Dieses Gitternetz, nach Dr. med. Manfred Curry genannt, hat einen ähnlichen Aufbau wie das Globalgitternetz, nur verlaufen die Currystreifen, die es erzeugen, nicht in Nord-Süd- und Ost-West-Richtung, sondern diagonal dazu. Es wird daher auch Diagonalgitternetz genannt.

Die Breite der Streifen beträgt bei diesem ca. 80 cm, die Entfernungen zueinander ca. 3,50 bis 3,70 m. Auch Currystreifen können viele körperliche Beeinträchtigungen auslösen.

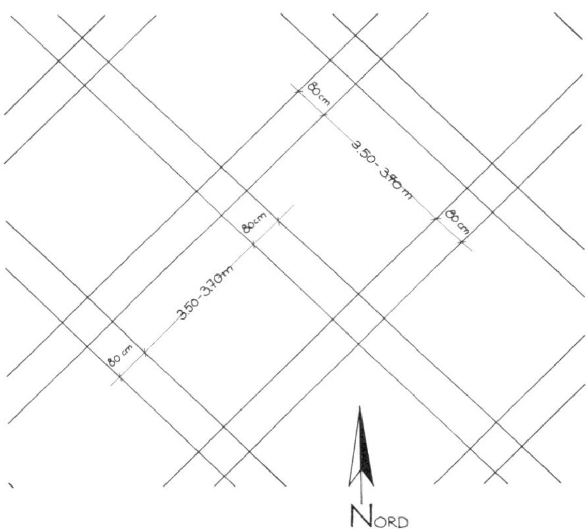


**e) Geomantische Zonen oder Grobgitternetze:**

Diese verlaufen breiter gefächert als die vorher genannten Gitternetze, spielen aber bei den Rutengängern bis heute keine große Rolle.

**f) Elektromagnetische Felder:**

Die Reichweite der Stromauslässe beträgt ca. 1 m, eines Verlängerungskabels mit Vierfachstecker ca. 3 m. Die Ausstrahlung der in Kunststoffrohren unter Putz verlegten Kabel beträgt ca. 0,50 m. Eine Nachttischlampe, nicht eingeschaltet, aber an das Stromnetz angeschlossen, baut im Umkreis von 2 m ein elektrisches Feld auf, eingeschaltet ca. 3 m.

Durch das Ineinandergreifen verschiedener elektrischer Wellen, aufgebaut durch Stromauslässe und Elektrogeräte, z.B. in Küchen, Fabriken, modernen Büros und oft schon in Wohnräumen, kommt bei mir, bei der Suche nach solchen Feldern, die Rute nicht mehr zum Stillstand.

Ein derartig ständig bestrahlter Arbeitsplatz ist dem Wohlbefinden des Menschen sicherlich auf Dauer nicht zuträglich.

**g) Das elektromagnetische Erdfeld:**

Das elektromagnetische Erdfeld ist in der freien Natur überall vorhanden und für jedes Lebewesen lebensnotwendig. In Bodennähe hat dieses Feld rund 1,3 Volt je cm. Siehe auch Seite 114.

**h) Radioaktivität:**

Ferner konnten wir öfter feststellen, daß in Räumlichkeiten, gegenüber der Außenwelt, verstärkt Radioaktivität auftritt. Die Ursache fanden wir wieder in gewissen Gegenständen, die diese Strahlung in den Räumen aufbauen.

Dieses ergab auch eine wissenschaftliche Untersuchung, wie ich in der Tiroler Tageszeitung nachlesen konnte: Seite 6, Sonderbeilage Tirol aktuell vom 22. März 1986, somit noch vor Tschernobyl (26. April 1986). Der Artikel lautete: „Radioaktive Strahlung in den Häusern".

„Darin heißt es, daß Wissenschaftler des Instituts für Strahlenschutz im Auftrag des Westdeutschen Bundesministeriums, 5000 Häuser im wahrsten Sinne des Wortes durchleuchtet hatten und dabei feststellten, daß der Radongehalt in manchen Gebäuden vergleichbar mit dem einer Urangrube sei.

Der wahre Zusammenhang dieser Ausstrahlung ist, laut Aussage der Wissenschaftler, nicht voll geklärt. Zuerst wurde angenommen, Baumaterialien seien die Quelle für Radon. Dies wurde jedoch nicht bestätigt. Dann vermuteten sie, daß der erhöhte Radongehalt aus der Erde käme.

Als Gegenmaßnahme wurde vorgeschlagen, im Fundament (?) vorhandene Risse abzudichten und die Räume oft zu lüften."

Das Lüften der Räume ist wegen dem schnelleren Austausch der positiven Ionen in gesunde, negative Ionen immer vorteilhaft. Dazu wäre es wichtig einen Durchzug herzustellen, d.h. zwei Fenster im Raum gleichzeitig zu öffnen.

Nach unserer Erkenntnis, bauen wir uns diese zusätzliche Belastung in unseren Wohnungen selber auf.

Der ganze Kosmos ist von Strahlenenergie erfüllt. Wenn man die schädlichen Strahlen ausschaltet, dann bleibt die natürliche Strahlung. Da im Kosmos Ordnung herrscht, muß die natürliche Strahlung positive Wirkung haben, auch auf den Menschen, der auch ein Teil des Kosmos ist. Denn disharmonische, schädliche Strahlung würde nicht Ordnung bringen sondern Chaos. Durch das Ausschalten der schädlichen Strahlen kann die natürliche, aufbauende Strahlung zur Wirkung kommen und das Geschehen im Mikro- und Makrokosmos, gemäß der Schöpfungsordnung fördern.

Es ist interessant, daß sämtliche Gitternetze seit der Elektrifizierung verstärkt auftreten, daher ist anzunehmen, daß wir unsere Umwelt durch die Elektrifizierung energetisch verändert haben.

Der interessierte Leser kann sich über dieses Phänomen eingehender im Buch Dr. med. Ernst Hartmann „Krankheit als Standortproblem", Seite 128, informieren. Dieses Buch ist für den fachlich interessierten Leser im allgemeinen sehr aufschlußreich.

Die in der Natur vorhandenen Strahlenarten schließen sich nicht gegenseitig aus, sie können auch alle gleichzeitig in Erscheinung treten. Ihre Intensität kann durch Überlandleitungen, Bahn und Straßenbahn verstärkt werden und dadurch schädlichen

Einfluß auf den Gesundheitszustand von Mensch und Tier nehmen. Auf die Auswirkungen von Mikro-, Radar-, Funk-, Radio- und Fernsehwellen soll hier nicht näher eingegangen werden. Darüber schreibt Herr Rose ausführlich im Buch „Elektrostreß".

Die bisher üblichen Theorien fußten auf der Annahme, daß die Erdstrahlen, die wir in der freien Natur feststellen, durch Dächer, Decken und Wände auf uns einwirken. Sämtliche in Kapitel I angeführten *natürlichen* Strahlenarten dringen bei der heutigen Bauweise in die Häuser nicht ein, sie verlieren durch Massivdecken, Beton, Ziegel, Holzwände oder auch durch Fensterglas ihre Wirkung und bleiben ausgesperrt, sodaß wir in leerstehenden Räumen, bei geschlossenen Fenstern und Türen, keine der vorher genannten Strahlen mehr muten können.

Bis zum heutigen Tag hat niemand realisiert, daß unsere Gebrauchsgegenstände, diese unterschiedlichen Strahlenarten aufzubauen vermögen, und dies in anderer Ausdehnung, als bisher bekannt. Man glaubte immer, daß Global- und Currystreifen in den Wohnungen in regelmäßiger Entfernung auftreten und man vermutete und suchte diese auch immer in diesen Abmessungen. (Siehe Seite 14 und 15.)

Ich konnte feststellen, daß verschiedene Reizstreifen sowohl in ihrer Breite als auch in ihren Abständen mit ihren Kreuzungen in ganz anderer Anordnung als bisher bekannt auftreten, nämlich engmaschiger, schmäler oder auch breiter. Diese Beobachtung machte ich auch in der freien Natur. Auch hier wurden durch Ablegen verschiedener Gegenstände das Auftreten der Erdstrahlen verändert. Das kann sowohl in der Bodenbeschaffenheit liegen, als auch an dem was auf der Erde steht.

Wände geben eine Strahlung von 0,05 bis ca. 0,3 m ab, abhängig von der Art des verwendeten Baumaterials und von dessen Frische.

Um den Lichtschalter und den Steckdosen sind in einem Umkreis von ca. 0,30 bis 0,50 Meter „Erdstrahlen" zu muten, die ich als Verwerfung erkennen kann, denn sie bauen Wellen gleicher Art wie diese auf. Um jeden Stromauslaß ist ein verstärktes elektrisches Feld zu orten und aus diesem Grund ist der Einbau eines Stromfreischalters angebracht oder es sind die Sicherungen während der Nachtzeit für die Schlafräume herauszudrehen. Mit dieser Maßnahme kann auch ein durch Gegenstände künstlich aufgebaute Wasserstrahlung eliminiert werden; alle anderen Störzonen bleiben bestehen.

Wenn ich in weiteren Ausführungen immer wieder von Wasserläufen schreibe, die durch Gegenstände, wie z.B. Spiegel aufgebaut werden, dann muß nicht angenommen werden, daß unter dem Haus tatsächlich ein Wasserlauf vorhanden ist. Ich mute mit der Rute die gleiche Strahlenart, die ein Wasserlauf zeigt. Und sie hat auch — trotz anderer Entstehungsursache — dieselbe Auswirkung wie dieser auf die Gesundheit des Menschen.

(Warum bauen Dinge, wie z.B. Spiegel, Kacheln eine Strahlung auf wie ein Wasserlauf? Die Physiker können es uns noch nicht sagen. Mir kommt der Gedanke, daß diese Dinge vorwiegend Eigenschaften haben, die dem des Wasserelements entsprechen, z.B. Glätte, Glänzen, Spiegeln und daher auch eine analoge Ausstrahlung haben.)

Woher stammen dann die vielen Strahlenläufe und Kreuzungen in den Wohnungen, die von einzelnen Bewohnern als unerträglich empfunden werden und deren intensives Auftreten der Rutengänger nur bestätigen kann. Aus unserem häuslichen und zivilen Umfeld, wie wir nun wissen.

Unsere Arbeit brachte uns zu dieser umwälzenden Erkenntnis: Es sind Gegenstände und Stromleitungen, die diese Strahlen hervorbringen.

Die durch diese Dinge aufgebauten Strahlen haben keine andere Wirkung als die bisher in freier Natur vorgefundenen Wasser-, Global-, Currystreifen ect.; es sind dieselben Strahlenarten. Die übereinstimmenden Ergebnisse mehrerer Rutengänger am selben Objekt und zu verschiedenen Zeiten sind ein Beweis dafür.

Der Strahlenaufbau aus den Gegenständen ist augenblicklich nachweisbar und ist unabhängig von der Himmelsrichtung jedoch form-, lage- und materialabhängig. Diesen Beweis kann man jederzeit reproduzieren. Das strahlenaufbauende Umfeld ist oft nur klein, z.B. beim Versuch mit einem Kugelschreiber der Firma Parker: In der Längsachse zur Rute gebracht, baut er ca. einen halben Meter weit Strahlen auf, in Querlage nur 20 cm.

Zu unserer Überraschung mußten wir feststellen, daß aber entsprechend starke Strahlenquellen in angrenzenden Räumen durch die Wand hindurchstrahlen können und im Nachbarraum mit nur geringer Abschwächung wirksam werden. Das sind, z.B. große Ansammlungen von Metall und Plastik, spitze Gegenstände, größere Hohlgefäße, Motoren, Elektrogeräte u.ä.

Es war nicht immer leicht die Ursache des Strahlenaufbaues zu finden. Oft benötigten wir dazu viel Zeit. Nicht selten sind die für die Strahlen verantwortlichen Gegenstände so klein und unscheinbar, daß wir immer wieder überrascht waren, was so alles als Strahlenherd in Frage kam.

Heute ist es dem Laien nicht mehr möglich, alle Räume bzw. Sitzplätze strahlenfrei zu halten. Man kann aber durch Positionsveränderung von Gegenständen die Strahlen umleiten, sodaß die Menschen nicht immer denselben Strahlenarten und Strahlenvielfalt ausgesetzt sind.

Der Schwerpunkt dieses Buches betrifft hauptsächlich den Schlafbereich. Da man sich am Tag nicht ständig am selben Platz aufhält, ist der Mensch nicht so lange und kontinuierlich der gleichen Bestrahlung ausgesetzt.

Wir wissen heute auf welche Weise die „Erdstrahlen" aufgebaut werden und wie jeder zum Abbau etwas beitragen kann. Ein Umstellen der Betten ist überflüssig, ja sogar sinnlos, aber eine Entfernung von störenden Gegenständen ist unbedingt notwendig.

**Warum kommen Rutengänger bei Untersuchungen von Wohnungen zu unterschiedlichen Ergebnissen?**

Bedenken Sie, wie oft strahlenaufbauende Gegenstände im Raum verstellt werden, und sei es nur um einige Zentimeter. Dadurch können diese sogenannten „Erdstrahlen" verlagert werden oder sie können sich dipolartig wieder aufheben.

Ein Beispiel für verschiedene Resultate:

Zwei oder mehrere Rutengänger testen im Raum gleichzeitig ein Bett. Während einer testet, sehen die anderen zu. Sobald der nächste an der Reihe ist, verändern meist alle ihre Standplätze, ohne zu berücksichtigen, daß jeder Rutengänger strahlenaufbauende Gegenstände bei sich trägt, wie Uhren, Kleingeld, Brillen, Schuhe aus Kunststoff oder mit Kunststoffsohlen, Schlüssel, Schmuckstücke, einen Zollstab, Kompaß, die Rute oder den Pendel.

Die räumliche Veränderung reicht in jedem Fall aus, um Strahlenfelder auf verschiedenen Standorten im Raum aufzubauen.

Aus diesem Grunde müssen wir bei unseren Testen alle Anwesenden bitten, diese Gegenstände vorher abzulegen.

Trachten Sie immer die Ursache unterschiedlicher Testungen zu finden. Nehmen Sie immer an, daß der andere Rutengänger auch etwas kann und guten Willens ist. Nur so ist ein Fortschritt möglich.

**Beachten Sie beim Kauf eines Grundstückes folgendes:**

Achten Sie darauf, daß sich keine Hochspannungsleitung, Bahn, Umspannwerk oder ein Transformatorenhäuschen in der Nähe befinden.

Falls Sie den Baugrund von einem Rutengänger testen lassen wollen, veranlassen Sie dies vor der Einrichtung der Baustelle, wie Aufstellen einer Regenwassertonne, das Lagern von Eisenteilen, Zement und dergleichen mehr.

Bäume, die dem Neubau weichen müssen, sollten vor der Begehung gefällt werden. Die Baustelle darf nur mit Holzpflöcken, nicht mit Eisenstangen abgesteckt oder mit einem Draht versehen sein, denn durch diese Faktoren können verschiedene Störfelder auftreten. Das würde das Ergebnis der Untersuchung verfälschen.

Wird trotz obiger Hinweise noch Quellwasser oder eine Verwerfung auf dem Grundstück festgestellt, so lassen Sie die Zimmereinteilung auf dem Bauplan abändern, damit die Schlafstellen nicht über diesen Bereich zu liegen kommen. Sollte Ihr Bauplatz groß genug sein, so weichen Sie dieser natürlichen Begebenheit aus.

Bei der Wassersuche für einen Brunnen suche ich immer nach Quellwasser, das bedeutet für mich immer fließendes Wasser im Untergrund, und ich gehe dabei genauso vor, wie ich es im Anhang „Kleine Rutenkunde" beschrieben habe. Würde ich auf Wasserlauf muten, so könnte ich genauso eine künstlich, vielleicht durch einen Stein, im Verein mit der Bodenbeschaffenheit aufgebaute, einem Wasserlauf entsprechende Strahlung stoßen.

Ich führte mit Rutengängern, die mit Lecherruten arbeiten, verschiedene Tests durch. Dabei wurde immer eine völlige Übereinstimmung erzielt. Zu diesem Zweck legten wir verschiedene Gegenstände im Raum und im freien Feld ab und konnten daraufhin übereinstimmend Veränderungen der Strahlenfelder feststellen.

Stellen Sie selbst ähnliche Versuche an, machen Sie sich ganz frei, das heißt, lassen Sie das Ergebnis nicht von Ihrem Unterbewußtsein beeinflussen: Hier war die Störzone und hier muß sie wieder auftreten. Das wird zu einer Fehlmutung führen. **Sie** sind das sensible „Gerät", die Rute oder der Pendel sind nur Antennen. Vergessen Sie die früher beschriebenen Entfernungen der Global- und Currystreifen.

# Kapitel II

## Neue Erkenntnisse

Ehe ich im Laufe meiner Praxis die wahren Ursachen, der in den Wohnungen sich aufbauenden Strahlen, entdeckte, hielt ich diese „Erdstrahlen" für naturgegeben.

Wenn ich solche Strahlen über den Betten vorfand, versuchte ich, wie es die meisten Rutengänger heute noch handhaben, im Schlafzimmer einen guten bzw. strahlenfreien Platz zu finden, auf den man die Betten verstellen konnte.

War kein solcher Platz aufzufinden, so konnte ich mit Hufeisenrohlingen oder leeren, offenen, quadratischen Flaschen oder mit Ziegeln, den Schlafplatz störungsfrei machen. Die anschließende Kontrolle zeigte die Strahlenfreiheit des Bettes an.

Bei Überprüfung, oft schon nach Tagen oder Wochen, mußte ich enttäuscht feststellen, daß über den Betten erneut Strahlenbündelungen vorhanden waren, und eine Lösung des Problems nicht absehbar war.

Durch Zufall kam ich im Verlauf meiner Tätigkeit darauf, daß die Ursache der Strahlen in den Wohnungen durch Gegenstände verursacht wird.

Diese Erkenntnis brachte für meine weitere Arbeit die große Wende, die ich Ihnen anhand unseres ersten Falles darlegen will.

### Fall Nr. 1 Die Erkenntnis

Bei einem Besuch in M. rutete ich die Bettstelle einer 78-jährigen Dame aus. An der Stelle, an der sich das Bett befand, waren eine Wasserkreuzung, eine Globalgitterkreuzung und eine Verwerfung mutbar. Nachdem ich einen störungsfreien Platz gefunden hatte, empfahl ich das Bett dorthin zu stellen. Die Dame weigerte sich dies zu tun und erklärte, daß sie schon seit 30 Jahren ihre Schlafposition nicht verändert hätte.

Diese Bemerkung machte mich hellhörig, denn nach den allgemeinen Erfahrungen der Rutengänger hätte ich bei dieser Frau, die über 30 Jahre auf einer solchen Störzone lag, längst eine schwere Erkrankung vermutet.

HIER FING ICH AN UMZUDENKEN.

Ich sah mich im Zimmer um und entfernte zwei Stahlhocker. Bei Nachkontrolle mit der Rute waren zwei Kreuzungen nicht mehr wahrzunehmen; die Verwerfung blieb.

Am Bettende stand ein fahrbares Tischchen, auf welchem ein nichteingeschaltetes, nicht an das Netz angeschlossenes Massagegerät stand.

Dieses Tischchen schoben wir in das angrenzende Zimmer, fünf Meter vom Bett entfernt, und siehe da, es gab keinen Rutenausschlag mehr, und es waren mit der Hand auch keine Impulse wahrnehmbar. Durch Entfernung dieser Einrichtungsgegenstände war die Schlafstelle praktisch störungsfrei.

Auf die Frage, ob die Hocker sowie das Massagegerät immer an der gleichen Stelle stehen, teilte mir die Dame mit, daß sie diese Gegenstände vor dem Schlafengehen aus dem Raum entferne.

Durch diesen Vorfall kam ich zu der Erkenntnis, daß vorhandene Gegenstände offensichtlich Störfelder von ähnlicher Schwingungsart wie natürliche Strahlenarten erzeugen können.

**Später gelangten wir zu der Erkenntnis, daß alle Materialien die aus dem Erdinneren gefördert und zu Gegenständen verarbeitet werden, schädliche Kraftfelder aufbauen.**

Seit diesem Zeitpunkt haben wir kaum noch die Betten umstellen müssen, sondern suchen lediglich nach Hausrat oder elektrischen Installationen im Haus, die einen negativen Einfluß auf das Strahlenklima ausüben.

Wie stark diese Einflüsse sind, zeigen wir Ihnen an einem kleinen Beispiel.

Jemand will eine Wohnung mieten. Diese Wohnung ist vollkommen leer. Sie wird durch einen Rutengänger auf Strahlen untersucht und als strahlenfrei befunden.

Nun wird eine aus Holz gefertigte Einrichtung aufgestellt. Bis zu diesem Zeitpunkt kann der Rutengänger meist nichts Nachteiliges feststellen.

Jetzt wird ein Spiegel aufgehängt. Dadurch werden Strahlenfelder gebildet, die gewöhnlich vom Rutengänger als Wasser-, Curry- und Globalgitterkreuzungen sowie als Verwerfung klassifiziert werden.

Nun bringt man noch ein Tischchen aus Messing in den Raum. Darauf stellt man eine Messing-, Kristall- oder Porzellanlampe etc., einen Radiowecker eventuell mit Leuchtziffern oder eine Uhr mit Batterieantrieb. Nun finden Sie ein wirres Durcheinander verschiedener Kreuzungen und es ist auch erhöhte Radioaktivität feststellbar.

Werden diese Gegenstände im Raum verstellt, so ändern sich auch die Störfelder im Raum sofort. Eine Bündelung von Kreuzungen, die zuerst im Kopfbereich des Bettes zu muten waren, kann sich jetzt an einer ganz anderen Stelle im Bett manifestieren.

Dies erklärt auch, warum das Umstellen der Betten nicht den gewünschten Erfolg auf Dauer bringt. Das ist auch der Grund dafür, daß nun die Entstörgeräte nicht mehr stimmig sind und ihre Wirkung verlieren.

Aus den Skizzen, im letzten Teil des Buches, ersehen Sie, welchen Veränderungen das Auftreten von Strahlen unterliegt, sobald Gegenstände im Raum oder in unmittelbarer Wandnähe in angrenzenden Räumen aufgestellt werden.

Gegenstände können strahlenaufbauend sein, können aber auch ein Dipol*) bilden.

Nun wollen wir Ihnen gleich einige Gegenstände anführen, die nicht in Ihrem Schlafzimmer vorhanden sein sollten.

Prinzipiell ist jeder Spiegel aus dem Schlafzimmer zu entfernen oder über Nacht mit einer dicken Wolldecke zu verhängen.

*) Dipol — Gegenpol; durch Überlagerung von zwei oder mehreren Strahlen (Schwingungen, Wellen) im gleichen Raumbereich, kann es zu einer Verstärkung oder Aufhebung der Schwingungsamplitude kommen. Bei den in diesem Buch erwähnten Dipolbildungen ist immer von einer gegenseitigen Aufhebung der Schwingungen die Rede.

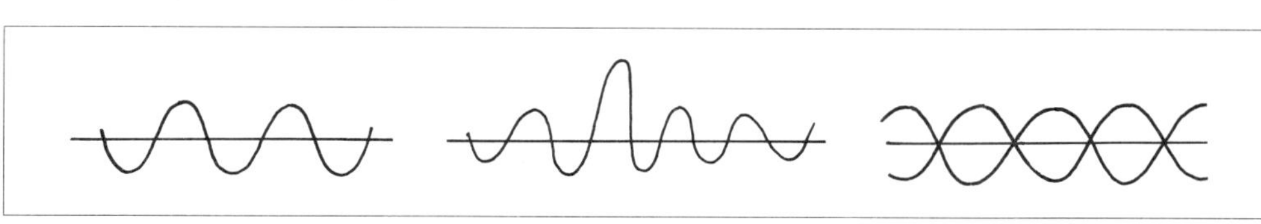

Keine Uhren, Radiowecker und ähnliche Elektrogeräte sollten im Schlafzimmer sein. Sie bauen Verwerfungen auf. Besonders warnen wir vor Weckern mit Leuchtziffern, da sie alle Strahlen aufbauen und zusätzlich noch verstärkt Radioaktivität ausstrahlen. Dasselbe gilt für Uhren mit Knopfbatterien, Quartzuhren allgemein, Fieberthermometer und Barometer. Das in ihnen enthaltene Quecksilber strahlt bis zu 6 m im Umkreis und baut alle Kraftfelder einschließlich Radioaktivität auf. Siehe auch Ausgabe „Wetter-Boden-Mensch", Heft Nr. 19, Seite 1733, Jahrgang 1986.

Auf keinen Fall sollten Nachttischlampen aus Metall, Kristall, Silber, Draht oder ähnlichem hergestellt sein, und keinen offenen, flaschenartigen Lampenschirm haben. Heute gibt es schon wunderschöne Holzlampen, deren Schirm mit Edelholzfurnieren hergestellt ist. Es kann auch ein Lampenschirm aus Holz, mit einer glatten Glaskugel darüber sein.

Neonlampen sind besonders strahlenaufbauend. Sie verursachen oft Kopfschmerzen, Migräne, Schlafstörungen und andere Übel.

Heizdecken, auch nicht eingeschaltet, entfalten einen stark störenden Einfluß und sollten nur zum Anwärmen des Bettes Verwendung finden und anschließend aus dem Zimmer entfernt werden. Grundsätzlich läßt sich sagen, daß keine technischen Geräte und Kunststoffgegenstände im Schlafzimmer bleiben sollten. Dort dürfen auch auf keinen Fall Verlängerungskabel verwendet werden, denn diese haben eine starke Ausstrahlung besonders an den Kupplungsstellen. Steckdosen sollten nicht in der Nähe des Kopfbereichs installiert werden, sondern eine Mindestentfernung von 0,50 Meter zum Bett haben. Das elektrische Feld aus den Stromauslässen reicht in eine Entfernung von ca. 1 m. Die Nachtlampe nicht eingeschaltet hat schon die doppelte Weite, deshalb wäre es besser, den Stecker immer aus der Steckdose zu ziehen. Den Stromauslaß sollten Sie mit einem Wollvlies abdecken.

Decken aus Kunststoff, sog. Dralondecken sowie Betteinlagen die mit Metall verflochten sind, gehören nicht in den Schlafbereich, weil sie die früher erwähnten Strahlen aufbauen.

Die besten Materialien sind reine Wolldecken, Matratzen aus Naturmaterial, Schaffelle oder Federbetten.

Auch geweihte oder religiöse sowie alle Kultgegenstände sollten nicht im unmittelbaren Bettbereich verbleiben, da sie ein mächtiges Kraftfeld ausstrahlen, welches uns bei Gebet und Meditation hilfreich ist, dessen Dauerwirkung aber für den Organismus zu stark wäre, sodaß man sich ihm während des Schlafes nicht aussetzen soll. Alles hat seine Zeit im Leben, Leistung und Erholung, Wachen und Schlafen, Einatmen und Ausatmen.

Es ist besser, wenn die Schlafzimmereinrichtung nicht aus Metall bzw. unter Zuhilfenahme von Metallteilen, wie Stahlfüße, Stahlrohre, verschiedene Zierleisten oder Kunststoffe hergestellt ist. Sie sollten auch keine eingebauten Spiegel, Radios oder Lampen haben.

Oft sind hinter den Heizkörpern Isolierplatten aus Kunststoff, die mit Aluminiumfolie versehen sind, angebracht. Diese bauen im Raum verschiedene Störzonen auf und sollten deshalb entfernt werden. Eternitkästen, meist als Blumenbehälter für Terrassen und Balkone verwendet, sind in unmittelbarer Nähe der Schlafzimmerwände am falschen Platz, denn sie bauen durch die Wand hindurch ein radioaktives Feld im

Zimmer auf. Dasselbe gilt für Wäschespinnen, Hollywoodschaukeln, stählerne Gartenmöbel und Gegenstände aus Schmiedeeisen.

Leere Flaschen, Vasen, Krüge, Eimer, auch Holzgefäße sollten nur liegend oder mit der Öffnung nach unten aufbewahrt werden. Sie ziehen sonst Wasser hoch und bauen verschiedene Kraftfelder auf.

Bewahren Sie in den Schränken keine Gegenstände in Kunststofftüten auf. Verwenden Sie dafür einfache Pappkartons oder alte Bettücher.

Nehmen Sie in das Schlafzimmer die Papiertaschentücher ohne Hülle mit, denn dieses kleine Stück Kunststoff kann genügen, Ihren Schlaf zu stören.

Die Kunststoff- oder Teppichböden, welche über die ganze Fläche des Zimmers ausgelegt waren, konnten wir bisher nicht als Störfeld orten. Ihre Ausstrahlung erreicht nicht die Höhe der Betten. Dagegen mußten wir die lose hingelegten Bettumrandungen aus Kunststoff immer wieder entfernen, da sie Störfelder über den Betten aufbauen.

Bitte, habe Sie Verständnis, wenn wir bei den meisten Beispielen nicht alle „strahlenden" Gegenstände einzeln anführen. Wir haben diese Strahlenquellen, die wir immer wieder in den Schlafzimmern vorfanden, am Schluß des Buches in einer Liste zusammengestellt. Auch wenn Ihnen diese Liste lang erscheint, ist sie mit Sicherheit nicht vollständig, sie soll für Sie nur ein Anhaltspunkt sein.

Bestimmt werden Sie fragen: Was darf ich denn überhaupt noch im Zimmer haben? Hierauf läßt sich nur antworten:

Je spartanischer desto gesünder!

Optimal ist ein Schlafzimmer, das nur mit Holzmöbeln und Dingen aus Materialien, die oberhalb des Erdbodens gewonnen werden, eingerichtet ist.

Sie können davon ausgehen: Wenn Sie die in der Liste angeführten Gegenstände entfernen, erreichen Sie eine durchgreifende Verbesserung Ihres Raumklimas.

Machen Sie die Probe auf's Exempel!

Versuchen Sie doch einmal sich an unsere Vorschläge zu halten und lehnen Sie das „Neue" nicht von vorneherein ab.

Sollten Sie die ersten Nächte nicht sogleich einen Erfolg erzielen, ja sogar schlechter als zuvor schlafen, so lassen Sie sich dadurch nicht entmutigen, das sind gewisse Umgewöhnungserscheinungen. Wenn Sie sich an unsere Anweisungen halten, so stellt sich eine Besserung bestimmt ein.

So mancher Leser wird sich Gedanken darüber machen, ob sein gestörter Schlaf eventuell durch Gegenstände aus der Wohnung des Nachbarn verursacht sein könnte. Sollte dies der Fall sein, was bisher ganz selten vorkam, so können Sie durch Aufhängen eines echten Wollteppichs an der Wand zum Nachbar Abhilfe schaffen. Reine Wolle hält die Strahlen größtenteils ab, sodaß sie nicht voll zur Wirkung kommen.

Sollten sich wirklich nach dem „Ausräumen" keine störenden Gegenstände im Schlafzimmer befinden, werden Sie merken, daß Sie sich morgens wesentlich ausgeruhter fühlen, durchschlafen konnten und den Tag mit Freude beginnen.

Allen Lesern, die ein neues Haus bauen oder im alten Veränderungen vornehmen wollen, möchten wir vorschlagen, die elektrischen Leitungen in Isolierrohren verlegen und nicht im Bettbereich, sondern unterhalb der Zimmerdecke verlaufen zu lassen. Die Einziehkabel sollten vor der Installation zuerst wie bei einer Kordel zusammengedreht werden. Auf diese Weise hat die Stromführung die geringste Auswirkung auf den Körper.

Der Stromauslaß sollte immer zugänglich sein, um den Stecker der Nachttischlampe auszustecken und die Steckdose während der Nacht mit einer Wolldecke abdecken zu können.

Der Idealfall wäre ein Stromfreischalter für den Schlafbereich.

Eine gute Leitungsführung zeigt folgende Zeichnung:

**Wie gingen wir bei unserer Arbeit vor:**

Bei unserer Arbeit prüfte ich mit der Rute das Vorhandensein der Störfelder und konnte diese verifizieren und qualitativ in die bekannten Strahlenarten einordnen. In der Regel suchte ich den verursachenden Gegenstand und entfernte ihn. Wenn ich damit Strahlenfreiheit über dem Bett erzielen konnte, stellte ich den Gegenstand wieder an seine alte Stelle und dann rief ich IP zur Nachprüfung.

Stellte sie wieder starke Bestrahlung über dem Bett fest, dann entfernte ich den Gegenstand, ohne daß sie dies bemerken konnte, worauf sie ausrief: „Jetzt sind die Strahlen weg! Was war es?".

Oft blieb IP von Anfang der Untersuchung an im Zimmer. In den Fällen, in denen stark radioaktive Felder auftraten — gegen die IP äußerst empfindlich ist, sie spürt dies in Sekundenschnelle als starke Beeinträchtigung ihres körperlichen Zustandes — bekam ich von ihr, je nach Entfernung oder Wiederaufstellung der Strahlenquelle, sogleich die Rückmeldung der Veränderung ihres körperlichen Zustandes. Dies war sehr angenehm, da ich in schwer zu klärenden Fällen meine Untersuchungen auch auf eventuell störungsverursachende Gegenstände außerhalb des Zimmers ausdehnen konnte.

Gleich vorweg möchten wir den Artikel der Wochenzeitschrift „BUNTE" Nr. 13 vom 22. März 1979 ungekürzt wiedergeben, aus dem Sie ersehen können, daß sich Wissenschaftler, Physiker, Biophysiker mit den künstlich erzeugten Strahlenfeldern auseinandersetzen.

Unsere Fühligkeit führt über die Ergebnisse der technischen Untersuchungen hinaus. Sie läßt uns, außer den Elektrogeräten, noch eine Vielfalt von Dingen, z.B. Kunststoff-, Metallgegenstände, Spiegel usw. eindeutig als Strahlenquelle erkennen, welche von diesen technischen Geräten noch nicht aufgespürt werden können oder noch nicht in die Untersuchungen einbezogen worden sind.

Artikel Anfang

## „Der unsichtbare Umweltschutz"

Das Schlafzimmer darf kein elektrischer Zoo sein.

Die vielen Strahlenquellen unserer Umwelt belasten uns schon genug.

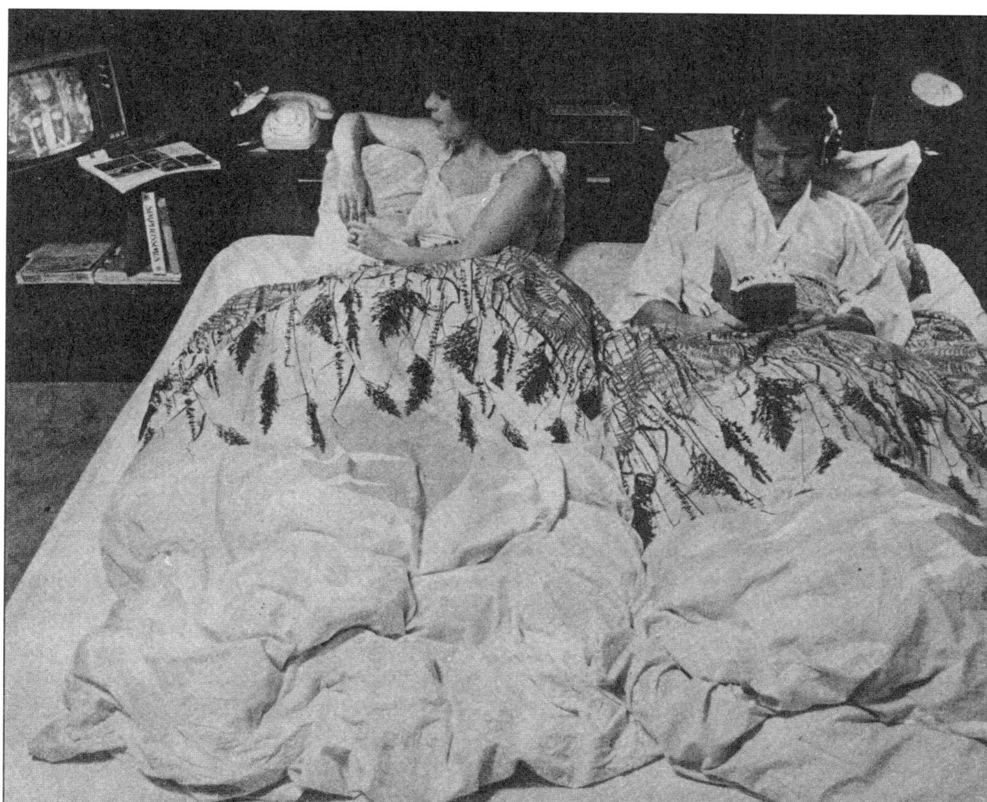

Beim Stichwort Umweltverschmutzung, denkt man normalerweise an Smog, stinkende Flüsse, lärmende Düsenjäger, kurz an lauter Dinge, die man hören, sehen oder riechen kann.

Der Umweltschmutz, von dem hier die Rede sein soll, ist von anderer Art. Man kann ihn nicht sehen, normalerweise auch nicht fühlen oder hören. Und doch ist er da, immer und überall, allgegenwärtig. Seit die Menschen sich die Segnungen der Elektrizität zu Nutze gemacht haben, leben sie in einem immer dichter werdenden Wust von elektrischen und elektromagnetischen Feldern, Wellen, Strahlen und Schwingungen.

„Wenn dieser Wellen- und Strahlensalat sichtbar wäre," schreibt der amerikanische Biophysiker Allen Frey, „dann hätte ein Beobachter, der aus dem Weltraum auf die Erde geblickt hätte, im Jahre 1900 die Erde noch gänzlich dunkel gesehen. Heute würde sie hell glühen."

In der Tat, man macht sich kaum klar, in welchem Maß wir uns fortwährend mit Strahlen bombardieren. Das sind nicht nur die langen, mittleren, kurzen und ultrakurzen elektromagnetischen Wellen, die viele hunderte starke Radio- und Fernsehsender pausenlos abstrahlen.

Jedes stromdurchflossene Kabel, auch die lose auf dem Boden liegende Verlängerungsschnur, ebenso wie das Hauptkabel in der Wand, baut um sich herum ein Magnetfeld auf und zwar, weil es Wechselstrom ist, der in unseren Kabeln fließt, ein schwingendes, das sich in den Raum hinaus ausbreitet.

Auch alle technischen Gerätschaften, der Staubsauger, wie der Küchenherd oder die Klingelleitung des Telefons bauen Felder auf. Ebenso kommen aus dem Radio, aus den Stereoboxen nicht nur Töne, auch der Fernseher gibt mehr als nur Töne und Bilder von sich.

In den Innereien der Geräte entstehen stets auch allerlei sogenannte Sekundärstrahlungen. Bei den ersten Farbfernsehgeräten war sogar eine Röntgenstrahlung dabei, deretwegen vor vielen Jahren ein amerikanischer Hersteller mehrere 100.000 Geräte zurückziehen mußte. Heutige Fernseher strahlen praktisch keine Röntgenstrahlen ab.

Nicht nur unsere voll elektrifizierten Wohnungen sind überreichlich bestrahlt, auch draußen ist es nicht viel besser. Da sind vor allem auf dem Land die vielen elektrischen Freileitungen, da stehen am Straßenrand Transformatorenhäuschen, da schwingen sich die gewaltigen Gittermasten Starkstrom-Fern-Leitungen über das Land.

Besonders die Überlandleitungen, die meistens 110 Kilovolt (in den USA) also sehr hoher Spannung betrieben werden, bauen mächtige Kraftfelder um sich herum auf. Über ihre Wirkung wird noch zu reden sein.

Gleiches gilt für die Oberlandleitungen der Bahn und der Straßenbahn. Von diesen gehen außerdem, weil sie die Schienen als Stromrückleiter benützen, sogenannte „vagabundierende" Ströme aus, die sich beiderseits weit in den Boden verbreiten und magnetische Felder erzeugen.

Dann sind da noch die großen rotierenden Radarantennen auf und bei den Flughäfen, den zivilen wie auch den militärischen, die zwar den größten Teil ihrer energiereichen Zentimeterwellen himmelwärts strahlen, aber eben nicht alle, da streut auch noch eine Menge bodenwärts weg.

Lange Zeit wurde dieser Strahlensalat für ungefährlich gehalten, man spürte ja nichts davon, und außerdem: Ist der Mensch nicht ohnehin dem natürlichen Magnetfeld der Erde, dem luftelektrischen Feld und allerlei wichtigen Strahlungen ständig ausgesetzt und im Verlauf einer Million Jahre währenden Entwicklung daran angepaßt?

Schön wär's, wenn's so wäre.

Daß es nicht so ist, ergab sich vor einiger Zeit aus einer eher zufälligen Entdeckung. Der New Yorker Arzt Dr. Milton Zaret vermutete einen Zusammenhang zwischen der Strahlenverseuchung und der besonderen Häufigkeit von Herzkrankheiten, Herzflattern, Infarkten in großstädtischen Ballungsgebieten.

Doch beim Wälzen der Statistiken stieß er auf eine Unstimmigkeit: Ausgerechnet die Finnen, bei denen man selbst die Hauptstadt Helsinki kaum als Ballungsgebiet bezeichnen kann, erwies sich als das Volk mit der weitaus größten Herztod- und Krankheitsrate.

Und innerhalb Finnlands war besonders die bäuerliche Bevölkerung der karelischen Provinz davon betroffen. Das paßte überhaupt nicht in den vermutlichen Zusammenhang. Bis sich herausstellte, daß ausgerechnet diese Bauern einem extrem starken Strahlenbombardement ausgesetzt waren: Knapp hinter der Grenze ihres Gebietes zur Sowjet-Union steht eine gigantische Radar-Anlage, eine der größten und leistungsstärksten der Welt, die zum sowjetischen Frühwarnsystem zum Aufspüren angreifender Raketen gehört. Da der Radarstrahl die Raketen möglichst früh erfassen soll, ist er praktisch auf den Horizont gerichtet — so reicht er am weitesten. Deshalb bestreicht aber die mächtige Radarkeule viele -zig Kilometer weit den Boden, zum Schaden der finnischen Bauern.

Damit war klar: Intensive Radarbestrahlung bekommt dem Menschen ganz und gar nicht. Den Russen scheint das bewußt zu sein, ihre Vorschriften über die höchstzulässigen Belastungen sind viel strenger als die entsprechenden Vorschriften in den westlichen Industrieländern.

Diese strengen Vorschriften wenden die Russen allerdings nicht auf Fremde an, und das bekam das Personal der Amerikanischen Botschaft in Moskau zu spüren. In der Botschaft häuften sich merkwürdige Erkrankungen, Nervenzusammenbrüche, Frühgeburten und ähnliches. Bis 1976 entdeckt wurde, daß die Sowjets die Botschaft von umliegenden Gebäuden mit kräftigen Mikrowellen bestrahlten, vermutlich, um ihre Lauschgeräte (Wanzen) in der US-Botschaft mit Energie zu versorgen.

Seit die Amerikaner sich die Bestrahlerei verbeten haben und zusätzlich Abschirmgeräte einbauten, hat sich der Gesundheitszustand des Personals deutlich gebessert.

Beide Vorgänge, die Radarschädigung der karelischen Bauern und das Mikrowellen-Unbehagen in der Moskauer US-Botschaft, hatten zur Folge, daß viele Wissenschaftler, vor allem in den USA, sich mit der Frage zu beschäftigen begannen: Was verträgt der Mensch eigentlich von seinem selbstgemachten Strahlensalat?

Es gibt keine eindeutige Antwort auf diese Frage, denn es ist schwierig zu messen, wie tief etwa elektromagnetische Felder in den Körper eindringen und was sie dort bewirken.

Herr König, Prof. für technische Elektrophysik an der TU München, meint generell, daß die Verträglichkeitsgrenze des Menschen wohl an der Obergrenze dessen liegen werde, was der Mensch an natürlichen Belastungen dieser Art auszuhalten gewohnt ist.

Diese natürliche Belastung schwankt stark, erreicht mitunter, bei Gewittern beispielsweise, ganz erhebliche Werte. Doch was an selbstgemachter Belastung dieser Art ständig auf uns eindringt, dürfte die natürlichen Grenzwerte oft überschreiten, vor allem durch Dauerbelastung.

Was kann im einzelnen geschehen? Äußerste Vorsicht ist geboten vor den eigentlichen Mikrowellen, wie sie in Mikrowellen-Herden zum Schnellkochen verwendet werden. Diese extrem kurzwellige Strahlung heizt organisches Gewebe von inner auf, verkocht es. Viele Wissenschaftler halten die Mikrowellen-Öfen für gar nicht so sicher.

Im Bereich der Starkstrom-Freileitungen mit ihrem starken elektromagnetischen Feld sind bei längerem Aufenthalt im Nahbereich (bis 150 m Abstand) Veränderungen der Blutzusammensetzung, Herzrhythmusstörungen beobachtet worden, noch in 300 Meter Entfernung wurde nachlassende Reaktionsgeschwindigkeit registriert. Sowohl in den USA als auch in Deutschland wurden Prozesse gegen geplante Starkstrom-Freileitungen nahe bei bewohnten Gebäuden geführt und gewonnen.

Diese vielfältigen Felder, die der Haushaltsstrom erzeugt, könnten vor allem körpereigene Rhythmen stören, denn sie schwingen samt und sonders im 50-er Takt unseres Stromnetzes.

Und da viele Vorgänge in unserem Körper eine elektrische Komponente — Hirnströme, Herzströme — haben, muß mit Störungen gerechnet werden.

Besondere Vorsicht ist des Nachts geboten, wenn der Körper abschalten, sich regenerieren soll. Da kann er zusätzliche Reize, selbst wenn sie nicht spürbar sind, einfach nicht gebrauchen.

Deshalb gehören zusätzliche Störquellen, wie Fernseher, Radio, Telefon, nicht in das Schlafzimmer. Auch sollte man darauf achten, möglichst nicht mit dem Kopf in unmittelbarer Nähe von Heizungs- und Wasserleitungsrohren zu schlafen, denn auch daran kriechen Felder entlang, deren Wirkung sich nicht berechnen läßt, die aber störend sein können.

Dies gilt allgemein; noch ist die Forschung noch nicht so weit, definitiv sagen zu können, dies wirkt so und jenes so — doch sicher ist, daß auch vor diesem unsichtbaren Umweltschmutz höchste Vorsicht geboten ist.

Ende des Artikels

Praktisch — aber auch problemlos?

Mikrowellenherde stehen heute in Millionen moderner Haushalte. Doch viele Wissenschaftler meinen, daß sich diese Geräte nachteilig auf die Gesundheit auswirken können. Auch in Deutschland untersuchen Experten, ob diese Küchenherde für den Menschen so harmlos sind, wie immer behauptet wird.

Bilder aus aller Welt frei Haus.

Die mächtigen Parabolspiegel-Antennen der Erdfunkstelle Raisting halten Verbindung zu den Satelliten, die uns die Farbfernsehbilder aus der ganzen Welt liefern. Nebenbei sind sie eine der vielen Quellen, die ständig unsichtbar Energie ausstrahlen.

Radarkeulen bald auch von oben.

Ein Blick in das mit modernster Elektronik vollgestopfte Frühwarnflugzeug „AWACS" zeigt die starken Radarfühler dieser Maschinen. Diese werden bald von oben auf uns herunterstrahlen. Was das Militär sonst zur unsichtbaren Umweltverschmutzung beiträgt, entzieht sich der Kontrolle.

Antennenwald für die „Deutsche Welle".

Mit der gewaltigen Kraft von 500 Kilowatt strahlen die Antennen des Rundfunksenders Wertachtal die Programme der „Deutschen Welle" in ferne Länder aus. Wieviel vom elektromagnetischen Wellensalat, den solche Antennen verbreiten, kann der Mensch verkraften?

In dieser Artikelreihe war weiter zu lesen:

„MEHR KONZENTRATION DURCH ELEKTRISCHE FELDER"

Nicht nur über schädliche Wirkungen schwacher elektrischer Felder berichtet Prof. Herbert König in seinem Buch „Unsichtbare Umwelt".

Eine Forschungsgruppe der Universität Saarbrücken installierte in einer Hauptschule und in einem Großraumbüro Feldgeneratoren, die ein schwaches Feld (Rechteckimpulsfeld 10 Hz.), erzeugten.

Ergebnis: Die Aufmerksamkeitsleistung der Schüler und noch mehr der Angestellten nahmen zu, auch die Konzentrationsfähigkeit stieg meßbar, ebenso auch das subjektive Wohlbefinden.

Allerdings, für einige Versuchspersonen waren schon diese schwachen Felder bereits eine zu starke Anregung, sie fühlten sich „gereizter", „erregbarer" und „nervöser".

Dies zeigt, wie gering der Abstand vom noch Erträglichen zum Störenden und Schädlichen ist. Und dies waren schwache, genau kontrollierte Felder, nicht die unterschiedlichen starken und völlig unkontrollierbaren von denen wir umgeben sind.

Zitat Ende

Da die Rutengänger seit langem bei disharmonischer Bestrahlung auf eine weit gefächerte Palette von Krankheiten gestoßen sind, wie jahrelange Kopfschmerzen ohne ersichtliche Ursache, Depressionen, Suizide und auch Krebs, wäre die Frage, die von dem amerikanischen Autor gestellt wurde, teilweise beantwortet.

Wir hören oft, daß Menschen jahrelang in einem verstrahlten Bett schliefen und trotzdem nicht krank wurden. Unserer Meinung und Erfahrung nach waren nicht immer dieselben Gegenstände an denselben Plätzen und damit änderten sich auch die Strahlenfelder. So waren die Menschen nicht dauernd den gleichen Bestrahlungen ausgesetzt. Eine gewisse, ja oft lange Zeitspanne kann der Körper diese Strahlen ohne Schaden ertragen, außerdem kommt es auf die körperliche und nervliche Konstitution an. Ein langjähriges Verweilen in konzentrierten Strahlenfeldern kann früher oder später zum Zusammenbruch des biologischen Gleichgewichts des Körpers führen.

Viele Kranke befinden sich in ständiger ärztlicher Behandlung, nehmen regelmäßig große Mengen an Medikamenten ein und erleiden nach einer kurzen Periode der Besserung einen erneuten Rückfall. In diesem Falle wäre es gut, wenn diese Patienten an die Möglichkeit von Störfeldern in den Schlafzimmern dächten. Heute hat nämlich jeder, der eine gewisse Fühligkeit entwickelt, die Möglichkeit, die Störfelder selbst zu beheben, da deren Ursachen nun bekannt sind.

Gleichzeitig möchten wir noch auf die Aussage eines Wissenschaftlers hinweisen, des Direktors eines Kernkraftwerkes in der Bundesrepublik Deutschland, der nach der Katastrophe von Tschernobyl im Fernsehen erklärte, daß die Leute Angst vor der radioaktiven Einstrahlung aus unseren Kernkraftwerken haben, daß aber schon ein Telefonapparat auf dem Nachttisch ausreiche, um Tschernobyl immer im Haus zu haben.

Die Ausstrahlung des Telefons ist beträchtlich, der Vergleich mit Tschernobyl leicht übertrieben, aber trotzdem war es eine Bestätigung für uns, denn auch wir mußten jeden Telefonapparat aus dem Schlafzimmer entfernen lassen, da er verstärkt Radioaktivität im Raum aufbaute.

Natürlich sind wir nicht geneigt die Atomkraftwerke in unserem Lande oder im Ausland zu akzeptieren. Genau so wenig umwelt- und menschenfreundlich finden wir die Überland-Hochspannungsleitungen.

Eine kleine Betrachtung welchen Veränderungen Globalgitter-Kreuzungen in der Nähe von Stromleitungen unterliegen. — Dies gilt für alle Strahlenarten! — Beachten Sie die Entfernungen und die Ausmaße in Metern. Wenn ein kleines Stück Metall hinzukommt, wie bei einem zusammenlegbaren Zollstock, so werden die Strahlen noch um ein Wesentliches verstärkt.

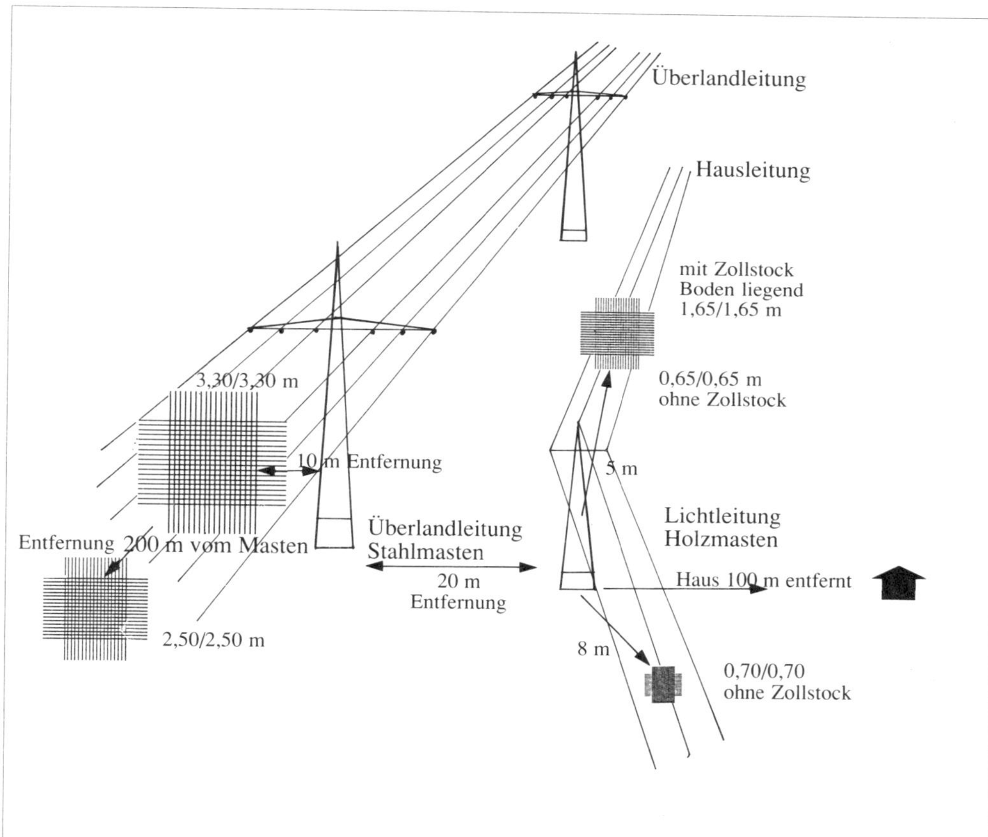


Gemessen vor einem Haus 100 m vom Hochspannungsmasten entfernt. Hier bauen sich Kreuzungen wie folgt auf:

Globalgitterkreuzung:

| | |
|---|---|
| Abmessung mit Zollstock am Boden liegend | 0,80 / 0,80 m |
| ohne Zollstock | 0,20 / 0,20 m |

Currykreuzung:

| | |
|---|---|
| Abmessung mit Zollstock am Boden liegend | 1,80 / 1,80 m |
| ohne Zollstock | 1,10 / 1,10 m |

Das bißchen Blech am Zollstab bewirkte schon diese große Veränderung.

Zeichenerklärung der Strahlenarten:

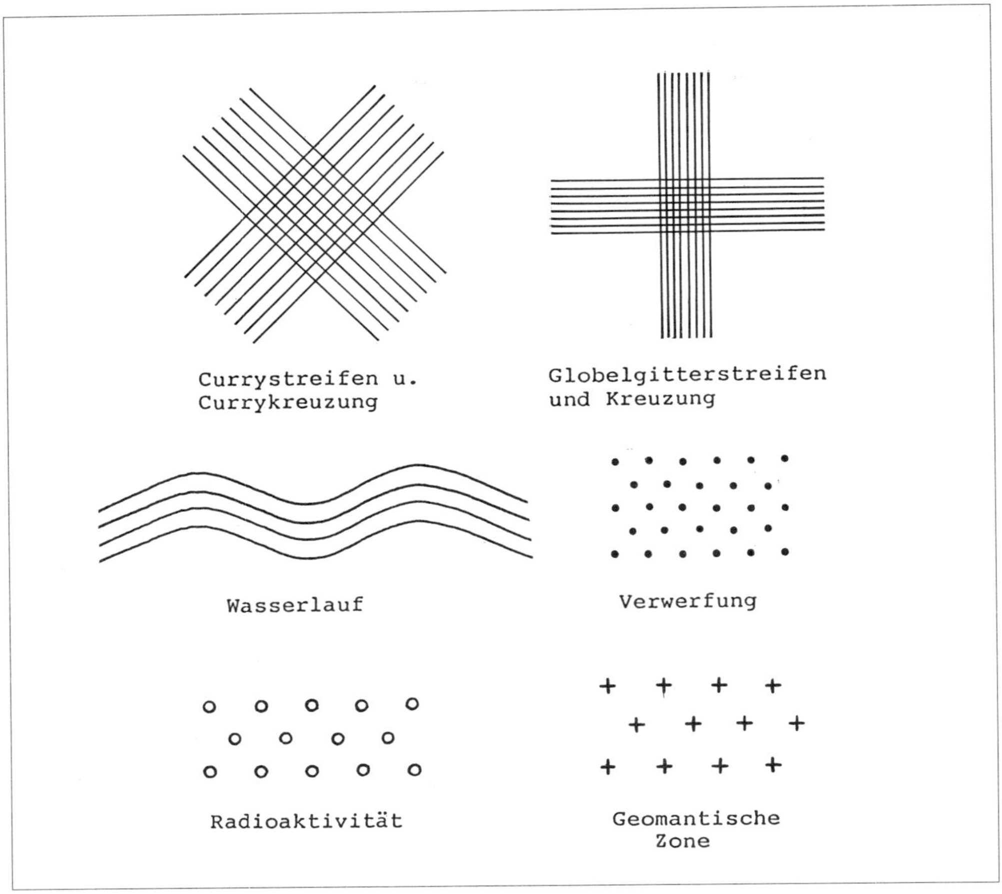


Die Zeichenerklärung betrifft die Zeichnungen im Buch und rückwärts im Anhang. Auf den Zeichnungen Seite 133 bis 153 wurden die Strahlen vorwiegend über dem Bettbereich gezeichnet, auch wenn sie sich über diesen Bereich hinaus erstreckten.

In diesem Buch kommt es uns nicht so sehr darauf an Ihnen die verschiedenen Strahlen und die eventuell damit zusammenhängenden, differenzierten Krankheiten aufzuzeichnen, unser Hauptanliegen ist es, Ihnen klarzumachen, daß es wirklich nur die Gegenstände sind, die uns diese, von den Rutengängern immer wieder festgestellten „Erdstrahlen" bescheren.

Es wurde uns mehrfach berichtet, daß dieses Buch in einem Zug durchgelesen wurde. Hausfrauen möchten wir besonders raten, das Buch öfter zu lesen und die Schlafzimmer zuerst von strahlenden Gegenständen zu befreien und später den Standort „neuer" Gegenstände besonders zu beachten, eventuell öfter zu wechseln.

# Kapitel III

## Beispiele:

Unseren ersten Fall haben Sie bereits auf Seite 21 gelesen. Nun zu

### Fall Nr. 2 BE Wasser im WC

Von Familie H. in K. wurde mir mitgeteilt, daß im verfliesten, nicht unterkellerten WC aus unerklärlichen Gründen immer Wasser aus dem Boden austrete.

Daraufhin empfahl ich, alle im Nebenraum stehenden, leeren Flaschen umzulegen.

Am nächsten Morgen wurde die Toilette trocken vorgefunden. Dieser Zustand hielt drei Jahre an.

Eines Tages aber entdeckte der Sohn des Hauses erneut Wasser im WC. Es stellte sich heraus, daß seine Mutter am Vortag fünf leere Flaschen im Nebenraum aufgestellt hatte, da sie nicht mehr daran glaubte, daß ein paar leere Flaschen eine solche Wirkung auf das Grundwasser ausüben könnten.

Fortan wurde allerdings darauf geachtet, daß keine leeren Flaschen stehend gelagert wurden, und es trat auch keine „Überschwemmung" mehr auf.

### Fall Nr. 3 BE Schlaflosigkeit eines Kleinkindes

Ein Arzt aus I. empfahl einem befreundeten Richter aus M. die Betten seiner Kinder, welche unter extremer Schlaflosigkeit litten, auf Strahlen testen zu lassen. Der Vater wandte sich daraufhin an mich. Ich untersuchte zuerst das Bett der älteren Tochter und fand „nur eine Verwerfung", die das Kind am Durchschlafen hinderte.

Im Schlafzimmer der Eltern befand sich auch das Bettchen der zweiten, erst zehn Monate alten Tochter, die keinen Schlaf fand, die ganze Nacht weinte und ständig von den Eltern auf den Armen getragen werden mußte, um schlafen zu können.

Der Vater hatte deshalb seit Monaten das Schlafzimmer verlassen, er schlief im Wohnzimmer, da er am Tage seiner Arbeit nachgehen mußte und seinen Schlaf dringend benötigte.

Über dem Bett des Kleinkindes verliefen fünf Kreuzungen sowie eine Verwerfung. Nachdem das Bettchen umgestellt worden war, teilten mir die Eltern zwei Tage darauf mit, daß das Kind die Nächte durchgeschlafen hätte, sie vermuteten sogar, daß es sich nicht einmal umgedreht hatte, denn sie fanden es am Morgen in der gleichen Lage schlafend vor, wie sie es hineingelegt hatten.

Nach meiner heutigen Erfahrung hätte das Kinderbett auf seinem ursprünglichen Platz bleiben können, wenn ich die strahlenaufbauenden Gegenstände aus den im Raum sich befindlichen Schränken entfernt hätte. Auch wußte ich damals noch nicht, daß Beleuchtungskörper schädliche Strahlen aussenden können.

### Fall Nr. 4 BE Strahlensalat

Bei Frau M in D. mußte vor zwölf Jahren wegen eines Darmleidens ein künstlicher After geschaffen werden. Vier Jahre zuvor hatte sie einen Schlaganfall erlitten. Die Überprüfung ihres Bettes ergab, daß über dem Bauchbereich sämtliche Kreuzungen verliefen. Das Bett wurde auf eine strahlenfreie Stelle geschoben und jährlich überprüft.

Nach längerer Zeit klagte die Dame, daß sie jede Nacht Schlafmittel benötige um einschlafen zu können. Die Kontrolle ergab, daß sie verschiedene Gegenstände in die Nähe ihres Bettes gebracht hatte, unter anderem auch einen Wecker mit Leuchtziffern. Diese Sachen räumten wir weg.

Eine alte Nähmaschine mit Eisenunterteil konnte in einer Entfernung von ca. 2 m vom Bett verbleiben. Die Schlafstörungen waren behoben und der Gesundheitszustand blieb stabil.

Vor kurzem starb der Bruder der Dame aus der gemeinsamen Wohnung heraus, daraufhin wurde sein Zimmer, das an das von Frau M. grenzte, umgestaltet. Bei dieser Gelegenheit wurden auf seinem Schrank eine große Menge Münzen entdeckt. Kurze Zeit später klagte Frau M. über starke Knieschmerzen, die trotz ärztlicher Hilfe nicht weichen wollten. Es wurde eine Arthrose des Knies diagnostiziert. Wieder traten Einschlafschwierigkeiten auf. Es dauerte bis zu drei Stunden ehe sie Schlaf fand.

Ich dachte gleich an die Veränderungen im Zimmer ihres Bruders. Die Kontrolle ergab, daß die alte Nähmaschine zu den Münzen früher ein Dipol gebildet hatte. Weil die Münzen entfernt worden waren, mußte auch die Nähmaschine aus dem Schlafraum weichen. Diese wurde in das Zimmer des Bruders gestellt, wo sie in sechs Meter Entfernung keine Auswirkungen auf das Bett der Schlafenden hatte.

Die Schlafschwierigkeiten besserten sich schlagartig, auch die Kniebeschwerden verschwanden zur Gänze.

Seit der Krebsoperation sind nun 15 Jahre vergangen. Die Dame fühlt sich wohl, unternimmt weite Spaziergänge und ist trotz ihres hohen Alters sehr reiselustig.

Den Fortschritten der ärztlichen Kunst und Wissenschaft ist es zu verdanken, daß das Durchschnittsalter der Menschen seit dem Mittelalter um mehr als vier Jahrzehnte angestiegen ist. Wie dieses Alter aussieht, gesund oder mit immer wieder auftretenden Krankheiten, steht oft im Zusammenhang mit der Lage des Bettes.

Daß auch viele Ärzte die Ursache von wiederholten Erkrankungen und verzögerter Heilung auf „Erdstrahlen" zurückführen, erfuhr ich, als ich vor etlichen Jahren die Möglichkeit hatte, an einem Ärztesymposium in München teilzunehmen.

Vor ca. 500 Ärzten wurde ein Vortrag über Homöopathie gehalten, anschließend wurde erklärt : „Vorausgesetzt, daß die richtige Diagnose gestellt, die richtigen Medikamente verordnet und diese von Patienten ordnungsgemäß eingenommen werden, ist unter normalen Umständen im allgemeinen mit einer Besserung, bzw. Heilung zu rechnen.

Tritt jedoch die Krankheit erneut wieder auf oder zieht sich der Heilungsprozeß unnatürlich lange hin, so sollte man die Bettstelle auf „Erdstrahlen" untersuchen lassen, da diese die Therapie negativ beeinflussen und die Heilung verhindern können."

Sehr viele Menschen leiden heute unter Schlafstörungen oder Depressionen, schlukken Unmengen von Medikamenten und dabei wäre durch „Ausräumung" des Schlafzimmers oft auf einfache Weise Hilfe möglich.

## Fall Nr. 5 Uhren — Bronzebild

Bei Familie Sch. in M. litt der Ehemann nachts an starkem Kribbeln in den Beinen und mußte deswegen öfters aufstehen. Die Gattin hatte Nacht für Nacht Kopfschmerzen, die erst am Vormittag aufhörten.

Wir räumten im Nebenraum hinter dem Kopfbereich des Bettes lagernde Flaschen und Kunststoffgegenstände weg. Da der Raum sehr groß war, konnte man den Wecker in die weitest entfernte Ecke des Zimmers verbannen. Daraufhin hörte das Kribbeln in den Beinen des Mannes auf, ebenso die Kopf- und Leibschmerzen der Frau.

Einige Tage lang wurden im Zimmer keine Veränderungen vorgenommen, doch wollte Frau Sch. auf ihren Wecker nicht verzichten und stellte ihn wiederum an die alte Stelle. Am nächsten Morgen stand sie benommen und erneut mit Kopfschmerzen auf. Die Nacht darauf stellte sie den Radiowecker unter das Bett, um ihn aus dem Kopfbereich zu entfernen und ihn dennoch in der Nähe zu haben.

Daraufhin traten bei ihr nachts Leibschmerzen auf, die sie auf das Abendessen zurückführte. Da sich die Leibschmerzen jede Nacht wiederholten, entschloß sie sich, den Radiowecker auf die von uns ausgesuchte Stelle zurückzubringen.

Die Kopf- und Leibschmerzen hörten schalgartig auf.

Bei einem Kontrollbesuch ein halbes Jahr später teilte uns Herr Sch. mit, daß bei ihm wiederum jede Nacht Krämpfe in den Beinen auftreten würden.

Wie sich herausstellte, hatte er das Weihnachtsgeschenk seiner Tochter, eine gläserne Standuhr, auf seinen Nachttisch gestellt. Wir rieten ihm, diese sofort zu entfernen, und ab diesem Zeitpunkt konnte er wieder durchschlafen.

Die meisten Menschen werden, sobald es ihnen besser geht, immer wieder „leichtsinnig" und sehen nicht ein, daß so manche schöne Dinge nicht in das Schlafzimmer gebracht werden sollten.

Bei einer weiteren Nachkontrolle zu der wir wegen Schlafstörungen gerufen worden waren, hatten sich erneut über den Betten eine Verwerfung, verstärkte Radioaktivität, Globalgitterkreuzungen sowie Currystreifen aufgebaut.

Das Ehepaar hatte vor einigen Wochen ein Hochzeitsjubiläum gefeiert und zu diesem Anlaß ein ca. 3 kg schweres Bronzebild als Geschenk erhalten. Dieses Bild wurde im Flur, an der Wand zum Schlafzimmer aufgehängt. Außerdem war die Uhr in das angrenzende Zimmer gebracht worden und stand dort direkt hinter dem Kopf des Schläfers.

Aufs Neue räumten wir alles Störende weg, und wie uns mitgeteilt wurde, war ihr Schlaf wieder ungestört.

Inzwischen achten unsere Bekannten darauf, nichts Störendes mehr in das Schlafzimmer zu bringen.

## Fall Nr. 6 Spiegel

Frau St. in M. wurde jede Nacht durch starke Kopf- und Leibschmerzen geweckt.

Im Zimmer befand sich ein Spiegel, den wir mit einer Wolldecke verhängten. Aus den Schränken wurden Plastiktüten und eine Alu-Staffelei, die neben dem Schrank stand, entfernt.

Frau St. wachte nur noch einige Male um dieselbe Zeit auf, und konnte aber mit Freuden feststellen, daß die Leibschmerzen nicht mehr auftraten.

Im selben Haus befindet sich ein Zimmer, in dem nach Aussage der Tochter niemand schlafen konnte. Sie selbst bekäme beim Betreten des Zimmers sofort Kopfschmerzen. Dieser Raum diente nur noch als Gästezimmer.

Im unbewohnten Zimmer war außer der blanken Einrichtung, fast nichts vorhanden, lediglich zwei Klappstühle aus Metall, die ich entfernte. Das Bett war jedoch dadurch noch nicht störungsfrei. Da sich im Zimmer keine Gegenstände mehr befanden, die in der Lage gewesen wären Störfelder zu bilden, suchte ich außerhalb des Zimmers weiter. Im Vorzimmer war ein Garderobenschrank mit einer Spiegeltür und zwar direkt gegenüber der angrenzenden ca. 30 cm starken Schlafzimmerwand eingebaut.

IP war kurzfristig nicht anwesend. Nachdem ich die Ursache während ihrer Abwesenheit gefunden hatte, bat ich IP nach ihrer Rückkehr, die Bettstelle mit ihrer Hand nachzuprüfen.

Dabei stand sie mit nach vorne gebeugtem Körper, geschlossenen Augen und ausgestreckter Hand vor dem Bett, mit dem Aufspüren von Strahlen beschäftigt, sodaß sie nicht sehen konnte, was inzwischen vor sich ging.

Auf meinen Wink schwenkte die Tochter die Spiegeltür des Garderobenschrankes hin und her, das heißt, sie öffnete und schloß sie wieder, worauf IP einmal die Strahlen spürte, dann wieder nicht.

Sie wunderte sich sehr, daß die Strahlenintensität plötzlich anwuchs, um unmittelbar darauf wieder zu verschwinden. Wir wiederholten dieses Experiment mehrmals. IP ahnte, daß hier etwas ihr Unbekanntes vorging, konnte es sich aber nicht erklären, bis sie auf einmal laut vor Schmerzen aufschrie. Obwohl IP die Augen geschlossen hatte, den Kopf zum Bett gesenkt hielt, sah sie zwei senkrechte Blitze direkt am gegenüberliegenden Fenster und gleichzeitig durchfuhr sie ein heftiger Schmerz vom Bauchbereich bis zum Kopf.

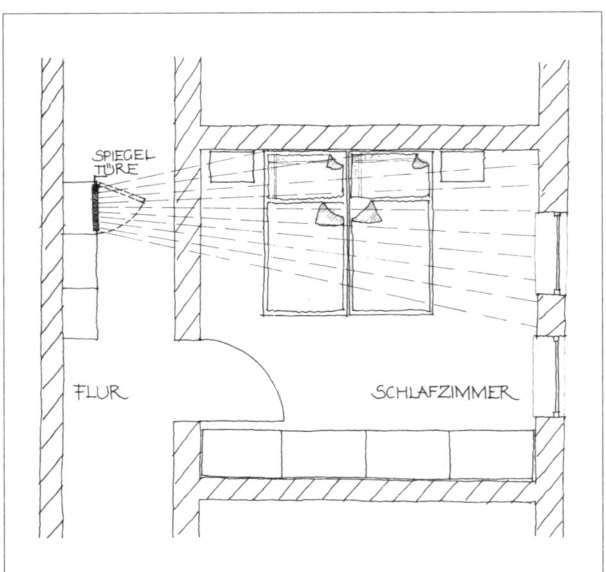


Auf einen Wink von mir hatte die Tochter die Spiegeltür des Garderobenschrankes rasch zugeworfen. Dieser Reflex genügte, um IP diesen starken, allerdings nicht beabsichtigten Schmerz zuzufügen.

Wie Sie daraus ersehen, bauen einige Spiegelarten Strahlen auch durch die Wände hindurch auf.

Von nun an wußten die Hausleute, daß sie die Tür der Garderobe offen zu halten hatten, wenn sie sich im Zimmer aufhalten wollten.

Wir denken, daß dieses Beispiel Sie von der Wirkung

überzeugt, die ein einfacher Spiegel auf den Menschen haben kann, und daß eine Wand nicht immer ein Hindernis für Strahlen ist.

Bei einem späteren Zusammentreffen mit dieser Familie klagte Frau St. erneut über Schmerzen; dieses Mal im Kniebereich. Sie versicherte uns, nichts in das Zimmer gestellt zu haben. Wir baten, nachsehen zu dürfen, da wir annahmen, daß sie wieder etwas in das Zimmer gestellt hatte, was diese Störung verursachte. Daraufhin fiel der Hausfrau ein, daß sie vor einigen Tagen eine Stahlkassette in den Schrank gestellt hatte, die sie von ihrer Tochter für die Urlaubszeit zur Aufbewahrung übernommen hatte. Wir rieten Frau St. diese Kassette sofort zu entfernen.

Die Tochter wurde durch unsere Tätigkeit angeregt, ihre Strahlensensibilität selbst auszuprobieren und konnte feststellen, daß sie selbst ein wenig strahlenfühlig ist.

Als die Mutter plötzlich wieder über Schmerzen klagte, suchten beide nach der Ursache. Sie verstellten die Betten um ca. 20 cm und änderten die Lage der Fernsehantenne auf dem Dach. Die Antenne war wahrscheinlich durch einen Sturm, der einige Tage zuvor in dieser Gegend schwere Verwüstungen angerichtet hatte, in ihrer Position verändert worden und so konnte sie über dem Bettbereich zum Störfaktor werden.

## Fall Nr. 7 BE Eisenleiter als Ursache von Bettnässen

Der 7-jährige Sohn der Familie Sch. in K. war Bettnässer. Ich entfernte aus dem Kinderzimmer einen Strahldrehsessel, Plastikspielsachen, Plastiktüten und die Eisenleiter für das Stockbett. Das Bettnässen hörte schlagartig auf.

Nach 14 Tagen erhielt ich einen Anruf, daß das Kind erneut einnässe. Daraufhin untersuchte ich das Schlafzimmer des Kindes ein zweites Mal und fand die Eisenleiter wieder an das Stockbett gelehnt. Diese Leiter war die Ursache der Strahlen, die sich genau über dem Bett des Kindes im Bauchbereich bündelten.

Die Eltern befolgten meinen Rat und entfernten die Leiter für die Nachtzeit. Daraufhin hörte das Bettnässen endgültig auf.

Ein ähnlicher Fall ereignete sich in einer anderen Familie. Das vierjährige Mädchen hörte nach Ausräumen aller störenden Gegenstände aus seinem Schlafbereich sofort mit dem Bettnässen auf.

Dasselbe Ergebnis konnten wir bei einem 12-jährigen Jungen erzielen.

Ein sechsjähriges Mädchen wurde erneut zur Bettnässerin, nachdem ihr ein kleiner Handspiegel unter das Bett gefallen war, und dort unbemerkt lag.

## Fall Nr. 8 Schmiedeeiserner Kerzenständer

Herr A. in M. war einem plötzlichen Herzinfarkt erlegen. Daraufhin wurden wir von der Witwe ersucht, die Wohnung zu überprüfen. Zuerst wollte IP allein das Schlafzimmer untersuchen, konnte aber für die Strahlentestung nicht lange genug im Raum bleiben, da ihr starke Strahlenintensität Übelkeit verursachte.

IP rief mich zur Mithilfe und so untersuchten wir nach etlichen Tagen gemeinsam. Wir fanden im Raum keine Störungsquelle und so suchte ich im Hobbyraum, der sich direkt unter dem Schlafzimmer befand, weiter. IP blieb trotz erneutem Unwohlsein im Schlafzimmer. Ich fand im Hobbyraum ein Klavier und einen großen, schmiedeeisernen Kerzenständer vor. Als ich diesen umlegte, verspürte IP eine sofortige Erleichterung, d.h. die Strahlen waren augenblicklich aufgehoben. Daraufhin wurde dieser Kerzenständer außer Haus gebracht und später der Kirche in E. als Geschenk übergeben.

Bei Nachkontrolle des Schlafzimmers fand ich weder die vorher aufgetretene Radioaktivität noch andere Strahlen vor.

Nach einiger Zeit wurde wir abermals in dieses Haus gerufen, da Frau A. mit Schlafschwierigkeiten zu kämpfen hatte, nachts des öfteren aufwachte und längere Zeit zum erneuten Einschlafen benötigte. Sie schläft seit dem Tode ihres Mannes in einem anderen Zimmer und dieses hatten wir seinerzeit auch gleich durch Entfernung verschiedener Gegenstände „entstört".

Neuerlich fanden wir über dem Bettbereich mehrere Reizstreifen und Radioaktivität vor. Diese Störung wurde durch einen Telefonapparat hervorgerufen, den Frau A. in einer Entfernung von ca. einem Meter vom Kopfende des Bettes wieder hingestellt hatte.

Unserer Erfahrung nach verursachen Telefonapparate eine verstärkte Radioaktivität im Raum und es bauen sich zusätzlich noch andere Störfelder auf. Deshalb raten wir Ihnen, wenn das Telefon im Schlafzimmer unentbehrlich sein sollte, dieses mit einer zusammengelegten, dicken, echten Wolldecke abzudecken.

## Fall Nr. 9 Spiegelschrank — Herzinfarkt?

Da die Mutter einer guten Freundin einen Herzinfarkt erlitten hatte, bat sie uns die Wohnung zu untersuchen. Wie üblich, fanden wir viele, uns als störend bekannte Gegenstände vor.

Gegenüber dem Bett der alten Dame hing ein Spiegel. Am Nachttisch stand ein sog. Sterbekreuz mit dazugehörigem Kerzenleuchter aus Metall mit Kerze. In den Schubladen fanden wir große Mengen an Medikamenten. Im Schrank war die gesamte Kleidung mit Kunststoffolie überzogen. Im Vorzimmer hing an der angrenzenden Wand zum Schlafzimmer ein Spiegel, dessen Rückseite in das Schlafzimmer hineinstrahlte und deshalb entfernt werden mußte.

Zu diesem Zeitpunkt befand sich die Patientin noch immer im Krankenhaus. Ihr Ehemann, der während unserer Arbeit anwesend war, sprach kein Wort. Als er seine Frau im Krankenhaus besuchte, berichtete er ihr entrüstet über unser Vorgehen, und daß uns sogar das Kreuz samt Kerzenleuchter stören würde.

Am Nachmittag begab sich Herr W. erneut, diesmal mit Tochter, in das Krankenhaus, wo seine Frau mit einer zweiten herzkranken Patientin im selben Zimmer lag.

Als Herr W. sich abermals über unsere Tätigkeit beschweren wollte, schnitt ihm die uns unbekannte, neben seiner Frau liegende Patientin das Wort ab und äußerte sich folgendermaßen: „Herr W., ich habe am Vormittag Ihr Gespräch mit angehört und muß Ihnen sagen, daß ich vermute, daß auch mein Herzinfarkt eine ähnliche Ursache hat.

Vor vier Jahren kaufte meine Schwester ein neues Schlafzimmer. An allen Schranktüren sind große Spiegel angebracht. Zwei Jahre darauf erlitt meine Schwester einen tödlichen Herzinfarkt. Mein Schwager, der das große Schlafzimmer nicht mehr haben wollte, bot es mir an. Nun sind wieder zwei Jahre vergangen, jetzt liege ich hier, auch mit einem Herzinfarkt. Dazu möchte ich Ihnen noch sagen, daß ich genau wie meine Schwester in guten, friedlichen, finanziell abgesicherten Verhältnissen lebe, somit keine Sorgen, einen lieben Mann habe, nicht zu viel arbeite, niemals herzkrank war und daher nie vermutete, daß ich einmal einen Herzinfarkt erleiden würde."

Jetzt erst begriff Herr W., daß wir es nur gut mit ihm und seiner Frau meinten.

## Fall Nr. 10 BE Telefonleitung am Dachboden, lose verlegt

In meiner Wohnung blieben alle Versuche, eine Zone verstärkter Radioaktivität im Bereich meines Bettes zu beheben erfolglos.

Als Angestellte des Telfonamtes zu mir kamen und die nur provisorisch verlegte Telefonleitung für das Nachbarhaus, die über meine Zimmerdecke verlief, endgültig montieren wollten, stellte ich nach der Demontage dieses Provisoriums fest, daß die Radioaktivität nicht mehr mutbar war.

Auf mein Ersuchen wurde die Telefonleitung an einer anderen Stelle des Dachbodens angebracht; die Strahlenfreiheit blieb.

## Fall Nr. 11 BE Störung nicht mehr nachprüfbar

In N. bei Familie N. stellte ich in einem unbewohnten, möblierten Einzelzimmer im Kopfbereich des Bettes fest, daß sich dort einige pathogene Kreuzungen befanden. Ich fragte die Hausfrau, ob die Person, die in diesem Bett geschlafen habe, nicht unter Kopfschmerzen gelitten hätte.

Die Hausfrau begann zu weinen und sagte: Dies sei das Bett ihres einzigen Sohnes gewesen und er hatte tatsächlich unter ständigen Kopfschmerzen gelitten. Nachdem er geheiratet hatte, zog er in ein anderes Zimmer um und 14 Tage später starb er an einer Gehirnhautentzündung. Die Frage, ob die schwere Krankheit durch einen Zeckenbiß verursacht worden sei, verneinte die Mutter. Das Schicksal schlug besonders hart zu, da er als einziger Sohn der Hoferbe gewesen wäre.

Anschließend wurde ich ersucht, auch das Zimmer der Hausfrau auf Strahlen zu testen. Über den Ehebetten fand ich verschiedenen Kreuzungen vor.

Die Frau wunderte sich darüber, denn laut ihrer Aussage hatte sie erst vor einiger Zeit auf Anraten eines Rutengängers die Betten umgestellt. Zu dieser Zeit ging auch ich noch nach der alten Methode vor, d.h. durch Umstellen der Betten.

Ich riet ihr die Betten wieder auf den alten Platz zu stellen, da ich auf diesem keine Strahlen muten konnte.

Später, bei einem weiteren Besuch mit IP fanden wir tatsächlich die Betten nach meinem Vorschlag umgestellt und machten eine Nachkontrolle. Diese ergab erneut vielerlei Strahlenfelder im Bettbereich. Diesmal konnten wir schon unsere neuen Erkenntnisse anwenden und entfernten die verschiedensten Gegenstände, wie eine Uhr, Kosmetika, Schlüssel, Plastiktüten sowie allerlei Medikamente etc. Daraufhin konnten wir weder mit der Rute noch mit der Hand Impulse wahrnehmen.

Bevor wir das Zimmer verließen, teilte uns die Hausfrau mit, daß sie von ihren Töchtern zu Weihnachten Matten mit Kupfereinflechtungen erhalten habe, die sich in den Betten befänden und die die Strahlen abschirmen sollten.

Unserer Erfahrung nach, bauen aber diese Matten selber Kraftfelder auf. Da wir solche aber nicht feststellen konnten, dachte ich an eine Dipolwirkung und begann zu suchen.

Das Schlafzimmer ist ein Eckzimmer im Parterre mit zwei Außenwänden. Ich ging vor das Haus und fand an der Wand zum Schlafzimmer Gartenmöbel aus Holz und dicht daneben einen Betonständer mit einem Eisenrohr für einen Sonnenschirm. Ich legte diesen Ständer um und kontrollierte abermals den Bettbereich im Schlafzimmer. Wie vermutet, traten wieder Störfelder verschiedener Art auf. Dieser Sonnenschirmständer wirkte als Dipol zu den Kupfermatten in den Betten. Wird seine Position verändert, so verlieren die Kupfermatten in den Betten ihre Wirkung, sie werden sogar zum Störfaktor.

Wir ziehen es deshalb vor, keine derartigen Matten oder andere Abschirmgeräte zu verwenden, sondern das Übel gleich an der Wurzel zu packen, nämlich die Strahlenerzeuger selbst zu beseitigen.

## Fall Nr. 12 BE Gartenmöbel — Zinnkrüge — Dipol

Das Schlafzimmer der Familie P. in M. fand ich schwer verstrahlt vor. Nach Entfernung aller strahlenaufbauenden Gegenständen war das Zimmer frei. Als ich mich verabschiedete, fielen mir auf dem Garderobenschrank, der an der Wand zum Schlafzimmer stand, mehrere Zinnkrüge auf. Ich ließ diese entfernen, kontrollierte nochmals im Schlafzimmer nach und konnte erneut Störfelder feststellen.

Auf der Terrasse vor dem Schlafzimmer standen Stahlrohrmöbel, die ich aber wegen der zugezogenen Gardinen nicht gesehen hatte. Die Zinnkrüge wirkten in diesem Fall als Dipol zu den Stahlrohrmöbeln.

Da die Hausbesitzer die Möbel auf der Terrasse behalten wollten, empfahl ich, die Zinnkrüge so lange aufgestellt zu lassen, solange die Gartenmöbel in Verwendung sind. In den Wintermonaten sollte beides entfernt werden.

Etliche Menschen haben heute noch ein natürliches Gespür und bilden unbewußt Dipole zu ihren Einrichtungsgegenständen. Man sagt dann oft: Das Zimmer strahlt Harmonie aus. Aber mit dem, was heute alles in ein Schlafzimmer gestellt wird, gelingt es kaum mehr.

## Fall Nr. 13 Vase — Kupferplatten — Dipol

Die Schlafräume der Familie Z. hatten wir schon vor einigen Wochen strahlenfrei gemacht.

IP prüfte später die Schlafzimmer der Söhne und fand eine sehr schwache Störung vor, die durch ein kleines, in Stanniol verpacktes Stück Schokolade verursacht wurde. Dabei stellte sie noch fest, daß sich unter den Betten Kupferplatten befanden, von denen aber keine Impulse ausgingen. Darüber war sie anfangs sehr erstaunt, erinnerete sich aber, daß ihr beim Betreten der Diele eine große Blumenvase aufgefallen war. IP bat Herrn Z. diese Vase umzulegen und sogleich waren über den Betten Impulse fühlbar.

Es war in einem schönen, alten Bauernhaus, noch mit Holzzwischendecken. Ich vereinbarte mit dem Hausherrn, die Kupferplatten zu entfernen und die Blumenvase an einen anderen Platz zu stellen oder sie mit einem Deckel zu verschließen, um zu vermeiden, daß durch zufälliges Umstellen der Vase die Kinderbetten erneut bestrahlt würden.

Fall Nr. 14 **Bild eines Guru**

Im Schlafzimmer der Familie P. in H. befanden sich außer schönen eingebauten Holzmöbeln nur die Ehebetten und das Kinderbettchen. Obwohl wir aus den Nachtkästchen Gegenstände aus Kunststoff, Kugelschreiber, Schlüssel, Taschenmesser und aus den Betten Kupfermatten entfernten, waren immer noch Strahlenfelder zu muten. Auf dem Bord oberhalb der Betten stand das Bild eines Guru auf Holz gemalt, das in einen echten Goldrahmen gefaßt war. Wir entfernten das Bild und ich konnte daraufhin nur noch im Bereich des Kopfkissens des rechten Bettes und über der Mitte beider Betten eine Verwerfung muten, die vom Fußende bis zum Bord verlief.

Da dem Hausherrn an diesem Bild sehr viel gelegen war, entfernte er den Goldrahmen und stellte nur das Bild allein an seinen ursprünglichen Platz. Abermals baute sich ein begrenztes Störfeld über dem Bett des Hausherrn auf, d.h. es verlief außerhalb des Bettes nicht weiter.

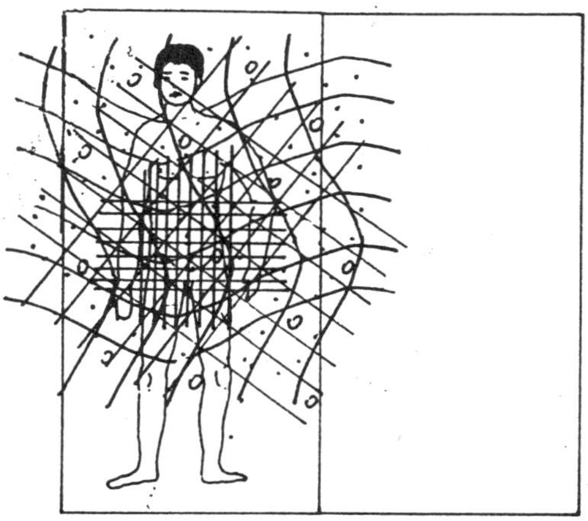

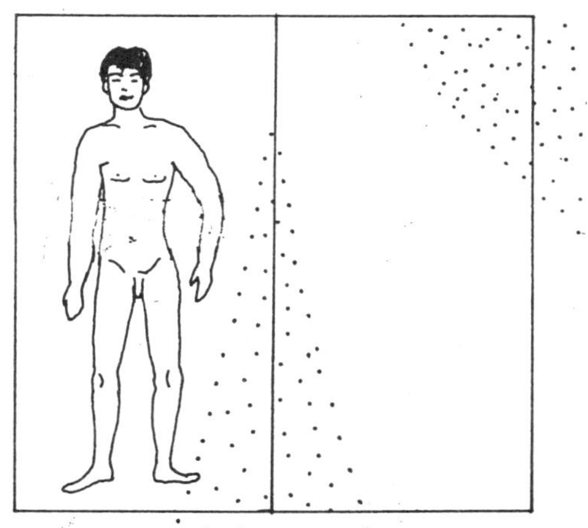

Wir entfernten das Bild erneut und stellten es in ca. 3 m Entfernung seitlich der Betten auf einem Kästchen wieder auf. Wieder waren über den Betten dieselben Strahlenarten zu muten. Dem Ehemann wurde geraten, das Bild in einem anderen Raum unterzubringen.

Das Störfeld über dem rechten Kopfkissen verursachte ein Zinnbecher, den wir nachträglich im unteren Teil des Nachtkästchens fanden.

Das Störfeld in der Mitte der Betten wurde durch ein Funkgerät, das im Schrank untergebracht und dessen Antenne ausgezogen war, verursacht. Der Schrank stand ca. 3 m seitlich der Betten.

Dieser Vorfall regte zum Nachdenken an. Warum strahlt ein Bild auf Holz gemalt? Die Farben können natürlich auch für die Strahlen verantwortlich sein. Dabei stellte ich noch die Tatsache fest, daß das Bett der Frau von diesen Strahlen nicht beeinflußt wurde, obwohl das Bild in der Mitte auf dem Bord über beiden Betten stand.

Anschließend machten wir zu Hause und bei Freunden Versuche mit Ikonen, Rosenkränzen, Kreuzen, Weihwasser und mit anderen Kultgegenständen.

Dabei kamen wir zu folgendem Ergebnis:

Jeder Kultgegenstand hat seine Ausstrahlung. Zum Teil manifestieren sich die Kreuzungspunkte, je nach Gegenstand und Intensität ihrer Ausstrahlung, in einer Entfernung zwischen 1,20 m und 1,40 m, oft noch in wesentlich größerer Entfernung. Die Größe der Strahlenbündelungen hängt von der Ausstrahlung des Gegenstandes ab.

Die Kreuzungen dieser Reizstreifen sind lokal und finden keine Fortsetzung, weder von Ost nach West, noch von Nord nach Süd.

Diese Plätze sind „Orte der Kraft" und bei einer so starken Wirkung muß die Anwendungszeit begrenzt sein. Diese machtvolle Ausstrahlung kann dem kranken und geschwächten Menschen Kräfte schenken. Nach diesem anregenden Einfluß braucht der Mensch wieder seinen „Gegenpol" Ruhe und Schlaf.

In früheren Zeiten hatten die Menschen in den Wohnungen ihre Herrgottswinkel. Dies war die Stelle, wo sie mit Gott eins sein und aus dem Gebet neue Kraft schöpfen konnten.

## Fall Nr. 15 Weihwasser

Bei einem jungen Ehepaar in V. mußten wir, wie fast überall der Fall, einige Kunststoff- und Metallgegenstände entfernen. Bei Nachkontrolle mit der Rute war über den Betten kein Ausschlag mehr mutbar.

Bei Kontrolle mit der Hand spürte IP noch immer weitere Impulse. Wie sich herausstellte, hatten die Eheleute isolierten Kupferdraht in Form eines großen Ringes von etwa 40 cm Durchmesser in beiden Betten unter den Matratzen liegen. Nach deren Entfernung behauptete IP, daß die Betten immer noch Strahlungen aufwiesen, nur kannte sie die Ursache nicht, was sie den Eheleuten auch zu verstehen gab. Sie sahen sich überrascht an und gaben zu, daß unter den Betten noch etwas vorhanden sei. Sie krochen beide, jeder von einer anderen Seite, unter die Betten und zogen, zu unser großen Verwunderung, zwei kleine, mit Weihwasser gefüllte, Fläschchen hervor. Jetzt erst waren die Betten zur Gänze strahlenfrei.

Von den beiden Kupferringen und den Weihwasserfläschchen unter den Matratzen, waren über dem Bett keine „Erdstrahlen" mit der Rute nachweisbar. Nur die außergewöhnliche Sensibilität von Frau IP konnte noch feine Impulse registrieren.

Das Ehepaar hatte das Weihwasser auf Rat ihrer Freunde unter die Betten gestellt, denn dies sollte die Erdstrahlen abhalten. Weihwasser strahlt, wie alle anderen sakralen Gegenstände selbst. Sein Platz ist nicht unter dem Bett.

## Fall Nr. 16 Stehlampe aus Metall

Bei einer Dame in I. wies das Schlafzimmer starke Radioaktivität auf und gleichzeitig befanden sich über dem Bett mehrere Kreuzungen. In diesem Raum wurde IP auf Grund dieser starken Strahlung innerhalb kurzer Zeit übel. Als Ursachen für diese Strahlen fanden wir über dem Kopfbereich eine Messingleuchte mit einem flaschenartigen Glasschirm. An der gegenüberliegenden Wand hing eine alte Ikone und daneben hing ein Spiegel. Das Nachtkästchen war mit Medikamenten gefüllt.

Wir entfernten sämtliche oben angeführten Gegenstände aus dem Raum, und doch war dieser wieder nicht strahlenfrei. IP mußte wegen Übelkeit den Raum verlassen. Ich suchte im angrenzenden Wohnzimmer weiter. Für die noch vorhandene Störung im Schlafraum war eine aus Metallstäben hergestellte Stehlampe verantwortlich. Erst als diese in Schräglage gebracht und der zylinderartige Schirm der Nachtlampe abgedeckt wurde, war der Schlafplatz endlich störungsfrei. IP benötigte zwei Stunden Aufenthalt an der frischen Luft, um sich wieder zu erholen.

## Fall Nr. 17 Pyramide als Ursache von Schlafstörungen

In einer Wohnung in K. entfernte ich routinemäßig die Gegenstände, die mir als Störfaktoren bekannt waren. Ich ließ unter anderem den Spiegel mit einer Wolldecke verhängen, sowie die in den Schränken verwahrten Elektrogeräte und Plastiktaschen aus dem Raum bringen. Trotzdem verschwand die Radioaktivität nicht aus dem Raum. Nach weiterem Suchen fand ich eine 20 cm hohe, aus Kupferblech hergestellte Pyramide unter den Ehebetten. Erst nach deren Entfernung, waren sämtliche Störungen verschwunden.

Ich möchte hierzu erklären, daß die Dame seit Jahren, u.a. unter schweren Schlafstörungen litt und ich die Pyramide für die Hauptursache ihres Leidens hielt. Nach der „Ausräumung" verschwanden die Schlafstörungen und ihr Gesundheitszustand besserte sich merkbar.

## Fall Nr. 18 BE Kupferpyramide

Die im Fall 17 erwähnte Kupferpyramide konnte ich zu Versuchszwecken mit nach Hause nehmen. Ich stellte sie in meinem Flur auf. Vorsichtshalber kontrollierte ich meine Schlafstelle, um nicht selbst eine schlaflose Nacht verbringen zu müssen. Meine Schlafstelle erwies sich als strahlenfrei. Anderntags klagte mein Besuch aus Frankreich, daß sie die ganze Nacht wach gelegen hätte, was bisher noch nie der Fall war. Ich schöpfte sofort Verdacht, kontrollierte die Schlafstelle von Fräulein R. und konnte in dem sonst störungsfreien Raum, über ihrem Bett, sämtliche mir bekannten Kreuzungen muten. Ich entfernte die Pyramide aus dem Vorzimmer und bei Nachkontrolle fand ich kein Störfeld mehr. Dabei war die Pyramide sechs Meter weit vom Bett entfernt gewesen.

Ein weiterer Versuch:

Dieselbe Pyramide stellte ich 30 m von meinem Haus entfernt im Garten auf. Nachts schlief ich sehr unruhig und war längere Zeit wach. Am Morgen fiel mir die Pyramide wieder ein. Die Kontrolle ergab, daß ich über meinem Bett sämtliche Strahlen muten konnte, die nach Entfernung dieser Pyramide nicht mehr vorhanden waren.

Wir müssen Sie dringendst davor warnen, Pyramiden im Haus längere Zeit aufzustellen, denn die Wirkung auf den menschlichen Körper ist durchaus nicht immer positiv. Wenn Sie mit Pyramiden arbeiten wollen, lassen Sie sich vom Fachmann beraten, denn durch die Pyramiden werden starke kosmische Kräfte gebündelt und wir können Einbußen an unserer Gesundheit erleiden, wenn wir sie am falschen Platz aufstellen und wenn wir uns solchen Kräften über einen längeren Zeitraum aussetzen.

## Fall Nr. 19 BE Schlaflosigkeit durch Pyramiden

Einen ähnlichen Fall erlebte ich in K. Ich wurde zu einer Familie gerufen, weil die Hausfrau seit ungefähr zwei Jahren an extremer Schlaflosigkeit litt. Der Ehemann schlief auf Grund seiner beruflichen Tätigkeit des öfteren auswärts und andernorts immer gut.

Der Allgemeinzustand der Frau war sehr schlecht. Sie befand sich ständig in ärztlicher Behandlung ohne dauerhaften Erfolg.

Da das Ehepaar nur ein Ein-Zimmer-Appartement bewohnte, war eine Entfernung sämtlicher störender Gegenstände nicht möglich. Ich versuchte die Lage insofern zu verbessern, daß ich der Hausfrau vorschlug, den Vogelkäfig und den Fernseher über Nacht mit einer Wolldecke abzudecken, die Antenne und das Stromkabel des Fernsehers auszustecken und alle anderen Störfaktoren möglichst weit vom Bett entfernt abzustellen.

Die zwei im Bettbereich stehenden Pyramiden, die ihr von einem Heilpraktiker verkauft worden waren, ließ ich aus der Wohnung bringen. Wie im vorhergehenden Fall waren sie nicht unerheblich an der im Raum herrschenden Strahlenbelastung beteiligt.

Eine Woche später teilte mir die Frau telefonisch mit, daß ihr Schlaf so gut sei, daß sie sich einen Wecker kaufen mußte, um wach zu werden. Zuvor konnte sie kaum zwei Stunden lang Schlaf finden.

Noch ein weiterer Pyramidenfall:

In der Wohnung einer uns bekannten Lehrerin konnten wir trotz langem Suchen die Ursache für die verstärkte Radioaktivität nicht finden. Da sie selbst das Schlafzimmer „rein" machen wollte, gaben wir vorerst die Suche nach der Ursache auf.

Bei einem anschließenden Kaffe-Plausch kam die Sprache auf die Pyramiden und deren Geheimnisse. Daraufhin zeigte sie uns drei, selbst aus Glas gebastelte Pyramiden, in denen sie Versuche mit Pflanzen anstellte.

Die Pyramiden waren am Balkon aufgestellt. Als wir die Pyramiden auseinandernahmen und anschließend das Zimmer überprüften, war die verstärkte Radioaktivität verschwunden. Hierzu möchten wir noch bemerken, daß es ihr seit längerer Zeit gesundheitlich nicht gut ging.

Die aus Papier hergestellten Pyramiden können wenigstens nach Gebrauch sofort zusammengelegt werden und strahlen dann nicht.

Die Grundfläche der Pyramide war ein Quadrat mit 20 cm Seitenlänge. An der Grundfläche betrug die Breite des Globalgitterstreifens 20 cm. Mit zunehmender Entfernung vergrößert sich die Breite des Globalgitterstreifens enorm. Siehe dazu die Zeichnung. Dasselbe gilt für alle Strahlenarten. Wasser, Curry usw. Auf weitere Erfahrungen mit der Pyramide will ich in diesem Rahmen nicht näher eingehen.

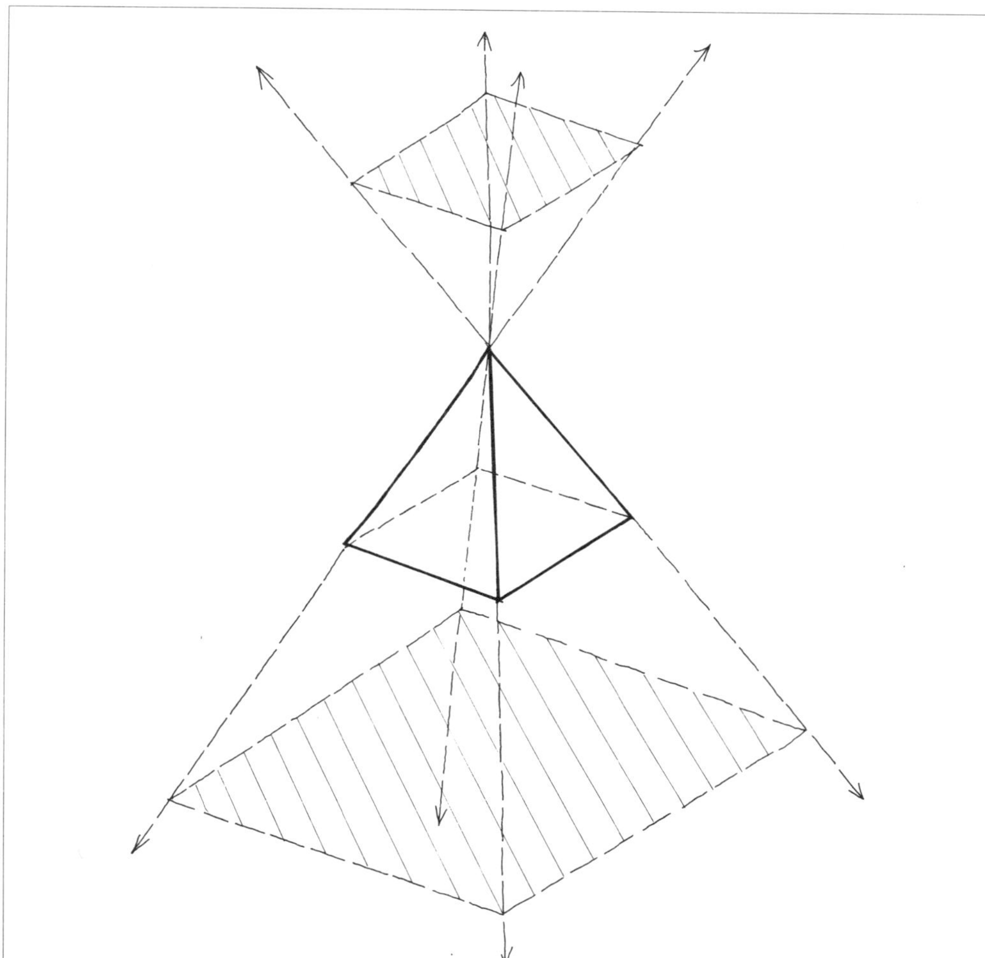

In Toms Brun's Buch: „Rätsel der Urzeit", Kap. 16, „Ergänzende Gedanken zur Cheops-Pyramide", können Sie nachlesen, daß im Sarkophag der Königskammer, die natürliche Radioaktivität um ein Vielfaches verstärkt ist.

Aus meinen Versuchen mit der Kupferpyramide schließe ich, daß alle Strahlenarten aus dem Kosmos, im Sarkophag der Königskammer gebündelt waren.

Der Ritus der Schamanen, sich zur letzten Prüfung in eine dunkle Erdhöhle zurückzuziehen um „wiedergeboren” zu werden, hat vermutlich die gleichen Wurzeln wie der Kult der Ägypter, welche die Pyramiden — Sammelpunkt höchster Energie — bauten, in denen sich ihren Priestern die Weihen und Mysterien offenbarten.

Dabei dürfte die Eigenschaft der Pyramide, die Strahlen in ihrem Inneren zu bündeln oder zu verstärken, eine wesentliche Rolle gespielt haben.

Da die Oberfläche der Pyramide ursprünglich glatt war und diese damals noch ihre Spitze hatte, ist anzunehmen, daß der oben genannte Effekt wesentlich stärker auftrat.

Beim Lesen des Buches von Peter Tompkins „Cheops” wurden meine Gedanken größtenteils bestätigt.

Nach meiner Überlegung diente die Pyramide noch als Wolkenbrecher und hat durch die Zerstörung und das Abtragen der glatten Oberfläche ihre Wirkung als solche verloren.

Die Kirlianfotografie vermittelt einen Eindruck von den gewaltigen Energien in und um die Pyramide. Herodot nannte die Pyramiden Freitreppen für die Götter, auf denen diese auf- und abgewandelt seien.

Gott ist „LICHT UND ERLEUCHTUNG”.

Für beides war die Pyramide das Instrument.

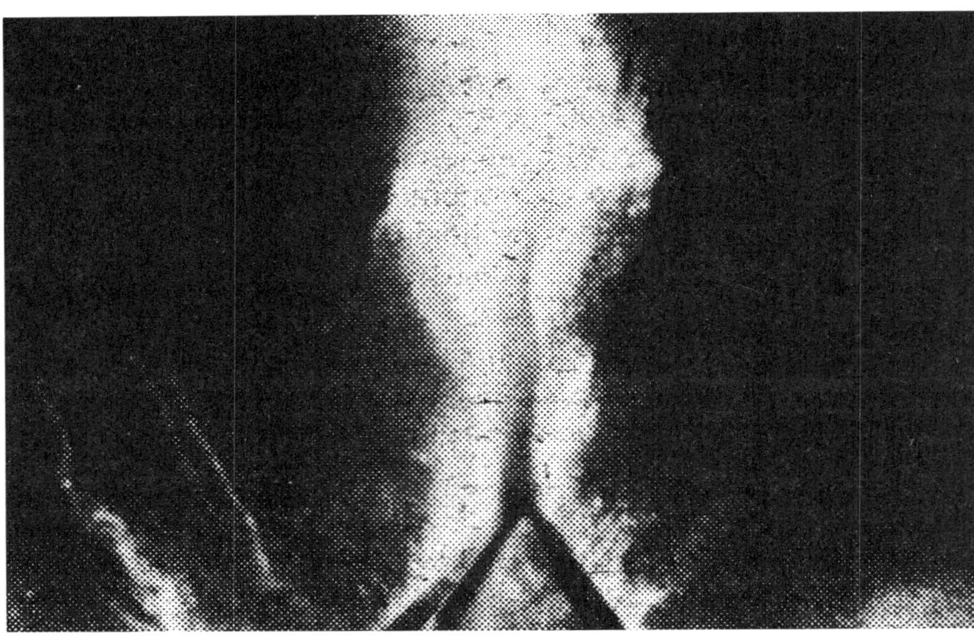

Durch die Kirlian-Fotografie werden Strahlen sichtbar gemacht. Im Bild die Kraft, die von der Spitze eines genauen Modells der Cheops-Pyramide verbreitet wird.

Dazu möchten wir Ihnen gleich noch einen Fall darlegen, der als Paradebeispiel für die Reichweite der Pyramiden gelten kann.

## Fall Nr. 20 Pyramidenähnliche Gebilde aus Kristall

Wir wurden in ein Landhaus gerufen, um zu überprüfen, ob die Schlafplätze mit Sicherheit strahlenfrei wären.

Da das Haus aus Holz gebaut war, hätte man annehmen müssen, daß es aus biologischer Sicht einwandfrei wäre. Außer kleinen Störfeldern, die wir durch Wegräumen von Spielsachen und Kunststoffgegenständen beseitigen konnten, war jedoch eine starke Radioaktivität mutbar.

Die Schlafzimmer liegen im I. Stock. Da wir nichts fanden, worauf wir die verstärkte Radioaktivität zurückführen konnten, suchte ich im Erdgeschoß weiter. Hier entdeckte ich ein pyramidenähnliches Gebilde aus Bleikristall, mit vielen kleinen geschliffenen Kanten, wunderschön glitzernd. Es hatte eine Höhe von ca. 7 cm.

Wir trugen diesen Kristall aus dem Haus und legten ihn in ca. 30 m Entfernung, mit der Spitze nach unten, ab. Trotzdem war die Radioaktivität weiterhin vorhanden. Wir baten einen Bewohner des Hauses dieses „gute Stück" noch weiter vom Haus entfernt abzulegen. Er kam zurück und erklärte, unseren Auftrag ordnungsgemäß ausgeführt zu haben. Daraufhin behauptete IP, daß dieses Gebilde nicht an dem von ihm ausgesuchten Platz bleiben könne, denn sie habe momentan ein Gefühl, als herrsche in ihrem Gehirn ein totales Chaos. Im selben Moment zog er die Pyramide aus der Hosentasche.

Als er dieses Stück dann tatsächlich aus dem Hause trug, konnte IP genau angeben, in welche Richtung er sich mit der Pyramide bewegte, obwohl sie mindestens 5 m vom Fenster entfernt stand.

Achten Sie darauf, daß sich keine spitzen Gegenstände im oder in der Nähe Ihres Schlafzimmers befinden. Sollten solche vorhanden sein, z.B. ein Regenschirm, so raten wir, diesen im Schrank nur liegend, parallel zum Bett aufzubewahren.

Auch Gewehre zählen zu den spitzen Gegenständen und sollten auf keinen Fall im Schlafzimmer stehen.

In den folgenden Fällen wollen wir auf die Schädlichkeit von Paraffin und Stearin eingehen, die heute meist anstelle von echtem Bienenwachs für Kerzen, Wachsbilder und ähnliches verwendet werden. Gefärbtes Bienenwachs strahlt auch!

## Fall Nr. 21 Wachsbild

Frau L. in M., Bäuerin, 32 Jahre alt, Mutter von zwei Kindern mußte sich im Jahre 1985 einer totalen Unterleibsoperation unterziehen. Diagnose Krebs.

Wir untersuchten das Schlafzimmer und konnten über dem Bett sämtliche Kreuzungen muten, auch wies das Zimmer verstärkte Radioaktivität auf. Wir entfernten alle in Frage kommenden Gegenstände, konnten aber mit dieser Maßnahme die Radioaktivität nicht beseitigen. Ich untersuchte daraufhin die unter dem Schlafzimmer liegenden Räumlichkeiten, konnte aber nichts Auffallendes finden. Es dauerte geraume Zeit, bis mir im Treppenhaus, an der Wand zum Schlafzimmer, ein großes Wachsbild im Ausmaß von ca. 1,50 x 0,60 m auffiel. Als ich das Bild entfernte, rief IP aus dem Schlafzimmer, daß jetzt die Störung beseitigt wäre, und fragte was verändert wurde.

Wir können generell sagen, daß Wachsbilder und auch Kerzen, ausgenommen die aus reinem Bienenwachs, mit die Ursache für verstärkte Radioaktivität sind.

## Fall Nr. 22 IP Kerzenschrank

Einen ähnlichen Fall erlebte ich in einem Haus in K. Die Hausfrau war auf Grund einer Krebserkrankung an der Brust und am Unterleib operiert.

Ich fand im Schlafzimmer eine Glasvitrine, die mit Zierkerzen jeder Art und Größe gefüllt war. Das Sammeln von Kerzen ist ein Hobby ihres Mannes. Wie mir mitgeteilt wurde, stand dieser Kerzenschrank früher im Wohnzimmer, wurde aber auf Wunsch des Ehemannes in das Schlafzimmer verlegt. Wieviel Zeit bis zum Ausbruch der Krankheit vergangen war, ist mir nicht bekannt.

Wahrscheinlich trugen diese Kerzen mit zur Krebserkrankung bei, denn diese Ansammlung von Kerzen verursachte im Raum eine enorm starke Radioaktivität.

Meine Empfehlung, den Schrank wieder an seinen alten Platz zu stellen, wurde vom Gatten mit der unwirschen Bemerkung abgetan, daß er an solchen Unsinn nicht glaube.

## Fall Nr. 23 Wachsfiguren

Bei einem Ehepaar in K. hatte ich schon vor längerer Zeit das Schlafzimmer „gesäubert". Das Befinden der Hausfrau besserte sich rasch, bis bei einem späteren Besuch die Hausfrau erneut über Kopfschmerzen und allgemeines Unwohlsein klagte.

Auf die Frage, ob sie wieder etwas in das Zimmer gebracht hätten, das nicht hineingehöre, verneinten beide.

Dieses Mal war auch IP mitgekommen und wir stellten verstärkte Radioaktivität fest. Wir entfernten einen Wecker, der abermals auf dem Nachttisch stand, mußten aber feststellen, daß die Radioaktivität weiterhin mutbar war. Wir suchten weiter. Dabei fielen uns über den Betten drei Engel auf, die, wie aus Holz geschnitzt, aussahen. Wie sich herausstellte, waren diese jedoch aus Wachs. Nach dem Entfernen dieses Weihnachtsgeschenks der Tochter, war das Schlafzimmer wieder frei von Strahlen und der Zustand der Hausfrau besserte sich in der Folgezeit.

## Fall Nr. 24 Zinnbild

Frau Sch. in M. leidet seit zehn Jahren an Arthritis. Ihr Gatte hatte jede Nacht starke Schmerzen in den Beinen. Das Häuschen des Ehepaares ist sehr klein. Im Schlafzimmer war eine Unmenge von Plastiksäcken mit verschiedenstem Inhalt auf dem Schrank gestapelt.

In der Küche standen auf einem Regal, an der Schlafzimmerwand, mehrere Zinnkrüge in verschiedenen Ausführungen.

Obwohl wir die Plastiktüten aus dem Schlafzimmer entfernten und versuchsweise die Zinnkrüge in ein anderes Zimmer brachten, wies das Schlafzimmer noch immer Radioaktivität auf.

Schließlich entdeckte ich in der Küche ein Bild, das wie eine mit Silberbronze bemalte Holzschnitzarbeit aussah. Doch dieses Bild war aus reinem Zinn und wog an die 15 kg. Erst als wir es aus dem Haus trugen, konnte keine Radioaktivität und keine sonstigen Strahlen mehr gemutet werden.

Da der Ehemann gegen Rutengänger eingestellt ist, und das Zinnbild ein Hochzeitsgeschenk seiner Familie war, hängt es vermutlich wieder auf seinem alten Platz, denn die Hausfrau wird sich gegen den Willen ihres Mannes nicht durchgesetzt haben.

Nach zwei Jahren lernte IP die Geschenkgeberin, Frau P. kennen. Von dieser brachte sie in Erfahrung, daß das Zinnbild tatsächlich noch an seinem alten Platz hängt, und ihre Verwandte inzwischen schwer krank sei.

Frau P. ist selbst fühlig und merkte inzwischen, daß solche Gegenstände intensiv strahlen. Sie leidet inzwischen seelisch darunter, denn sie ist der Meinung, daß vielleicht dieses Bild die Krankheit mit verursacht.

Viele Menschen wollen es nicht verstehen, daß durch Störfelder die Abwehrkräfte des Körpers geschwächt werden und es dadurch zu Erkrankungen kommen kann.

## Fall Nr. 25 Pokale als Ursache von Depressionen

Herr T. in L. lud uns in seine Wohnung ein um das Bett seiner Frau zu testen. Sie litt unter schweren Depressionen und es waren deshalb schon öfter Klinikaufenthalte notwendig gewesen. Es handelt sich um ein nettes Landhaus mit holzvertäfelten Decken und Wänden. Das Schlafzimmer lag oberhalb der „Guten Stube", in der etwa ein Dutzend offene Pokale standen.

Nach Entfernung diverser Kunststoffgegenstände und anderer Kleinigkeiten, die Strahlenfelder verursachten, wies das Schlafzimmer noch weiterhin Radioaktivität auf.

Als wir in der Stube alle Pokale umdrehten, war in dieser und auch im darüberliegenden Schlafzimmer die Radioaktivität nicht mehr mutbar. Wir rieten, die Pokale einzuwickeln und **liegend** irgendwo aufzubewahren.

Als ich vor ca. einem Jahr das Büro eines Mechanikermeisters betrat, fielen mir ca. 50 Pokale auf, die schön aufgereiht zur Schau standen. Nach einer kurzen, technischen Auskunft konnte ich mich nicht zurückhalten und stellte an den mir unbekannten Meister die Frage, ob er nervlich Probleme hätte.

Er sah mich erschrocken an. Seine Mutter, die anwesend war, ergriff sofort das Wort und erörterte mir seine Krankengeschichte. Ihr Sohn wäre wegen starker Depression ständig beim Nervenarzt in Behandlung und könne nur noch im Büro arbeiten; eine andere Arbeit könne er wegen seines Leidens nicht mehr verrichten. Er hätte kleine Kinder usw.

Meine Erklärung, daß es von mir nur eine Vermutung war, konnte sie nicht glauben, eher glaubte sie, ich könne hellsehen. Daß so viele Pokale mit der Zeit eine solche Erkrankung auslösen können, rief großes Erstaunen bei ihnen hervor.

Ich wollte schon vor einiger Zeit Gewißheit haben, ob die von mir mit der Rute festgestellte Radioaktivität mit einem Geigerzähler zu messen ist. In einem Amtslokal, in dem ein Geigerzähler vorhanden war, führte ein Beamter in meiner Gegenwart eine derartige Untersuchung durch. Wir stellten einige Pokale auf und der Geigerzähler reagierte bis zu einer gewissen Entfernung von diesen, mit vermehrten Licht- und Schallimpulsen.

Der Geigerzähler war ein hochwertiges Gerät, das von der Behörde in Katastrophenfällen eingesetzt wird.

## Fall Nr. 26 BE Stromleitung

In einer Mansarde, die als Schlafraum diente, war die Radioaktivität, trotz der Tatsache, daß alle mir bekannten „strahlenden" Gegenstände ausgeräumt waren, noch mutbar.

Erst nach Unstersuchung des angrenzenden Dachbodens fand ich die Ursache. In dieser Siedlung wird der Strom durch eine Freileitung über Dachständer zugeführt. Nur dieser Dachständer, der sich direkt an der Wand des Schlafraumes befand, ca. eineinhalb Meter von den Ehebetten entfernt, konnte die Ursache der Radioaktivität sein.

Interessantes über Stromleitungen finden Sie im Buch von Dr. Ernst Hartmann, „Krankheit als Standortproblem", Seite 191—194, im Buch von Wulf-Dietrich Rose „Elektrostreß", und Hella Emrich „Gesundheit durch Bio-Elektrizität".

## Fall Nr. 27 BE Offene Vasen und Gefäße

Ein Bekannter in W. hatte, ehe er mich kommen ließ, von sechs Rutengängern den besten und den schlechtesten Platz in seiner Wohnung suchen lassen. Die Tests von drei Rutengängern stimmten überein. Von den drei anderen Rutengängern kam jeder zu einem anderen Ergebnis. Nun wollte er auch mich testen.

Mein Untersuchungsergebnis stimmte mit dem gemeinsamen Befund der drei Rutengänger überein. Wie der Hausherr erklärte, kannten diese weder die Entstehung noch die Art der Strahlen.

Quer durch das Zimmer verlief ein 1 $^1/_2$ Meter breiter radioaktiver Streifen. Der Wohnungseigentümer verspürte schon seit längerem an dieser Stelle ein gewisses Unbehagen. Er ist selbst ein wenig strahlenfühlig.

Nun machte ich folgenden Versuch:

Ich stellte sämtliche Gläser und Vasen im Raum mit der Öffnung nach unten auf und siehe da, die Radioaktivität war im Raum nicht mehr mutbar. Ich fand die gleiche Strahlung erneut auf einer großen Terrasse, ca. 5 Meter von der ursprünglichen Stelle entfernt. IP, die nicht wußte, was in ihrer Abwesenheit experimentiert wurde, stellte ebenfalls fest, daß die Strahlung nicht mehr vorhanden war.

Eine ähnliche Erfahrung machten wir bei Familie G. in I.

## Fall Nr. 28 Verstärkte Radioaktivität durch Gegenstände

Die Krankheit des Hausherrn war der Grund, warum wir gerufen wurden.

Wir verhängten den Spiegel mit einer Wolldecke, entfernten einen Stahlhocker, Schmuck, Medikamente, Kosmetika usw. Es verblieb im Raum immer noch radioaktive Strahlung.

Das angrenzende Zimmer war das Studier- und Schlafzimmer des Sohnes. Wir fanden auf seinem Tischchen eine 5 cm hohe Bleikristallpyramide. Auf seinem Schreibtisch stand ein aus Stahl hergestelltes Perpetuum-Mobile.

Als wir die Pyramide entfernten, war die Radioaktivität im Schlafzimmer der Eltern verschwunden.

Der Sohn hatte keinerlei Beschwerden.

Um das Bett des Sohnes zu überprüfen, stellten wir die Pyramide wieder auf ihren ursprünglichen Platz zurück. Über seinem Bett konnten wir keine Strahlung feststellen. Im Schlafzimmer der Eltern war dagegen die Radioaktivität sofort wieder mutbar.

Da wir das Schlafzimmer der Eltern frei von störenden Faktoren haben wollten, entfernten wir erneut die Pyramide aus dem Schlafzimmer des Sohnes, mußten aber gleichzeitig feststellen, daß sich jetzt über seinem Bett mehrere Kreuzungen gebündelt hatten.

Diese verschwanden sogleich, nachdem wir das Perpetuum-Mobile von seinem Schreibtisch nahmen. Das Perpetuum-Mobile hatte für das Zimmer des Sohnes eine Dipolwirkung zur Pyramide.

Es ist angezeigt, auf das Aufstellen von Ziergegenständen im Schlafzimmer ganz zu verzichten.

## Fall Nr. 29 BE Bleikristall

Das Wohnzimmer der Familie K. war voll verstärkter Radioaktivität. Da der Hausherr in einer Glashütte beschäftigt war, befanden sich in seinem Schrank viele Bleikristallgläser in verschiedenen Ausführungen.

Obwohl ich alle Kristallgläser mit der Öffnung nach unten hinstellte, war die Radioaktivität immer noch spürbar.

Die Ursache fand ich in einem wunderbar geschliffenen, pyramidenähnlichen Bleikristall. Die Kanten dieser Pyramide waren so geschliffen, daß sich im Glaskörper verschiedene Gegenstände spiegelten. Als ich dieses Gebilde umlegte, war die Radioaktivität im Raum nicht mehr nachweisbar.

## Fall Nr. 30 BE Bunkertüre

Bei Besichtigung eines Neubaues und Kontrolle des leeren Schlafzimmers der Familie R. in E. konnte ich alle bekannten „schädlichen" Strahlen und deren Kreuzungen im zukünftigen Bettbereich feststellen.

Da im fast einzugsfähigen Neubau noch nicht alle Arbeiten abgeschlossen waren, hielt ich in den Nebenräumen Ausschau. Als ich auch diesen leer vorfand, ging ich in den Keller. Außer einer geschlossenen Bunkertüre aus Stahl, war nichts vorhanden.

Ich ließ die Bunkertüre offenstehen und begab mich abermals in den schräg darüber liegenden Raum, der als Schlafzimmer vorgesehen war, und konnte keine Strahlen mehr wahrnehmen.

Diese Türe zeigt im geschlossenen Zustand direkt in Richtung des vorgesehenen Bettbereichs des Schlafzimmers.

Ich empfahl, die Bunkertüre immer offen zu lassen, um das Schlafzimmer vor störenden Strahlen zu schützen. Somit war der Raum bewohnbar gemacht.

Nach den bisherigen Erfahrungen wäre der Raum von einem Rutengänger als Schlafzimmer als nicht geeignet befunden worden, oder man hätte mit untauglichen Mitteln abzuschirmen versucht.

## Fall Nr. 31 BE Fieberthermometer, Kunststoffbeutel etc.

In W. wurde ich gebeten einen Schlafraum zu überprüfen. Die Hausfrau war ständig krank. Über den Ehebetten fand ich eine Wasserkreuzung, Global- und Currykreuzungen sowie eine Verwerfung vor. Ich ließ sämtliche Kunststoffbeutel, Sparbücher in Plastikhüllen und Kosmetikartikel aus der Kommode entnehmen. Das Fieberthermometer und der Schmuck mußte aus dem Nachttisch, sowie verschiedene Elektrogeräte aus dem Schrank entfernt werden. Der Spiegel wurde mit einer Wolldecke verhängt. Erst jetzt war das Ehebett strahlenfrei.

Die Wohnungseigentümer waren über diese Tatsache sehr erstaunt und verrieten mir erst nach Beendigung meiner Tätigkeit, daß sie vor dem Einzug in diese Wohnung das Schlafzimmer ausruten hatten lassen. Zum damaligen Zeitpunkt war der für die Betten vorgesehene Platz frei von Strahlen gewesen.

Jetzt konnte sich das Ehepaar überzeugen, daß die Störzonen, die ich bisher als Erdstrahlen bezeichnete, im Raum von Gegenständen aufgebaut werden.

## Fall Nr. 32 Metallspitzen

In der Wohnung der Familie M. in J. litt die 9-jährige Tochter ständig an Bauchschmerzen. Die Überprüfung ihres Schlafzimmers, das sie mit ihrem Bruder teilte, ergab verstärkte Radioaktivität und viele Kreuzungen im Bereich des Bettes. Ich entfernte eine Menge Spielsachen aus Kunststoff, Musikkassetten etc. Die starke Radioaktivität wurde von einem Stahlständer aufgebaut, in dem einige 5 bis 10 cm hohe, raketenartige Metallspitzen steckten.

Dieses Gebilde war eine Anfertigung des Bruders anläßlich eines Lehrlingswettbewerbes.

## Fall Nr. 33 BE Zahnprothesen — Dreierpaket Taschentücher

Vor einiger Zeit besuchte mich meine Freundin. Am Nachmittag ersuchte sie mich, sich hinlegen zu dürfen.

Ich bot ihr mein strahlenfreies Zimmer an. Nach einer Stunde wollte sie geweckt werden.

Als ich den Raum betrat, klagte sie, daß sie nicht geschlafen, eiskalte Füße und Benommenheit im Kopf habe.

Ich kontrollierte sofort mit der Rute, während meine Freundin noch im Bett liegen blieb, nach und fand Kreuzungen vor, wie Sie aus nachstehenden Zeichnungen ersehen.

Ihre kalten Füße wurden durch ein Dreierpaket neuer Taschentücher, noch in Folie verpackt, verursacht, welche mein Enkel am Fußende des Bettes hingelegt hatte.

Nach Entfernung der Taschentücher prüfte ich abermals nach, und fand eine Wasser- und Currykreuzung über beiden Betten. Globalgitterkreuzungen traten jeden halben Meter auf, eine Radioaktivität im Radius von zwei Metern und eine Verwerfung im ganzen Raum. Außerdem konnte ich im ganzen Raum eine geomantische Zone muten.

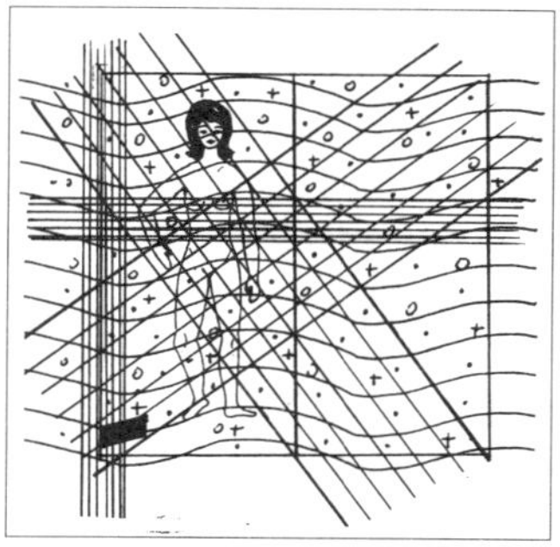

Zahnprothese mit Taschentüchern

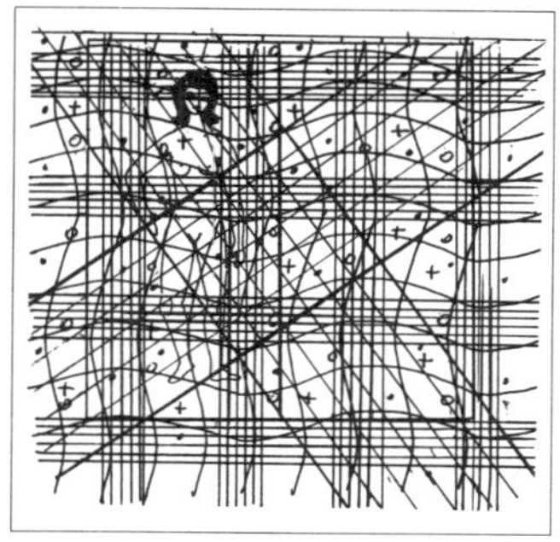

Zahnprothese allein

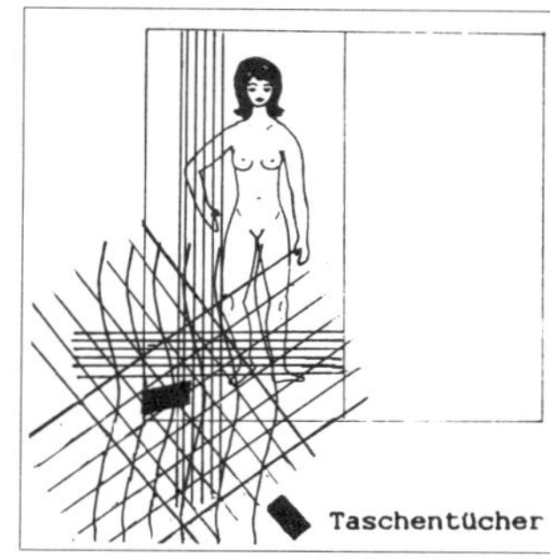


Taschentücher allein

Meine Freundin lag nur im Schlafanzug im Bett. Mir kam die Idee, sie zu bitten, ihre Zahnprothesen herauszunehmen und sie außerhalb des Raumes abzulegen.

Anschließend legte sie sich erneut in das Bett und als ich mit der Rute nachprüfte, fand ich die Bestätigung meiner Vermutung, daß die Zahnprothese die Ursache der Strahlung war.

Meine Freundin klagte seit Jahren, daß sie unter ständiger Benommenheit und Stomatitis aphthosa (Mundschleimhautentzündung) leide. Meinem Rat folgend, entfernt sie die Zahnprothese, vor allem nachts. Nach einigen Wochen teilte sie mir mit, daß ihre Benommenheit kaum noch zu spüren sei, und die Stomatitis aphthosa nicht mehr auftrete.

Daraufhin untersuchten wir Personen, deren Gebiß mit Goldkronen überzogen, mit Zahnspangen oder mit Amalgamfüllungen versehen sind. Auch hier mußten wir bedauerlicherweise feststellen, daß fast jeder künstliche Zahnersatz Strahlen auf den Körper aussendet.

Bei Goldzähnen ist es uns schon gelungen, mit Zahngold, Eheringen oder Dukaten Dipole zum Zahngold zu bilden, indem wir in Körpernähe einen geeigneten Platz zur Ablage für einen solchen Goldgegenstand suchen.

Wir erlebten einen Fall, daß eine Prothese aus Kunststoff für den Oberkiefer und eine Edelmetallprothese im Unterkiefer ein Dipol bildeten. Siehe Seite 150.

Bei meiner Schwester konnte ich zu den Amalgamfüllungen ein Dipol mit einem 50-Schillingstück aus Silber herstellen, das ich ca. 1 m vom Bett entfernt auf ein Kästchen legte. Dabei stellte ich fest, daß mit der Schrift nach oben die Münze eine Dipolwirkung zu den Zähnen hatte, mit der Kopfseite nach oben baute die Münze durch eine kleine Wölbung erneut Strahlen auf.

Bei einem anderen Fall wirkte eine offen verlegte Klingelleitung, am Rand der Holzverkleidung, in Kopfhöhe der Schlafenden, als Dipol.

Ein anderes Mal baute eine aus Plexiglas hergestellte, mit vielen Prismen versehene Deckenleuchte, in dem vorher bereits strahlenfreien Bett, erneut Strahlen auf, die bis über den Kniebereich des nun im Bett liegenden Mannes hinausreichten, er hatte in seinem Gebiß beidseitig Gold, das normal ein Dipol hätte bilden müssen. Nach Abnahme der Deckenleuchte testeten wir Herrn M. nochmals in derselben Position und wir konnten endgültig die Strahlenfreiheit über dem Bett feststellen.

Seit der Erfahrung mit den Zahnprothesen versäumen wir es nie mehr, die jeweiligen Personen zu bitten sich auf ihr Bett zu legen, und testen dann abermals, ob nicht von der Person selbst erneut Störfelder aufgebaut werden. Durch diese Maßnahme stieß ich auf die Tatsache, daß starke Kunststoffeinlagen in Büstenhaltern, wie sie nach Entfernung einer Brust getragen werden, beträchtliche Störfelder aufbauen. Dies läßt sich dadurch bessern, daß man diese mit Wolle umhäkelt und darüber noch einen Überzug aus reiner Seide gibt.

Alle Arm- und Beinprothesen werden aus Kunststoff- und Metallteilen angefertigt und strahlen. Legen Sie diese außerhalb des Schlafzimmers ab. Vergessen Sie nicht die Brille und das Hörgerät.

## Fall Nr. 34 Schmuck und Schlüsselbund als Störfaktor

Bei Familie Z. in M. führten wir eine Nachkontrolle durch und entfernten nur ein paar Kleinigkeiten aus dem Schlafraum. Als die Hausfrau das Zimmer betrat und an IP vorbeiging, spürte IP am Körper eine eigenartige Schwingung und fragte Frau Z. ob sie Schlüssel in ihrer Schürze hätte; sie bestätigte diese Feststellung. Wir ersuchten sie die Schlüssel außerhalb des Zimmers abzulegen. Beim abermaligen Vorbeigehen spürte IP dieselbe Störung.

Wir ersuchten Frau Z., sich in voller Kleidung auf das Bett zu legen. Sofort waren über den Ehebetten mehrere Kreuzungen und verstärkte Radioaktivität mutbar. Außer Baumwollkleidung und Schmuck trug Frau Z. nichts bei sich. Jetzt baten wir sie den Schmuck Stück für Stück samt Ehering abzulegen und trugen ihn aus dem Raum. Daraufhin waren wieder beide Betten störungsfrei.

Auf diese Weise sammelten wir unsere Erfahrungen.

Es wäre gut, wenn Sie sich daran gewöhnen könnten, abends Ihre Kleidung und Ihren Schmuck außerhalb des Schlafzimmers abzulegen und dieses nur im Nachtgewand zu betreten. Sie können damit verhindern, ganz unbewußt etwas in den Raum zu bringen.

Eine Freundin ersuchte uns, eine Wärmflasche und ein Paar Hausschuhe wie allgemein üblich aus Kunststoff hergestellt, zu testen.

Zum Vergleich stellten wir noch einen Versuch mit einer zweiten Wärmflasche an. Sie sind im Handel erhältlich, sog. Gummiwärmflaschen.

Die eine baute mehrere Globalgitterkreuzungen auf, die andere mehr Radioaktivität. Der Versuch wurde im leeren aber sonst strahlenfreien Bett durchgeführt.

Siehe Zeichnungen.

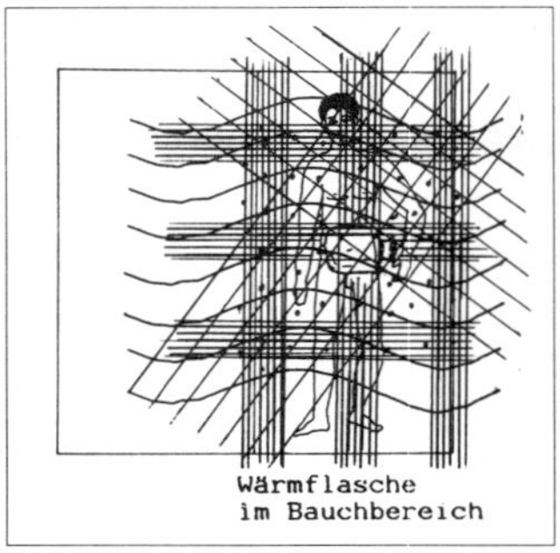


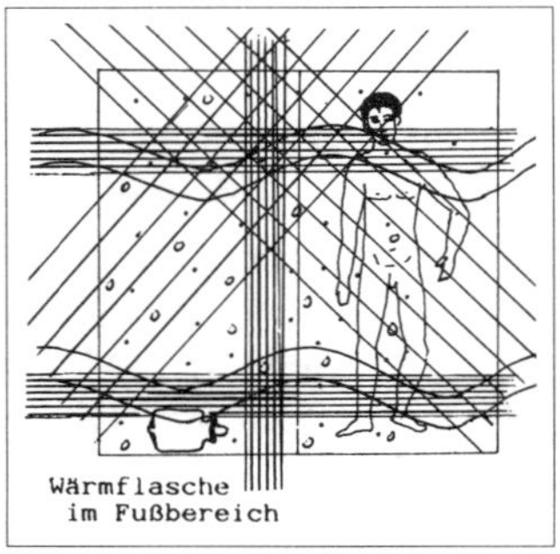


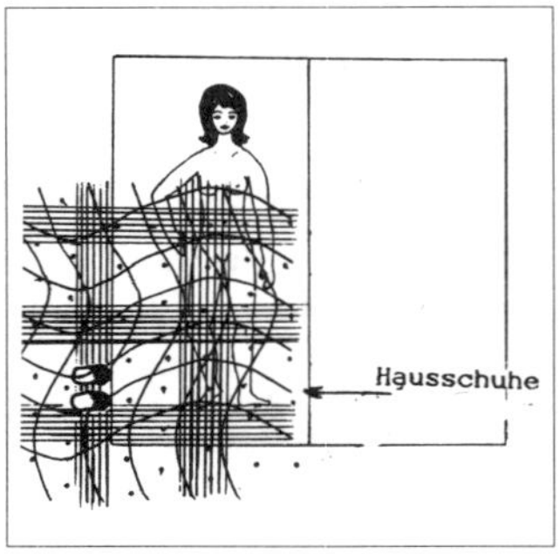

## Fall Nr. 35 BE Asthma durch Strahlen

In K. hatte eine Frau von 35 Jahren ständig schwere Asthmaanfälle und diese besonders während der Nacht. Überall suchte sie Heilung, leider vergebens.

Wie sich herausstellte, lag sie mit ihrem Brustkorb direkt auf einer Wasser-, Global- und Currykreuzung. Außerdem war über die ganze Fläche des Bettes eine Verwerfung mutbar. Dies war noch bevor ich wußte, daß Gegenstände Strahlen aufbauen, daher riet ich Frau F., sich in ein anderes Zimmer zu legen.

In diesem Zimmer stand außer den Betten nur ein leerer Schrank. Schlagartig hörten die Asthmaanfälle auf.

Die Frau ging lange Zeit in das nahe gelegene Altersheim, um hilflosen Menschen zu helfen, nach dem Motto: Mir wurde geholfen, so will ich auch anderen helfen.

So oft ich an diesen Fall dachte, hatte ich das Gefühl, nachkontrollieren zu müssen. Ich fühlte mich verpflichtet, ihr mitzuteilen, daß Gegenstände die schädlichen Strahlen verursachen.

Kurz darauf besuchte ich sie und wie vermutet war ihr Schlafzimmer voll bestrahlt. Um ihren Schlafraum wohnlicher zu gestalten, stellte sie alle Gegenstände aus dem alten Schlafzimmer, nach und nach, in das neue.

Das Aufflackern der alten Krankheit war dadurch unausweichlich. Nachdem ich ihr Zimmer nach der neuen Methode „entstört" hatte, teilte sie mir nach einigen Tagen mit, daß es ihr gut gehe und sie wieder alle Medikamente absetzen konnte.

## Fall Nr. 36 BE Lungenoperation als Folge von Strahlenbündelungen?

Nach einem interessanten Vortrag, den ich zusammen mit meiner Nachbarin besuchte, brachte ich noch eine andere Zuhörerin mit dem Auto nach Hause. Für diese kleine Aufmerksamkeit lud sie uns in ihr Haus. Die Dame wünschte sich schon seit längerer Zeit eine Untersuchung ihrer Schlafstelle und so bot sich nun eine gute Gelegenheit.

Nachdem ich auf der rechten oberen Seite im Bett ihres Gatten eine Bündelung von Strahlen feststellte und sie mir mitteilte, daß ihr Ehemann immer auf dem Rücken schliefe, fragte ich, ob er Beschwerden an der rechten Lunge habe.

Sie war höchst erstaunt und antwortete, daß ihrem Mann vor einem Jahr ein Teil der rechten Lunge entfernt worden war.

Des öfteren wundern sich die Menschen, wenn ich sie nach gewissen Beschwerden frage. Für Rutengänger ist diese Frage jedoch nichts Ungewöhnliches, da wir wissen, daß dort, wo sich Kreuzungen über der Schlafstelle bündeln, an den betroffenen Stellen des Körpers, nach einiger Zeit mit dem Ausbruch von Krankheiten zu rechnen ist. Für die Betroffenen ist das Vorhandensein von Strahlen keine Glaubenssache mehr, lediglich für manche materiell Denkende, die nicht zu überzeugen sind.

Es ist bequemer für die Menschen, das Schlafzimmer nicht auszuräumen, aber das wiegt keinesfalls spätere Leiden auf.

Sehr viele Menschen leiden heute unter Schlafstörungen, Depressionen, Migräne usw. und schlucken Unmengen an Medikamenten, dabei wäre durch eine Strahlenentlastung des Schlafzimmers oft auf einfache Weise Hilfe möglich.

**Einen ähnlichen Fall erlebte ich in K. bei Frau O.**

Frau O. erklärte mir, daß vor einer Woche ihr Mann an Lungenkrebs verstorben war. Aus Interesse bat ich sie, sein Bett überprüfen zu dürfen. Alles war noch unverändert.

Nach der Kontrolle stellte ich ihr die Frage, ob ihr Mann die Gewohnheit hatte, in Rücken- oder Bauchlage zu schlafen. Da sie mir zur Antwort gab, daß er meistens auf dem Rücken lag, behauptete ich, daß er dann im Bereich der linken Lunge krank war. Sie bestätigte meine Aussage. Sie wunderte sich zwar darüber, ich aber klärte sie auf, daß ich an dieser Stelle des Bettes eine Bündelung von Kreuzungen verschiedenster Art festgestellt hatte.

Als ich das Bett von Frau O. untersuchte, fand ich an der Stelle ihrer rechten Brust eine Bündelung von Strahlen. Auf die Frage, ob sie mit ihrer rechten Brust Probleme hätte, verneinte sie.

IP lernte Frau O. zwei Jahre später kennen und erfuhr von ihr folgendes: „Als Frau Eggersberger bei mir war und die Frage nach meiner rechten Brust stellte, war ich derart schockiert, daß ich ihr nicht eingestand, daß ich gerade eine eitrige Brust hatte und diese noch bandagiert war."

Wieder ein Beispiel, welche Einflüsse Strahlenfelder auf den menschlichen Körper ausüben können, wenn er ihnen, wie beim Schlaf, langzeitig ausgesetzt ist.

Bekanntlich dient der Schlaf zur Regeneration. Eine Bestrahlung des Schlafplatzes verursacht Störungen im Körper, sodaß sich das Nervensystem nicht genügend erholen kann und der Organismus dadurch geschwächt wird.

## Fall Nr. 37 Kupferpfannen

Eine gute Bekannte aus I. lud uns ein, ihr Schlafzimmer zu überprüfen, da sie ständig krank war.

Aus den Schränken und den Nachtkästchen entfernten wir wieder Medikamente, vom Nachttisch den Radiowecker und aus den Schränken Gegenstände aus Kunststoff. Die über dem Kopfteil des Bettes angebrachten Lampen aus Messingblech mit offenem Glasschirm sollten die Nacht über ca. 45 Grad seitlich geneigt werden. Die Spiegel an den Schranktüren und an der Kommode deckten wir mit Wolldecken ab und entfernten alle Kosmetikartikel.

Hinter den Heizkörpern waren mit Alu-Folie beschichtete Wärmedämmplatten angebracht. Da diese Platten Strahlen über den Betten aufbauten, veranlaßten wir ihre sofortige Entfernung.

Alle diese Maßnahmen brachten uns nicht das erwünschte Ergebnis, der Raum wies weiterhin verstärkte Radioaktivität auf.

Bei diesem „Ausräumen" war auch noch die Cousine unserer Bekannten anwesend, die daneben in derselben Etage wohnt, und deren Küche an das eben untersuchte Schlafzimmer grenzt.

Wir stellten die Behauptung auf, daß diese Strahlen nur noch aus der Wohnung daneben kommen könnten. Daraufhin sagte uns die Cousine, daß sie dort ihre Küche habe, und genau an dieser Wand zur Dekoration große Kupferschüsseln hängen.

Wir begaben uns in ihre Wohnung und fanden vier Kupferschüsseln mit jeweils ca. 45 cm Durchmesser, mit der Hohlseite der Schlafzimmerwand zugewandt, die wir sofort mit Einwilligung der Cousine von der Wand nahmen.

Bei erneuter Überprüfung des Schlafraumes war die RA. nicht mehr zu muten.

Wir möchten klarstellen, daß wir immer wieder Gegenstände in den Raum zurückbringen, um zu überprüfen, ob dies oder jenes nicht doch im Raum verbleiben kann. Wir ver- oder überdecken die Gegenstände zuerst mit einer Wolldecke, bevor wir endgültig deren Entfernung veranlassen. Durch unsere Routine wissen wir jetzt schon von vorneherein, welche Gegenstände als Strahlenquelle in Frage kommen.

Frau M. verlegte ihr Schlafzimmer in einen anderen Raum und ließ sich aus massivem Holz neue Schlafzimmermöbel anfertigen ohne Spiegeltüren.

Wiederum waren wir zu Gast und freuten uns mit ihr über dieses schöne, biologische Schlafzimmer, mußten aber das am Nachttisch stehende Radio entfernen. Und obwohl wir das Radio entfernten, waren trotzdem die Kreuzungen noch vorhanden.

Als auch noch ein Fieberthermometer aus dem Nachttisch entnommen und ein Perserteppich von der Wand über dem Bett abgenommen wurde, war das Bett strahlenfrei.

Wir konnten feststellen, daß ein 5 cm großes Emblem aus Goldfäden, in der Mitte des Teppichs, eine Ursache für Strahlenfelder war.

Der Perserteppich konnte in 2 m Entfernung vom Bett, ohne merkliche Ausstrahlung auf dieses, wieder aufgehängt werden.

Bei einem weiteren Besuch klagte Frau M., daß sie nachts wenig Schlaf fände, obwohl sie doch alles entfernt habe. Über dem Bett war erneut Radioaktivität, Globalgitter-, Currykreuzung sowie eine Verwerfung mutbar.

Erneut hatte sie wieder eine Muttergottesstatue am Bord über dem Kopfbereich und eine kleine Messinggießkanne am Fensterbrett stehen und am Boden befand sich ein Blumenstock mit Übertopf aus Kunststoff. Auf einem kleinen Tischchen stand noch eine kleine Vase mit Kunstblumen, deren Stengel aus Draht waren. Nach Entfernung all dieser Gegenstände konnte noch immer eine Verwerfung über dem Bett gemutet werden.

Frau M. erklärte uns mit Nachdruck, nichts mehr außer Bettwäsche und Kleidung im Zimmer zu haben; und doch mußte noch etwas Störendes vorhanden sein, was diese Verwerfung aufbaute.

Schließlich sahen wir selbst im Schrank nach und entdeckten, daß sie das Radio, welches früher am Nachttisch stand, im Schrank verwahrt hatte. Weiterhin fanden wir in Kunststoffolie verpackte Bonbonnieren.

Die Statue stellten wir auf das ca. 2 m vom Bett entfernte Tischchen. Die Blumen mußten etwas weiter vom Bett entfernt abgestellt werden. Die Gießkanne, das Radio, die Vase mit Kunstblumen und die Bonbonnieren mußten wir aus dem Zimmer nehmen, daraufhin war das Bett wieder frei von Strahlen.

Einige Zeit später hörten wir, daß Frau M. mit schwerer Atemnot in die Klinik eingeliefert worden war. Diagnose Lungenemphysem. Nach der Rückkehr aus der

Klinik suchten wir über dem Bett nach Störfeldern, fanden aber keine. Daraufhin baten wir Frau M. sich mit voller Kleidung auf ihr Bett zu legen.

Zu ihrer Überraschung konnten wir in ihrem angelegten Schmuck und ihrer Zahnprothese die Ursache finden.

Frau M. sagte uns, daß sie des öfteren mit angelegtem Schmuck und immer mit ihren Zahnprothesen schlafe.

Seither achtet sie darauf, beides über Nacht außerhalb des Zimmers zu lassen.

Nun sind drei Jahre vergangen und es geht ihr gesundheitlich recht gut.

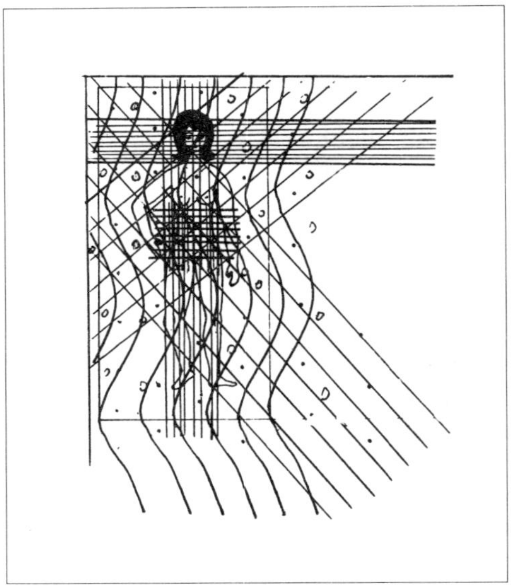

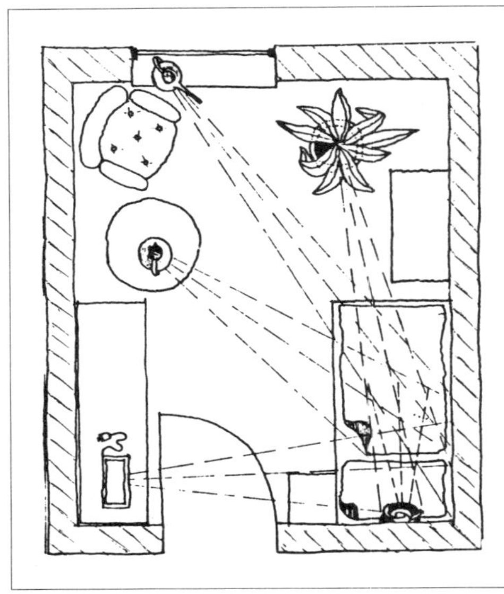

Fall Nr. 38 BE **Nippsachen als Störfaktor**

Bei Familie P. in M. machte ich das Schlafzimmer vor einiger Zeit störungsfrei. Wochen später kaufte sich die Familie eine neue Schlafzimmereinrichtung und bat um nochmalige Überprüfung.

Ich stellte fest, daß sich die Hausfrau verschiedene Nippsachen, wie Vasen, Porzellanschwäne und dergleichen mehr gekauft und in den Regalen aufgestellt hatte, um ihr Schlafzimmer zu verschönern.

Als ich sie aufmerksam machte, daß gerade diese Kleinigkeiten die Ursache von Störfeldern verschiedener Art sind und ich ihr dies mit der Rute demonstrierte, räumte sie sogleich die „Verschönerung" ab.

Auch wenn ich das Gefühl hatte, daß dabei „Herzweh" entstand, handelte sie in Hinsicht auf ihr Wohlergehen und das ihres Ehemannes vernünftig.

Fall Nr. 39 **Fernsehantenne**

Eine Frau, die an Hautkrebs im Gesicht litt, rief uns zu sich. Nach Entfernung aller uns als störend bekannten Gegenstände, war weiterhin Radioaktivität zu muten. Da wir auch in den angrenzenden Räumen keine Ursache für die Störung fanden, suchten wir am Balkon weiter. Hier fanden wir die Fernsehantenne am Balkontragebalken angebracht.

Wir empfahlen den Standort der Antenne zu verändern, und konnten bei späterer Überprüfung keine Radioaktivität mehr feststellen.

Die Frau fühlte sich nach kurzer Zeit wieder wohler und entschloß sich, trotz fortgeschrittenen Alters, eine weite Reise zu unternehmen.

## Fall Nr. 40 IP Mikrowellenherd

Bei einer jungen Frau wurde beginnender Hautkrebs festgestellt. Sie ist Köchin in einem großen Haushalt und bedient oft den Mikrowellenherd.

Unserem Rat folgend entfernte sie auch das Telefon aus dem Kopfbereich ihres Bettes sowie die Messinglampe.

Bei der Bedienung des Mikrowellenherdes läßt sie jetzt besondere Sorgfalt walten, worauf der Hautkrebs allmählich abklang.

## Fall Nr. 41 Messingbett — Nähmaschine

Einen weiteren typischen Fall erlebten wir in I. Der Herr des Hauses ersuchte uns, seine Wohnung zu überprüfen. Was wir hier vorfanden, ist zwar nicht die Regel, kommt aber leider vor.

Das Ehebett bestand aus einem Messinggestell mit Verzierungen. Daneben stand die Nähmaschine, das Bügelbrett, mindestens zehn Koffer aus Kunststoff, der Wecker und Messinglampen. Die Frau leidet seit vielen Jahren an Hautkrebs und konnte nicht schlafen. Sie wechselte das Zimmer und schlief seit geraumer Zeit im Wohn-Schlafraum ihres Sohnes, der von Beruf Fernsehmechaniker ist.

In diesem Zimmer standen alle Meßgeräte, die zum Reparieren von Fernsehern notwendig sind. Viele Ersatzteile und Werkzeuge lagen umher. Zusätzlich standen noch einige reparaturbedürftige Fernseher im Raum.

Daß die Frau auch in diesem Raum nur mit starken Schlaftabletten Schlaf finden konnte, ist jedem, der etwas von Strahlen versteht, begreiflich.

Es war nicht nur die Haut, sondern auch das Nervensystem dieser Frau aufs schwerste geschädigt. Sie reagierte auf unsere Bitte, das Schlafzimmer „auszuräumen", sehr aggressiv und erklärte uns, daß sie auf Anraten von Rutengängern schon dreimal umgezogen sei. Sie hätte aber niemals eine Erleichterung bezüglich ihrer Krankheit verspürt.

Die Rutengänger hätten in ihren früheren Wohnungen so viele Erdstrahlen vorgefunden, daß ein Wohnen in diesen unmöglich war.

Sie hätte wahrscheinlich niemals umziehen müssen!

Wie sollte diese Frau auch gesund werden, da sie doch stets die gleichen strahlenverursachenden Gegenstände in ihr Schlafzimmer stellte.

Wer so verstrahlt schläft, muß krank sein oder bleiben, denn hier können weder Ärzte noch Medikamente auf Dauer helfen. Bei so viel Unverständnis zogen wir unverrichteter Dinge wieder ab. Wie wir später in Erfahrung brachten, ließ sie ihr Zimmer durch einen Rutengänger „abschirmen".

## Fall Nr. 42 BE Kerzenständer — Spielsachen

Da die Heilung eines Jungen keine Fortschritte machte, ersuchte mich sein Vater das Zimmer von Strahlen zu „säubern". Der Junge litt seit geraumer Zeit an schweren Darmstörungen und war sehr nervös. Natürlich fand ich alle bekannten Strahlen vor. Seine Bettlade war halbvoll mit Legobausteinen angefüllt. Neben seinem Bett stand der Schreibtisch. Darauf stand ein Radiowecker. Daneben lagen viele Kassetten, Spielzeugautos und viele Bücher und Hefte in Kunststoffolie gebunden.

Im Schreibtisch waren eine Menge Schreibutensilien, Kugelschreiber, Malkasten, Filzstifte usw. untergebracht.

Im angrenzenden Wohnzimmer stand hinter der Mauer zum Schlafraum des Jungen ein großer, schmiedeeiserner Kerzenständer. Diesen stellte ich ca. 4 m entfernt wieder auf, obwohl so ein hochgezogenes Eisen unvorteilhaft für das gesamte Raumklima ist.

Ich konnte den Eltern nur den Rat erteilen, alle Spielsachen in ein anderes Zimmer zu bringen, seine Schreibsachen während der Nacht in das Vorzimmer zu stellen und das Radio aus dem Schlafzimmer zu entfernen, andernfalls müßte der Junge in einem anderen Raum, der frei von all den störenden Gegenständen sei, schlafen.

Man versprach mir, meinen Rat zu befolgen.

Wir erleben es immer wieder, daß Kranken geholfen werden kann, wenn sie auf unsere Vorschläge eingehen und den „Umweltschmutz" aus ihren Schlafzimmern entfernen.

Es ist für uns immer eine immense Freude, wenn uns mitgeteilt wird, daß nach Befolgung unserer Ratschläge, diese oder jene Beschwerden schlagartig verschwanden.

Leider sind viele Menschen gezwungen ihre Schlafräume als Abstellfläche zu verwenden.

Es wäre für Architekten eine Anregung, zwischen Küche und Bad, jedenfalls nicht an einen Schlafraum grenzend, einen Abstellraum zu planen.

## Fall Nr. 43 Modergeruch durch strahlende Gegenstände

Ein Ehepaar in M.: Beide Eheleute waren krank, baten IP ihre Schlafstelle zu untersuchen. Als sie jedoch das Zimmer betrat wurde ihr sofort übel und sie mußte unverrichteter Dinge das Zimmer wieder verlassen.

Modergeruch, der die Wohnungsinhaber störte, veranlaßte Herrn H. die Holzvertäfelung und den Fußboden im nicht unterkellerten Schlafzimmer herauszureißen, weil er befürchtete, daß Feuchtigkeit unter dem Holz vorhanden sei. Es war aber alles trocken.

Kurz darauf lernte IP mich kennen. Damals wußte sie noch nicht, daß Gegenstände Modergeruch verursachen können.

IP schilderte mir diesen Fall, der uns beiden interessant erschien. Wir fuhren nach M. und ich konnte feststellen, daß die Ursache für den Modergeruch eine Wasserkreuzung war, die von einem großen Spiegel an der Türe des Schlafzimmerschrankes aufgebaut wurde. Natürlich waren auch alle anderen Strahlen mutbar.

Über den Betten befindet sich ein Wandverbau. In diesem sind viele Sachen untergebracht.

Eine Ecke des Zimmers dient als Abstellraum. Unter den Betten waren zwei mit Reißverschluß versehene Plastikbehälter für die Reservedecken und eine Personenwaage aufbewahrt.

Die Spiegeltüre wurde vorerst provisorisch mit Wolldecken verhängt; eine Staffelei aus Aluminium, Plastikkörbe, die Personenwaage, zwei kofferartige Plastikhüllen, der Fernseher und viele kleine Gegenstände wurden aus dem Raum getragen.

Durch immerwährendes Testen, d.h. durch probeweises Entfernen von Gegenständen gelang es mir endlich nach ca. 2 Stunden die **Betten** strahlenfrei zu bekommen.

Wir machten unsere Bekannten darauf aufmerksam, daß sie in diesem Raum keine Veränderung vornehmen, d.h. Gegenstände verstellen oder zusätzliche hineinstellen dürfen.

Aus den nächsten Texten ersehen Sie, mit welchen Überraschungen wir immer wieder konfrontiert werden.

Nach ca. vier Wochen besuchten wir unsere Bekannten erneut. Über den Betten waren wieder alle Strahlen vorzufinden, einschließlich Radioaktivität. Der Modergeruch trat abermals auf, wenn auch nicht in so starkem Maße. Frau H. versicherte uns, nichts, aber auch gar nichts in den Schlafraum gestellt zu haben. So sah ich mich im Vorzimmer um.

Im Vorzimmer stand ein ca. 3 kg schwerer Krug aus Bronze auf einem Schränkchen. Als ich diesen Krug wegnahm, konnte ich im Schlafzimmer keine Strahlen mehr muten.

Ich stellte den Krug wieder an seine ursprüngliche Stelle und bat IP, die vorher nicht anwesend war, nachzuprüfen. Als ich den Krug erneut vom Kästchen nahm, rief sie: „Jetzt ist alles frei! Was war es?"

Die Hausfrau berichtete uns, daß sie vor 14 Tagen ihr Vorzimmer neu tapezierte, und, um ihren Vorraum schöner zu gestalten, diesen Krug aufstellte. Sie dachte nicht daran, daß Wände kein absolutes Hindernis für Strahlen sind, wenn diese von großer Intensität sind.

Nach weiteren sechs Wochen fanden wir die Betten wieder verstrahlt vor. Die Quelle dieser Strahlen waren Gartenmöbel aus Stahlrohr, die außerhalb des Hauses, unmittelbar an der Schlafzimmerwand aufgestellt waren.

Wieder etliche Wochen später war ein Kunststoffbehälter mit Wäscheklammern und Chrysanthemen im Garten, die gegen Frost in Kunststoffolie gehüllt worden waren, die Ursache für die erneut vorgefundenen Strahlen in den Betten.

Neben den Betten hing ein kleines Bild in schmalem Goldrahmen gefaßt. Dieses Bild mußte in der Zeit, in der die Chrysanthemen in Kunststoffolie verpackt waren, von der Wand genommen werden, da sich durch die Wechselwirkung zwischen diesem Kunststoff und dem Goldrahmen Kreuzungen über den Betten aufbauten. Die Wäscheklammern waren schon verräumt.

Es sollte allgemein darauf geachtet werden, keine Wäscheständer, keine Fahrräder und sonstige Eisen- und Kunststoffteile in die Nähe der Schlafzimmerwände zu stellen. Auch alle an die Schlafzimmer grenzenden Räumlichkeiten sollten mit einbezogen werden und man sollte am Abend immer überlegen, welche Gegenstände nicht in der Nähe der Schlafzimmerwände bleiben sollten. Dabei ist besonders auf spitze und hohle

Gegenstände, Ansammlungen von Metallen und Kunststoffen, Fernbedienung des Fernsehers, Elektrogeräte jeder Art und Mineralien zu achten.

## Fall Nr. 44 Selbstmordgefahr durch „Schiebende Wasser"

Wir besuchten eine junge, schwerkranke Frau in K., die unter starken, fast unerträglichen Kopfschmerzen litt.

Neben dem Häuschen, das nicht unterkellert war, floß die Kundler Ache. Zu dieser Zeit versuchten wir noch die Strahlenfreiheit durch Umstellen der Betten zu erzielen. Ich riet dem Ehepaar die Betten um einen halben Meter zu verschieben und mit dem Kopf auf dem derzeitigen Fußteil zu schlafen. Der Mann lachte spöttisch.

Als ich ihm aber erklärte, daß seine Frau auf „Schiebenden Wassern" schlafe und dadurch Selbstmordgefahr bestünde, starrte er mich entsetzt an und erklärte, daß seine Frau bereits zwei Selbstmordversuche unternommen habe.

Der Ehemann war schlagartig überzeugt und mein Rat wurde befolgt. Die Kopfschmerzen der Frau waren schon ab folgender Nacht nicht mehr vorhanden und ihr Allgemeinzustand besserte sich zusehends.

„Schiebende Wasser" sind Wasserläufe, die von den Füßen in Richtung Kopf fließen, deshalb wäre es besser, in einem Haus, das an einem Berghang gebaut ist, die Betten so zu stellen, daß man mit dem Kopf zum Berg schläft.

In einem Haus, nahe einem fließenden Gewässer, wäre es angezeigt, mit dem Körper in Flußrichtung zu schlafen, d.h. das Wasser soll in Richtung Kopf—Füße fließen.

Im allgemeinen wird geraten, mit dem Kopf nach Norden zu schlafen. Auf das Grundwasser, das überall vorhanden ist, brauchen Sie keine Rücksicht zu nehmen, da es eine zu geringe Reibung verursacht. Es werden auch die von den Rutengängern gesuchten Strahlen dadurch nicht aufgebaut.

## Fall Nr. 45 BE Schlafstörungen in einem Bergbauernhaus

Eine junge Bäuerin in W. konnte jede Nacht nur ca. 2 Stunden schlafen und sah auch sehr blaß und abgemagert aus.

Ich stellte die Betten in eine störungsfreie Zone. Daraufhin konnte die Frau die ganze Nacht durchschlafen. Als ich sie nach zwei Jahren besuchte, sah sie blühend aus und ich erkannte sie kaum wieder. Ich überprüfte erneut ihre Betten und fand keinerlei Störung. Sie hatte schon von meiner Methode gehört und alle Kleinigkeiten entfernt.

## Fall Nr. 46 Musikkassetten — Multiple Sklerose?

In M. wohnt ein Mann, 27 Jahre alt, der an Multiple Sklerose erkrankt war. Er ist bei der Post angestellt und hat seit drei Jahren in der Ausübung des Berufes die größten Schwierigkeiten.

Er bewohnte ein Ein-Zimmer-Appartement. Es war mit Holzmöbeln nett eingerichtet aber in den Regalen standen hunderte von Musikkassetten und eine Menge Videobänder und Schallplatten. Es sah fast wie in einer Diskothek aus. Natürlich waren auch die entsprechenden Geräte in modernster Ausführung vorhanden.

Seine Mutter erzählte uns, daß er seit seiner Kindheit ein Musiknarr sei, und die ganze Verwandtschaft ihn immer wieder mit derlei Dingen beschenkte.

Der junge Mann zeigte sich aber wenig kooperativ, sodaß wir diesen Fall nicht weiter verfolgen konnten.

## Fall Nr. 47 Offene Pokale — Tropfkerze — Menstruationsbeschwerden?

Auf Wunsch von Frau W. untersuchten wir ihr Schlafzimmer. Noch vor unserem Eintreffen wurden die Betteinsätze aus Stahlfedern in Holzroste ausgetauscht. Trotzdem waren alle Strahlen mutbar.

Es wurden ein Spiegel über und Steingutgefäße von der Kommode entfernt. Außerdem waren verschiedene Kunststoffgegenstände in den Schränken, Wasserski und eine Rolle Plastikfolie unter den Betten. Auf dem Nachttisch stand eine Uhr und in der Lade waren verschiedene Kleinigkeiten und Batterien. Als wir all diese Gegenstände aus dem Raum trugen und sie weit genug abseits ablegten, war der Raum frei von Störfeldern.

Anschließend sollten wir das Zimmer der Tochter überprüfen. Als wir in das Zimmer der Tochter traten, erblickten wir eine Menge störender Gegenstände, wie ca. 30 Pokale, in den Regalen eine Stereoanlage, Schallplatten, Kassetten mit Ständer, Kerzen aller Art, Vasen und kleine Nippsachen im Setzkasten. Neben dem Bett stand eine Tropfkerze und vieles mehr.

Ich untersuchte nur das Bett und fragte ob die Tochter Beschwerden im Bauchbereich hätte; dies wurde mir bestätigt. Die Tochter sei seit Jahren wegen Menstruationsschmerzen in ärztlicher Behandlung; leider ohne bleibenden Erfolg.

Der Hausherr, der anfangs sehr skeptisch, aber schließlich überzeugt war, bestand sogar darauf, daß wir auch das Zimmer der Tochter „säubern". In diesem Fall mußten wir jedoch ablehnen, denn wir hätten zu viele Gegenstände aus dem Zimmer räumen müssen; außerdem war die Tochter nicht anwesend.

Ich erklärte dem Vater lediglich, daß allein die Tropfkerze neben dem Bett genüge, um den Bauchbereich des Mädchens zu belasten.

Als Beispiel stellten wir die Tropfkerze in das strahlenfreie Zimmer der Eltern, und ich demonstrierte mit der Rute, welche Strahlen sich erneut über den Betten aufgebaut hatten.

Es waren Globalgitterkreuzungen, eine Wasserkreuzung und verstärkte RA. vorhanden.

Wir stoßen immer wieder auf Ansammlungen von Mineralien in den verschiedensten Formen und Mengen. Falls diese Steine in den Wohnungen unbedingt gelagert werden müssen, so bitte, weitab vom Schlafbereich. Diese haben eine so starke Ausstrahlung, daß sie auch durch eine Mauer hindurchgeht.

## Fall Nr. 48 Vierteiliger Spiegelschrank

Wir wurden in O. in ein Einfamilienhaus gerufen, weil die Frau oft mit Kopfschmerzen aufwachte und der Mann wegen ständig kalter Füße ohne Wärmflasche nicht schlafen konnte.

Wir fanden eines der modernen Schlafzimmer vor. Es bestand aus einem vierteiligen Spiegelschrank, einer Doppelliege mit eingebautem Radio und vier Messinglampen und sonst noch vielen Messingverzierungen.

Da es keine Möglichkeit gab, die Spiegel an den Schränken zu verhängen oder sofort zu entfernen und die Metallteile von den Betten abzumontieren, fragten wir die

Hausbesitzer, ob es in ihrem großen Haus noch ein freies Zimmer gäbe. Daraufhin führten sie uns in ihr altes Schlafzimmer, das nun als Gästezimmer Verwendung fand.

In diesem Zimmer stand die alte Schlafzimmereinrichtung aus Holz, und somit frei von Strahlen. Das Ehepaar entschloß sich, dieses Zimmer vorläufig als Schlafzimmer zu verwenden.

Am nächsten Morgen teilte uns der Ehemann mit, daß er nach langer Zeit das erste Mal durchgeschlafen habe, ohne für seine ständig kalten Füße eine Wärmflasche zu benötigen, auch seine Frau wachte ohne Kopfschmerzen auf.

Danach fragte ich ihn, wie lange sie schon an diesen gesundheitlichen Störungen gelitten hätten. Nach einigem Nachdenken gab er mir zur Antwort: „Ja, eigentlich seit viereinhalb Jahren, seit dem Kauf des neuen Schlafzimmers."

Ihr „strahlendes" Schlafzimmer verkauften sie binnen 14 Tagen. Sie kauften ein neues und können seitdem in diesem ohne Beschwerden schlafen.

## Fall Nr. 49 Schreckschußpistole

In einem freistehenden Eigenheim, das nur als Sommersitz verwendet wird, fanden wir in der ersten Etage Räume mit Möbeln aus Holz vor. In den Schränken befanden sich nur Kleider.

Bei Überprüfung mit der Rute, konnte ich nur über dem Bett eine Verwerfung feststellen.

Die Dame des Hauses behauptete, nichts Strahlenaufbauendes im Raum zu haben. Wir sahen selbst in den Schränken nach und erst im Nachtkästchen entdeckten wir eine von der Dame längst vergessene Schreckschußpistole.

## Fall Nr. 50 IP Tonband und Videokassetten

Bei einem kurzen Besuch bei einer Familie in K. saß ich in der Küche und plauderte mit einer Dame.

Es war 10 Uhr vormittags, als ich nach einigen Minuten das Gefühl hatte, einschlafen zu müssen. Ich drehte mich um und sah am Fensterbrett, direkt hinter meinem Kopf, einen Kassettenständer. Diesen trug ich sofort in das Wohnzimmer.

Meine Gesprächspartnerin fragte verwundert, warum ich dies getan hätte. Ich erklärte ihr, daß von den Kassetten so starke Störfelder ausgehen, daß sie mich am Denken hindern und ein starkes Schlafbedürfnis hervorrufen. Auch meiner Gesprächspartnerin war es nicht anders ergangen, denn sie sagte mir, daß auch sie in der Wohnküche das Gefühl hatte, einschlafen zu müssen, obwohl sie völlig ausgeruht das Haus betreten hatte.

Als ich die Kassetten aus dem Raum entfernt hatte, verschwand augenblicklich das Schlafbedürfnis bei uns beiden.

Die Dame erklärte uns, daß sie seit einiger Zeit ihre Hausarbeit im Wohnzimmer verrichte, denn in der Küche überfiele sie immer ein starkes Schlafbedürfnis; bis zu diesem Moment konnte sie sich das nicht erklären.

Ein ähnliches Erlebnis hatten wir im Zillertal. In diesem Fall waren die im Wohnzimmer an der Wand hängenden Bilder aus Kupfer und Bronze, unmittelbar im Kopfbereich, die Ursache unseres Schlafbedürfnisses.

Auch hier erklärte uns die Hausfrau, daß sie sich lieber in der Küche als im Wohnzimmer aufhalte, denn in diesem überfiele sie immer gleich ein starkes Schlafbedürfnis. Diesem Schlaf nachzugeben, könne sie sich auf dem Bauernhof, mit zwei kleinen Kindern, nicht leisten.

Eine ähnliche Reaktion tritt bei uns beiden auf, wenn wir uns kurze Zeit in einem Raum aufhalten, in dem Pokale aufgestellt sind.

Vor kurzem besuchte BE eine Bekannte. Sie saß kaum fünf Minuten in der Küche, als sie ein enormes Schlafbedürfnis überfiel. Sie sah in einer Entfernung von ca. 0,75 m eine Schere und einen Korkenzieher an einem Kästchen hängen. Sofort nach Abnahme, verschwand ihr Schlafbedürfnis.

## Fall Nr. 51 Perlen-Schmuck

Eine Bekannte in K. ersuchte uns, eine bezugsfertige Wohnung, die sie mieten wollte, auf Strahlen zu testen. Wir betraten die Wohnung zu dritt und konnten im Raum, der für das Schlafzimmer vorgesehen war, keine Strahlung von Wasser, Global- oder Curry-Streifen feststellen.

Bei den Stromanschlüssen waren Verwerfungen und im ganzen Raum Radioaktivität mutbar.

Ich sah mich nach Störquellen um, konnte aber nichts entdecken. Im Raum waren auch keine Gipskartonplatten (Rigips) verwendet worden. Von den Badfliesen konnte die RA. auch nicht herrühren, denn dieses lag zu weit entfernt.

Die zukünftige Mieterin und IP gingen aus dem Raum um Ausschau nach störenden Gegenständen zu halten. Als ich allein im Raum verweilte, mutete ich die Radioaktivität nicht mehr.

Daraufhin ersuchte ich Frau K., ihren gesamten Schmuck, die Perlenohrringe und den Brillantring sowie die goldene Uhr abzunehmen und diesen in die 7 m entfernte Küche zu legen.

Trotz Anwesenheit von Frau K. war bei erneuter Mutung keine RA. mehr festzustellen. Wir machten anschließend einen Versuch im leeren Raum und legten unter ein mitgebrachtes Kopfkissen einen Perlenohrring. Sogleich trat die RA. wieder auf.

Ein Störfeld, bei einem Stromauslaß an der Hausflurwand, wurde durch ein zwölf Meter langes Kabel, das noch im Hausflur zusammengerollt am Boden lag, verursacht. Ein Ende des Kabels war bereits durch die Mauer in das Zimmer verlegt worden und war für die Elektroheizung vorgesehen.

Da im Hausflur die Renovierungsarbeiten noch in vollem Gange waren, versuchten wir das stromlose Kabel so an der Schlafzimmerwand hochzuhalten, wie es für die Installation vorgesehen war und ich führte zugleich Mutungen im Schlafraum durch. Dieses eine Wechselstromkaben strahlte durch die Wand ca. 3 m in den Schlafraum und war als Verwerfung zu verifizieren.

Daraufhin baten wir die Hausinhaberin, das Kabel unter dem Fußboden des Flurs zum Zählerkasten führen zu lassen. Als wir zu einem Versuch das stromlose Kabel ausrollten und einstweilen über die Stiege legten, war auch der 50 cm breite Störstreifen, der früher zu muten war, verschwunden.

Den Lesern sei nochmals geraten, den Schmuck über Nacht abzulegen und in einem anderen Zimmer zu verwahren.

## Fall Nr. 52 Verstärkte Radioaktivität durch Silizium

Familie I. in M. rief uns zu sich, um ihr Schlafzimmer zu untersuchen. Wir mußten vom Nachtkästchen einen Wecker mit Leuchtziffern, aus den Schubfächern Medikamente und verschiedene Plastikhüllen und über der Frisierkommode einen Spiegel entfernen.

Ungefähr 6 m von den Betten entfernt stand auf einer großen Terrasse eine 200 l fassende Regentonne, die wir umlegten.

Im Kleiderschrank wurden mehrere Elektrogeräte aufbewahrt und viele Kleider waren mit Kunststoffhüllen überzogen.

Die Balkonfensterfront und ein gegenüberliegendes Fenster waren mit Alu-Jalousien bestückt. Interessant war, wenn auf einer Seite die Jalousie geschlossen war, konnte Radioaktivität gemutet werden. Waren beide geschlossen, wirkten sie dipolartig, d.h. die Strahlen hoben sich gegenseitig auf.

Der Schlafraum der Tochter wies eine starke Radioaktivität auf, die von einem faustgroßen, pyramidenähnlichem Gebilde aus reinem Silizium ausging. Sie verwendete dieses „gute Stück" als Briefbeschwerer.

Wir unterliegen während des Tages so vielen schädlichen Einflüssen, ob am Arbeitsplatz, in den Wohnräumen oder durch falsche Ernährung, daß wir raten, wenigstens nachts dem Körper die nötige Ruhe und Erholung zu gönnen.

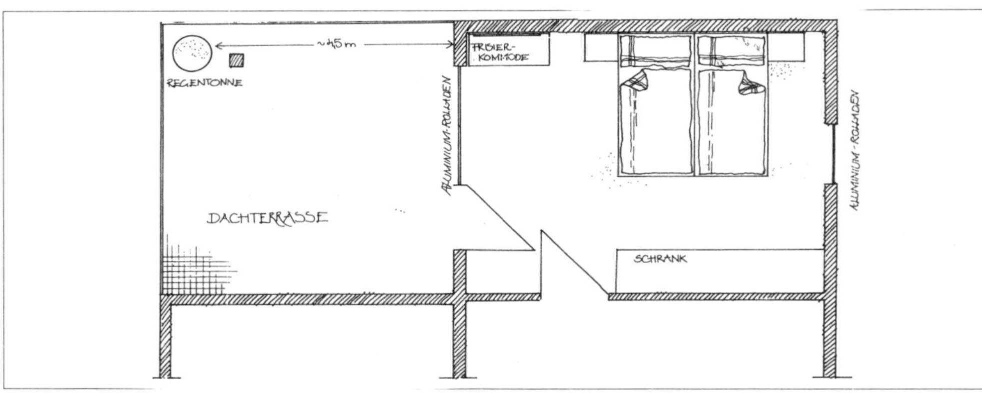


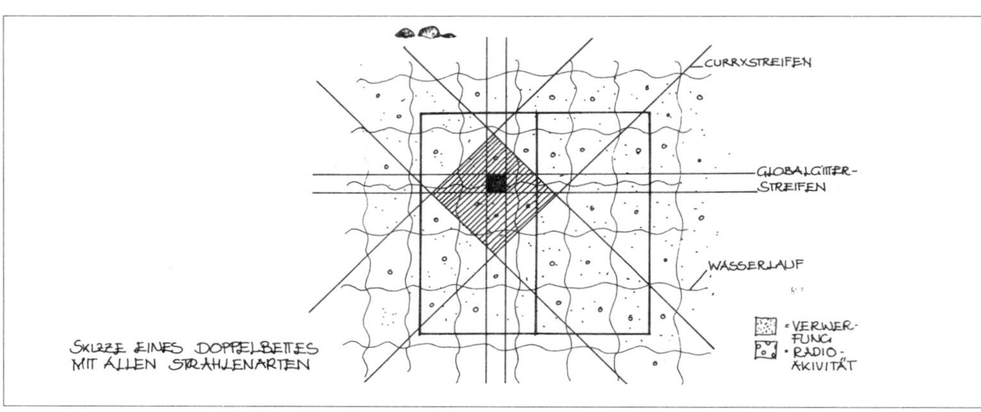

## Fall Nr. 53 Gewehr — Batterien — elektrische Anlagen im Nebenraum

Herr K. in K. ließ uns kommen; wir sollten sein Bett auf Strahlen testen, da er jede Nacht schwerste Asthmaanfälle hatte.

Sein Bett war voll verstrahlt; am meisten im Brustbereich. Er schlief seit acht Jahren in diesem Zimmer.

Wir nahmen den Spiegel von der Wand und die Nachttischlampen von den Nachtkästchen. In seinem Schubfach lagen Batterien, Taschenmesser, Knöpfe, eine Pistole und Schriftstücke in Kunststoffhüllen. Unter seinem Bett lag ein Gewehr. Im Schrank hingen viele Kleider in Plastikhüllen.

Alle diese Dinge brachten wir in ein anderes Zimmer. Daraufhin war das Bett strahlenfrei.

Wir besichtigten noch kurz das angrenzende Wohn-Schlafzimmer des Sohnes. In diesem standen an der Wand zum elterlichen Schlafzimmer unter anderem viele elektrische Geräte. Da uns aber diese Geräte im Schlafzimmer nicht gestört hatten, ließen wir dieses Zimmer unberührt, zumal im elterlichen Schlafzimmer, an der Trennwand zu diesem Raum, ein großer Schrank mit Kleidern und Wäsche stand, der eine gute Abschirmung bildete.

Am nächsten Tag erfuhren wir, daß der Hausherr nach unserem Weggehen noch sein Bett auspendelte. Seine Frau sagte uns, mit dem Pendel habe er noch Strahlen aufgefunden. Daraufhin stellte er das Mobiliar in seinem Zimmer um.

Die Betten wurden an die Wand zum Zimmer des Sohnes gestellt, der Schrank an die gegenüberliegende Wand. Der Hausherr hatte die Nacht darauf wieder schwere Anfälle. Er hatte nicht glauben können, daß durch Entfernung gewisser Gegenstände die Erdstrahlen zum Verschwinden gebracht werden können. Da nun der Kleiderschrank als Abschirmung an der Wand zum Zimmer des Sohnes für diese vielen Anlagen fehlte, waren die Betten sicherlich wieder voll bestrahlt.

Hatte der Mann bei seiner Nachprüfung selbst Dinge in der Tasche, die Strahlen erzeugen? Eine Uhr, Schlüssel und dergleichen?

Aus diesem Beispiel können Sie wieder ersehen, daß ein Umstellen der Betten keine Strahlenfreiheit bringt, wenn man nicht auch das gesamte Umfeld mit berücksichtigt. Viele Rutengänger berichten uns, daß sie unsere Erfahrungen nachprüften und zu den gleichen Ergebnissen wie wir kamen. Eine Anzahl von Rutengängern stellten schon selbst die Tatsache, daß Gegenstände Strahlen aufbauen, fest. Immer mehr arbeiten schon nach unserer Methode.

## Fall Nr. 54 Spiegel — Waffen — Eisenleuchter und Pokale im Nebenraum

In R. konnte ein vierjähriges Kind in den Nächten nur für zwei Stunden Schlaf finden, und die Mutter war am Ende.

Wir fanden alle Störfelder einschließlich Radioaktivität vor. Wir entfernten einen Wecker mit Leuchtziffern, verhängten den Spiegel, entnahmen aus dem Schrank zwei Schrotflinten und ein Kleinkalibergewehr sowie alle Kunststoffhüllen von den Kleidern etc.

Seitlich der Betten waren Leuchten aus Schmiedeeisen angebracht und die Deckenleuchte war von derselben Art.

Da sich durch all diese Maßnahmen keine Strahlenfreiheit erzielen ließ, sah ich mich im Nebenzimmer um. Hier stand an die Schlafzimmerwand angrenzend ein Wohnzimmerschrank. Darauf standen zehn große Pokale, eine offene, leere 3-Liter-Korbflasche und eine 20 cm lange Eisenniete.

Da uns die Schädlichkeit so massiv konzentrierter Strahlungen bekannt war, fragte ich die Frau, ob sie depressiv sei. Sie verneinte, fing aber zu weinen an.

Nach Entfernung all dieser Gegenstände verblieb über den Betten noch eine Verwerfung, die durch die schmiedeeisernen Lampen verursacht wurde. Dies konnten wir durch Abdecken mit Wolldecken feststellen.

Die Hausfrau nahm sich vor, die Lampen auszutauschen.

Die gute Stube war mit vielen Geweihen ausgeschmückt. Da die Spitzen der Geweihe verstärkt Radioaktivität im Raum erzeugen, egal wie alt sie sind, können wir nur raten, diese nicht in einem Wohnraum aufzuhängen.

Bevor wir das Haus verließen, brachten wir noch in Erfahrung, daß die erste Frau des Hausherrn freiwillig aus dem Leben ging und sechs minderjährige Kinder hinterließ. Die Frau war sicher sehr sensibel gewesen und auf Dauer der schweren Strahlenbelastung nicht gewachsen.

Am nächsten Morgen erhielten wir die freudige Nachricht, daß das kleine Mädchen wie ein „Bär" bis acht Uhr morgens durchgeschlafen habe und die Mutter nach langer Zeit erholt aufstand. Diese Erfahrung veranlaßte sie, ihre schmiedeeisernen Lampen sofort abzumontieren.

## Fall Nr. 55 Wäscheständer und Alufolie

Frau B. in R. litt während der Nacht immer unter starkem Kribbeln in den Beinen und konnte deshalb nicht durchschlafen.

Im Schlafzimmer stellten wir erhöhte Radioaktivität, und im Bett eine Verwerfung, Curry- und Globalgitterkreuzungen fest, für die wir einen Spiegel, unter den Betten einen Kunststoffsack mit Babywindeln, verschiedene Schlüssel, Münzen, zwei Messer und eine Knopfbatterie im Nachttisch verantwortlich machten.

Trotz Entfernung all dieser Gegenstände war der Raum noch immer belastet.

Ich inspizierte die direkt an das Schlafzimmer angrenzendeHolzhütte und fand auf der Ablage ein Beil und einen Eisenkeil mit der Schneide in das Zimmer weisend. Querliegend hätten diese Gegenstände das Bett nicht bestrahlt.

Im Freien, ca. 5 m vom Schlafraum entfernt stand eine Wäschespinne von der ein Arm in das Schlafzimmer wies. Die Wäschespinne wurde so gedreht, daß das Schlafzimmer nicht mehr bestrahlt wurde. Hernach konnte ich mit der Rute keine Strahlen mehr wahrnehmen.

Da wir den Fall Nr. 54 und 55 unmittelbar nacheinander bearbeiteten und IP bereits bei der ersten Untersuchung mit Übelkeit reagierte, konnte sie nicht mit Sicherheit sagen, ob ihre Übelkeit noch von der ersten Untersuchung stamme, oder von den Strahlen in diesem Raum ausgelöst wurde.

Sie erklärte der Hausfrau, daß sie vermute, daß in diesem Raum noch etwas Störendes sei.

Diese Aussage regte Frau B. an, nach unserem Abschied auf eigene Faust weiter zu suchen.

Am Tag darauf teilte sie uns mit, daß im Nachtkästchen, unter dem Auslegepapier, noch eine Aluminiumfolie lag, die seinerzeit von ihrer Tochter ausgelegt worden war.

Sie hatte nach langer Zeit das erste Mal durchgeschlafen und die Nacht ohne Kribbeln in den Beinen verbracht.

## Fall Nr. 56 BE Leere Weinflaschen

In einer Familie in W. war der Vater seit einem dreiviertel Jahr krank und mußte aus diesem Grunde seinen Beruf, ebenso seinen Zweitberuf als Wirt, aufgeben.

Im Schlafzimmer war über seinem Bett eine Wasser-, Global- und Currykreuzung sowie eine Verwerfung mutbar.

Beim Betreten des Hauses fiel mir auf, daß am Hauseck ca. 30 Kisten mit leeren Flaschen gestapelt waren. Nach Umlegen der Kisten samt Flaschen, war „nur" noch die Verwerfung zu muten.

Ich riet dem Hausherrn, eines seiner Gästezimmer als Schlafraum zu verwenden, und es wurde eines ausgesucht und getestet. Dies war noch vor meiner Erkenntnis, daß es die Gegenstände sind, die uns diese Strahlen aufbauen.

Leider fand ich bis heute noch keine Gelegenheit, die Familie zu besuchen. Ich vermute aber, daß die Hausleute wieder auf Störzonen liegen, denn mit Sicherheit hatte er den Inhalt der Nachtkästchen und vieles andere mehr in den neuen Raum mitgenommen.

## Fall Nr. 57 BE Geldtasche und Unterleibsbeschwerden

In einem Gasthaus in W. untersuchte ich das Schlafzimmer der Tochter. Ich verhängte einen großen Spiegel an der Schranktüre und entfernte einige Kleinigkeiten, trotzdem blieb noch immer eine Verwerfung mutbar.

Die Ursache fand ich schließlich in einer Kellnerinnengeldtasche, die auf einem Kästchen, durch einen Pullover verdeckt, lag. Nach Entfernung der Tasche war zum Erstaunen der Tochter das Bett strahlenfrei.

Es strahlte nicht die Ledertasche, sondern das darin enthaltene Kleingeld.

Die Tochter mußte gerade wegen Unterleibsbeschwerden das Bett hüten. Jetzt fiel ihr auf, daß immer in der Zeit, in der sie als Kellnerin arbeitet und dabei die Geldtasche unter der Schürze verwahrt, diese Beschwerden auftraten.

Da Metalle Störfelder aufbauen, vermuten wir, daß manche Blasen- und Prostataerkrankungen auf Metallgegenstände, wie Schlüssel, Taschenmesser, Feuerzeug, Kleingeld und ähnliches, die fortwährend in den Hosentaschen getragen werden, zurückzuführen sind.

In den Geldscheinen strahlt die in diese eingearbeitete Metallfolie. Deshalb sollte ein Herzkranker das Papiergeld nicht gerade in der Brusttasche tragen.

## Fall Nr. 58 Rheuma-Decken aus Kunststoff

Frau W. in L. klagte seit einigen Wochen über ständige Schmerzen im Schulterbereich.

Wir entfernten, wie gewöhnlich, die verdächtigen Gegenstände, konnten aber damit keine Strahlenfreieheit erzielen. Dann stellten wir an Frau W. die Frage, aus welchem Material die Steppdecke sei, da von dieser Strahlen ausgingen. Sie erklärte uns, daß sie diese von einem fahrenden Händler als reine Daunendecke gekauft habe.

Bei genauer Betrachtung war der Überzug aus Polyester, und die Füllung reiner Schaumstoff. Wir hielten die Decke gegen das Licht und wir alle konnten uns davon überzeugen, daß es keine Daunen waren. Frau W. teilte uns nach kurzem Nachdenken mit, daß die Schmerzen tatsächlich erst nach Verwendung dieser Decke aufgetreten waren. Diese Beobachtung machten wir des öfteren.

An dieser Stelle möchte ich auf einen Brauch meiner Ahnen hinweisen, die wußten, daß man in einem „R"-Monat, d.h. in den Monaten, in denen ein R enthalten ist (September — April) die Betten nicht im Freien zum Lüften aufhängen soll. Die Betten ziehen in dieser Zeit die erhöhte Luftfeuchtigkeit an, die nachts vom Körper absorbiert wird und mit als Ursache von rheumatischen Erkrankungen gilt.

## Fall Nr. 59 Kunststoffhüllen — Medikamente

In Bad H. bekam der Hausherr häufig schwerste Asthmaanfälle, und mußte deshalb viel Zeit im Krankenhaus verbringen. Aber meist schon zwei Stunden nach Rückkehr in sein Haus erfolgte ein neuer Anfall.

Ich stellte in seinem Bettbereich alle Strahlenarten gebündelt fest.

Auf dem Bord, über dem Bett, standen große Zierkerzen. In den Betten lagen unter den Matratzen selbstgebastelte Drahtgeflechte, die auf Anraten eines Rutengängers hergestellt worden waren.

Die Matten halfen jedoch nichts, im Gegenteil, sie bauten selbst Störfelder auf.

In den Schränken befanden sich mehrere Flaschen mit alkoholischen Getränken. Das Wäschefach war mit neuer Bettwäsche, noch in Kunststoffhüllen, angefüllt. Im Zwischenfach eines runden Tisches lag eine Trockenhaube und eine Dose mit Plastikhaarwicklern. Hinter der Frisierkommode, von der der Spiegel bereits abmontiert war, stand eine ca. 20 cm hohe Kuhglocke aus Bronze. Die Nachttischschubfächer waren randvoll mit Medikamenten. An der Wand über den Betten hing ein großer Rosenkranz, obwohl mit Schnur gebunden, mußte dieser doch entfernt werden, da er über den Betten ein Kraftfeld aufbaute.

An der Schlafzimmeraußenwand befand sich eine Bank mit Eisenfüßen. Ich ließ all dies entfernen, dann war das Zimmer endlich strahlenfrei. IP prüfte nach und konnte das Resultat bestätigen.

Daraufhin ersuchte uns die Hausfrau, eine Stelle in der Küche zu testen, denn sobald der Hausherr beim Geschirrspülen half, bekam er einen Asthmaanfall. Lachen Sie nicht!

IP stellte sich vor das Waschbecken und verspürte augenblicklich einen starken Druck im Kopf. Sie öffnete den Geschirrschrank und sah drei bunte Gläser darin stehen. Eines nahm sie heraus und drehte es um; dabei fielen Münzen in das Waschbecken. Alle drei

Gläser enthielten Kleingeld. Nach Entleerung des Inhalts nahmen wir keine Strahlung mehr wahr.

Bei einem späteren Besuch teilte uns der Hausherr mit, daß er in der Zwischenzeit nur einen leichten Anfall hatte. Dessen Ursache dürfte der Schmuck seiner Ehefrau gewesen sein, da sie diesen — trotz unserer Mahnung — vor dem Schlafengehen nicht immer ablegte.

Seine Frau achtet nun darauf, den Schmuck abends abzulegen und der Hausherr hatte, laut späterer Aussage, seither keinen Anfall mehr. Er schlafe jetzt so gut, wie nie zuvor.

Wir finden immer wieder Ansammlungen von Kleingeld in Flaschen oder Spardosen, die in den Schlaf- oder Wohnzimmern aufbewahrt werden. Solche konzentrierten Mengen an Metall haben einen enorm weiten Strahlenradius und bauen sämtliche Störfelder auf, die auch Wände durchdringen. Siehe auch Fall 74, Anhang.

## Fall Nr. 60 Schlafstörungen — Allgemeinzustand schlecht

Ich hielt im Jänner 1986 in Kufstein einen Vortrag über die Ursache und die Wirkung der Erdstrahlen.

Daraufhin ersuchte uns ein Teilnehmer, seine Wohnung zu überprüfen, er schlafe sehr schlecht und sein Wohlbefinden sei nicht das Beste.

Bei unserem Besuch war die Ehefrau anfangs sehr ungehalten, da der Ehemann es versäumt hatte, sie von unserem Kommen zu informieren. Er beruhigte sie jedoch und forderte uns auf, mit unserer Tätigkeit fortzufahren.

Nach zwei Monaten rief uns die Frau an und entschuldigte sich für ihr damaliges Verhalten. Sie bedankte sich, daß wir unsere Arbeit trotz ihrer Intervention durchgeführt hatten. Es gehe ihnen beiden sehr gut, sie schlafen jetzt ausgezeichnet und stehen jetzt vollkommen ausgeruht auf.

Wir haben es des öfteren erlebt, daß aggressives Verhalten von Familienmitgliedern untereinander mit Störfeldern im Wohnbereich in Zusammenhang zu bringen ist.

Es wäre daher wünschenswert, in Wohnungen, in denen häufig Familienzwistigkeiten herrschen, die Wohnungen auf Störfelder untersuchen zu lassen, was vielleicht zu einem harmonischen Familienleben beitragen könnte.

## Fall Nr. 61 Kunststoffwanne — offene Behälter

Vor einiger Zeit hatten wir ein Schlafzimmer in M. „sauber" gemacht. Da trotz dieser Maßnahme das Kleinkind immer noch nicht durchschlafen konnte, überprüften wir die Betten erneut. Es waren wieder alle Strahlen zu muten.

Die Ursache war eine Kinderbadewanne aus Kunststoff, die auch als Wäschekorb verwendet wurde und mehrere leere, offenstehende Flaschen im Abstellraum, gegenüber dem Schlafzimmer. Dazwischen befand sich noch ein schmaler Hausgang. Wir legten die Flaschen und die Wanne um und erzielten damit Strahlenfreiheit.

## Fall Nr. 62 Spielsachen

Auf welche Weise Kinder, auch Jugendliche, reagieren, wenn in ihren Zimmern Störfelder vorhanden sind, die durch Spielsachen, Elektrogeräte, Fernseher und anderes Mobiliar aufgebaut werden, wollen wir in diesem Fall schildern.

Ein 10-jähriger Junge hatte immer Angst, abends allein in seinem Zimmer zu bleiben. Er war sehr sensibel, und seine schulischen Leistungen waren schlecht.

Aus der Bettlade entfernten wir: Plastikspielsachen, eine Autorennbahn und Eisenbahn mit Transformatoren und vieles andere.

Im Kopfbereich seines Bettes stand ein Radio. Im Zimmer war noch dazu ein vierteiliger Spiegelschrank, den wir mit Wolldecken verhängten. Die anderen Gegenstände wurden aus dem Raum gebracht.

Seit diesem Abend haben sich seine Ängste verflüchtigt, er geht allein zu Bett und schläft ausgezeichnet. Auch seine schulischen Leistungen haben sich in der Folgezeit wesentlich gebessert.

Die Mutter ist über diese Entwicklung sehr glücklich. Sie war anfangs skeptisch und behauptete, daß das Bett ihres Sohnes frei von Strahlen sein müsse, da sie einen Rutengänger konsultiert hatte, der den Standort des Bettes gut fand.

Leider liegen heutzutage in den Kinderzimmern Unmengen Metall- und Kunststoffspielwaren herum. Auch Elektrogeräte, wie Fernseher, Computer, Radios, Plattenspieler mit Platten und Kassetten, Spielzeug mit Batterieantrieb, fehlen in keinem der Wohn-Schlafzimmer der Kinder. Dies alles kann den Kindern zum Verhängnis werden. Durch diese Strahlenintensität werden die Kinder nervös, in der Schule mangelt es ihnen an Konzentration, und oft ist auch die Reizbarkeit Erwachsenen gegenüber auf diese Störfelder zurückzuführen.

Kinder und Erwachsene sollten möglichst weit vom Fernseher entfernt sitzen.

Ein eingeschalteter Fernseher hat einen Strahlenradius von sechs Metern, ein nicht eingeschalteter, aber an das Netz angeschlossener, noch von vier Metern. Siehe Zeichnungen, Seite 140 und 141.

Wir möchten noch einiges zu den Schlafzimmereinrichtungen anführen.

Kaufen Sie Ihren Kindern weder Tische noch Stühle mit Stahlfüßen. Sind solche Gegenstände im Raum vorhanden, können wir mit Sicherheit Kreuzungen über den Betten feststellen. Sollten Drehstühle bereits im Kinderzimmer sein, bringen Sie diese, für die Zeit der Ruhe, in einem anderen Raum unter.

Erlauben Sie den Kindern nicht, die Leselampe über den Betten anzubringen. Die Schreibtischlampe und der Schreibtisch sollten möglichst weit vom Bett entfernt sein, da sich im Schreibtisch der Kinder meist mehrere strahlenaufbauende Gegenstände befinden. Die modernen Schreibtischlampen bringen Sie über Nacht in horizontale Lage, in dieser Position bauen sie kaum Strahlenfelder auf. Ziehen Sie den Stecker des Verlängerungskabels auf jeden Fall aus der Steckdose heraus. Moderne Schreibtischlampen mit einem schweren Standfuß strahlen enorm weit.

## Fall Nr. 63 Eigene Erlebnisse

Bei einer Bekannten in H., in deren Haus wir oft übernachten, machten wir folgende Erfahrungen:

Das Schlafzimmer der Hausfrau hatten wir schon vor längerer Zeit von Strahlen „befreit", und sie konnte auch besser schlafen. Bei einem erneuten Besuch klagte sie, daß wiederum Schlafstörungen und auch die alten Rückenschmerzen auftraten.

Da wir im Zimmer keine Ursache fanden, suchten wir auf der Terrasse. Auf dieser standen mehrere Eternitkästen mit Stecklingen; über Nacht waren sie mit Plastikfolie abgedeckt.

Bei Überprüfung mit der Rute stellte ich fest, daß diese Kästen, die in diesem Fall aneinandergereiht am Balkon standen, auch ohne Folie, über den Betten mehrere Kreuzungen und verstärkte Radioaktivität hervorriefen.

Ein andermal überließ sie uns ihr Schlafzimmer. Die erste Nacht schliefen wir sehr gut. In der zweiten Nacht wachte IP mehrmals, wegen starkem Kribbeln in den Beinen auf und ich hatte Herzklopfen und keinen erholsamen Schlaf.

Als wir am Morgen nach der Ursache suchten, merkten wir, daß die Schuld bei uns selber lag.

IP vergaß am Abend zuvor, ihren Kosmetikbeutel aus dem Zimmer zu bringen und legte ihn seitlich des Schlafzimmerschrankes ab. Ich las noch ein Buch, in Paperback gebunden, und legte es samt Brille auf das Nachtkästchen.

Bei Nachkontrolle mit der Rute mutete ich eine Verwerfung, Global- und Currystreifen, sowie verstärkte Radioaktivität. Die Überprüfung der einzelnen Gegenstände ergab, daß Brillen oder deren Fassung verstärkte Radioaktivität aufbauen. Die zweite Überraschung war, daß auch Bücher in Paperback die natürliche Radioaktivität im Raum verstärken.

Bald darauf entdeckten wir, daß alle Bücher mit glänzendem Umschlag (Paperback) mit einer hauchdünnen Kunststoffolie beschichtet sind, die die Ursache von Strahlen ist.

Bei einer erneuten Visite, ermahnte uns die Gastgeberin lachend, nicht wieder etwas liegen zu lassen, was unseren Schlaf stören könnte; sie hätte seit dem letzten Besuch keine Veränderung vorgenommen.

Abermals lag IP stundenlang wach. Auch ich hatte wieder Herzklopfen. Um niemand zu wecken, warteten wir den Morgen ab.

Die Kontrolle ergab, daß sich im Bereich der unteren Betthälfte eine Verwerfung aufgebaut hatte und der Raum wieder verstärkte Radioaktivität aufwies.

Die Ursache fand ich auch hier wieder außerhalb des Schlafzimmers. Die Gastgeberin überdeckt während des Tages ihre Betten mit einer Damaststeppdecke, die mit dünnem, weißen Schaumstoff unterfüttert ist. Diese legte sie während der Nacht zusammengerollt im Vorzimmer auf ein Schränkchen, unmittelbar an der Schlafzimmerwand.

Wir waren überrascht, daß von dieser harmlos aussehenden Decke ein so kräftiges Strahlenfeld gebildet wurde.

## Fall Nr. 64 Tagesdecke — Alu-Rolladen

Wegen mehrfacher gesundheitlicher Beeinträchtigungen hatten wir vor Wochen das Schlafzimmer von Frau H. untersucht und strahlenfrei gemacht. Für einige Zeit ging es ihr besser, aber dann traten wieder die Schmerzen in den Beinen auf. Auch von ihr erhielten wir die Versicherung, nichts mehr in den Raum gestellt zu haben. Wir untersuchten von Neuem und fanden das Nähkästchen, das zuerst an der Fußseite des Bettes gestanden hatte, seitlich des Schrankes in einer versteckten Nische. Ein Fieberthermometer war erneut im Nachtkästchen und ein mit Schaumstoff gefülltes „Rheumakissen" im Bett. Am Fußende stand eine aus Weiden geflochtene Wäschetruhe. Auf diese legte die Hausfrau jeden Abend ihre Tagesdecke, die wieder mit einer Schaumstoffunterlage ausgerüstet war.

Da die Decke die Ursache der verstärkten Radioaktivität im Raum war, gaben wir den Rat, diese in einem anderen Zimmer, aber keineswegs an der Wand, die an das Schlafzimmer angrenzt, unterzubringen. Zusammengerollt baut die Decke allgemein starke Störfelder auf.

Am Fenster ist ein Alu-Rolladen angebracht, der im geschlossenen Zustand ein radioaktives Feld im Raum aufbaut.

Über Rolläden können wir noch keine generelle Aussage machen, da wir des öfteren festgestellt haben, daß Rolläden nicht immer Strahlen aufbauen oder verstärken. Das muß immer noch individuell nachgeprüft werden. Wenn Sie einen Rutengänger konsultieren sollten, würden wir Ihnen raten, ihn an die Rolläden zu erinnern.

## Fall Nr. 65 BE Neonleuchten — Tresor und vieles mehr

Bei Familie K. fand ich folgendes vor:

Der schöne Raum war mit Wandschränken verbaut. Über den Ehebetten war ein Bücherbord und darunter Neonleuchten montiert. Nicht weit vom Kopf der Ehefrau stand am Bücherbord ein Radiowecker. Seitlich vom Wecker standen zwei Kästchen mit Schmuck. Darunter stand eine Frisierkommode mit einem aufklappbaren Spiegel. Im Schränkchen waren Kosmetikartikel. Davor stand ein Stahlhocker mit Pelzüberzug.

Unter dem Bord hing an der Wand ein Bild aus Bronze. Über dem Nachtkästchen waren zwei Schalter angebracht. Einer für die Neonbeleuchtung, der andere für die Rolläden.

Auf einem Bord oberhalb der Eingangstüre stand ein Kuhhorn in Bronze gefaßt. In der Wand befand sich ein Tresor.

Ich entfernte den Hocker, Radiowecker, das Bronzebild und das Kuhhorn. Den Schmuck und die Kosmetikartikel ließ ich vorerst an ihren Plätzen. Das Zimmer war auf diese Weise strahlenfrei.

Daraufhin überprüfte ich, ob der Alu-Rolladen Störfelder aufbaue und wieder stieß ich auf das folgende Phänomen:

War der Rolladen ganz geschlossen, so baute sich im ganzen Raum Radioaktivität auf. War er zu dreiviertel geschlossen, wurde über dem ganzen Bett der Ehefrau (links im Bild) die Störung gemutet. Im halbgeschlossenen Zustand nur noch über dem halben Bett.

Da der Schmuck und die Kosmetikartikel bei geschlossenen Rolläden wieder Strahlen über den Betten aufbauten, mußte beides aus dem Raum entfernt werden.

Das Ehepaar benötigte die Rolläden, da es durch die helle Straßenbeleuchtung in ihrem Schlaf gestört wurde.

Wirkte der Schmuck als Dipol zu den hochgezogenen Rolläden? Welche Wirkung übte der Inhalt des Tresors auf die Rolläden aus? Alles Fragen, die ich nicht beantworten kann, da ich in der zur Verfügung stehenden Zeit kein zufriedenstellendes Resultat erzielen konnte. Die Eheleute entschlossen sich, wegen der störenden Straßenbeleuchtung ihr Schlafzimmer in einen anderen Raum zu verlegen.

An diesem Beispiel können Sie wie auf Seite 21 (Dipol) ersehen, daß sich bei Gegenständen, in der richtigen Lage zueinander, die Schwingungen addieren oder wieder löschen können.

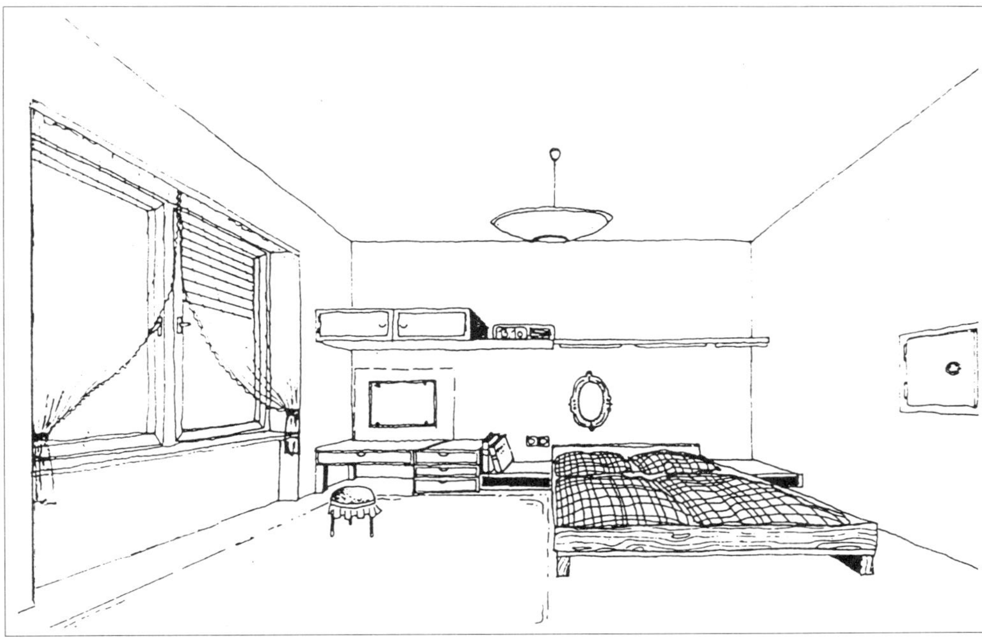

## Fall Nr. 66 BE Spiegelexperiment

Bei der uns bekannten Familie K. überprüfte ich das vor längerer Zeit freigemachte Schlafzimmer und fand über den Ehebetten eine Verwerfung. Eine kleine Tafel Schokolade, wie üblich in Stanniol verpackt, war die Ursache. Ich hatte früher beim Ausräumen den 1 $m^2$ großen Spiegel abnehmen lassen, da dieser unter anderem eine Wasserkreuzung im Raum aufgebaut hatte.

Der Hausherr klagte, daß das Mauerwerk an der linken Zimmerecke feucht sei und abbröckle. Ich überlegte, ob es eine Möglichkeit gäbe, die Feuchtigkeit aus dem Haus herauszubringen.

Ich hatte ein Experiment vor, und bat, zu diesem Zweck den Spiegel an seinem ursprünglichen Platz wieder aufzuhängen. Die früher im Zimmer aufgetretene Wasserkreuzung war wieder mutbar.

Das Haus liegt an einem Berghang und ist **nicht** unterkellert. Ich suchte außer Haus nach dem Wasserlauf und fand ihn, wie Sie auf Zeichnung A ersehen. Daraufhin ließ ich den Spiegel wieder abnehmen und fand den Wasserlauf nur mehr in der Zimmerecke beim linken Nachtkästchen. Siehe Zeichnung B.

Jetzt kam mir die Idee, eine Bodenvase in ca. 3 m Entfernung vom Schlafraum auf der Wiese aufzustellen.

Daraufhin konnte ich mit der Rute feststellen, daß der Wasserlauf nicht mehr im Haus zu muten war, sondern außer Haus in der Wiese verlief. Siehe Zeichnung C.

Vier Monate später, im November, erzählte uns Herr K., daß ungefähr fünf Meter unterhalb der Stelle, an der sich das Gefäß befindet — d.h. wir versenkten es später in die Erde und bedeckten es mit einem Rasenstück — jetzt zum Teil Moos wächst und der Boden so tief feucht ist, daß man beim darübergehen ein wenig einsinkt, während früher, bei längerer Trockenheit, das Gras dort verdorrte.

Bei einem unterkellerten Haus kann man diese Maßnahme nicht anwenden, weil dadurch eventuell Wasser in den Keller hochgezogen würde und dadurch der Keller feucht würde.

Falls Sie in Ihren Wohnungen feuchte Wände haben, so können wir Ihnen raten, die Spiegel zu entfernen, denn auch das nächste Beispiel zeigt, daß Spiegel Wasserläufe anziehen.

Stehen im Haus leere Flaschen oder Krüge, legen Sie diese um oder stellen Sie die Gefäße mit der Öffnung nach unten ab. Alle offen stehenden Gefäße ziehen Wasser hoch. Beachten Sie das besonders in Ihren Kellern.

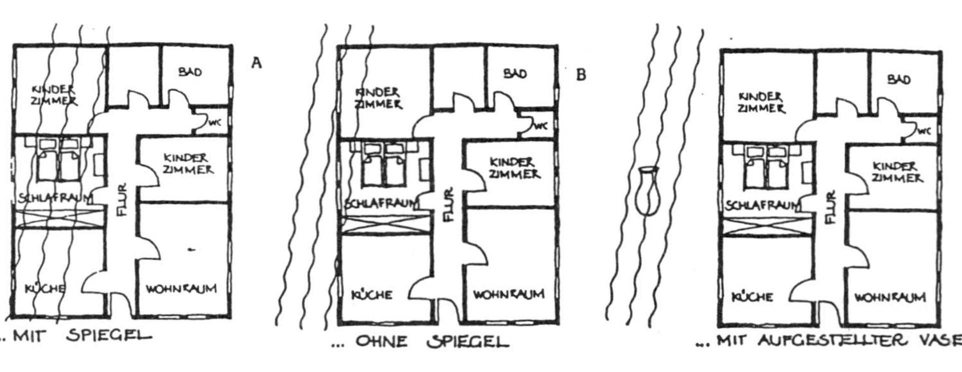


... MIT SPIEGEL ... OHNE SPIEGEL ... MIT AUFGESTELLTER VASE

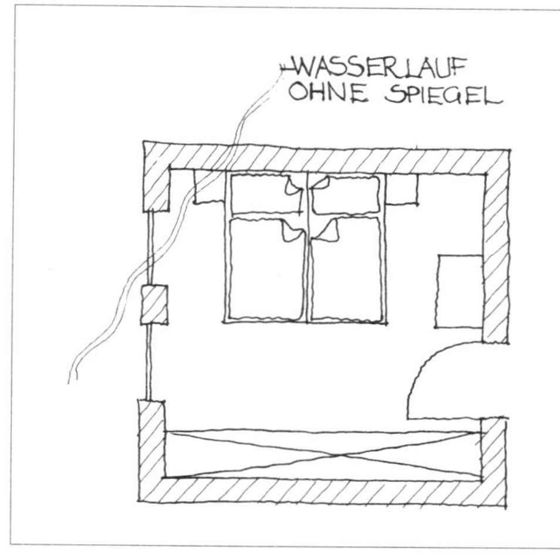


## Fall Nr. 67 BE — Feuchtigkeit durch Spiegel

Bei meiner Freundin trat hinter der Truhe, an der Wand des Vorzimmers, starke Feuchtigkeit auf. Die Mauer bröckelte bis zu den Ziegeln ab. Oberhalb der Truhe hing ein großer Spiegel, der einen „Wasserlauf" auftreten ließ. Der Spiegel wurde entfernt und ein halbes Jahr darauf war die Wand vollkommen trocken. Das Haus war unterkellert.

Vorher mußte die Truhe zum Austrocknen öfter ins Freie gestellt werden, da sie stark nach Moder roch.

## Fall Nr. 68 — Münzen und Staubsauger

In L. testeten wir eine Wohnung auf Strahlen. Das Schlafzimmer war mit einem Waschbecken und Spiegel ausgestattet, wie wir dies oft in Gästezimmern vorfinden.

Nach Wegräumen etlicher Strahlen erzeugender Gegenstände, waren noch immer Störfelder vorhanden.

Die Ursache fanden wir im angrenzenden Bügelzimmer. Hier standen einige Wäschekörbe aus Kunststoff, ein Metallbügelbrett, das Bügeleisen, sowie der Staubsauger.

Das Bügelbrett und das Bügeleisen stellten wir an die gegenüberliegende Wand. Die Plastikkörbe drehten wir mit der Öffnung nach unten. Der Staubsauger mußte ganz aus dem Raum genommen werden. Wir erleben es immer wieder, daß Staubsauger Strahlen, auch durch die Wand hindurch, aufbauen. Aus diesem Grunde raten wir, diese möglichst nicht in den Räumen neben dem Schlafzimmer aufzubewahren.

Da ich keine Möglichkeit hatte, die Wolldecke über dem Waschbecken und dem Spiegel anzubringen, ersuchte ich den anwesenden Sohn, die Decke hochzuhalten. IP hatte für einige Zeit den Raum verlassen und als sie zurückkam, versicherte ich ihr, daß die Betten frei von Strahlen wären. IP prüfte sogleich mit der Hand nach und erklärte, daß sie im Fußbereich des Bettes noch immer Impulse wahrnehme. Sie stand mit dem Rücken zum Waschbecken und konnte nicht sehen, daß ich die Geldbörse mit Kleingeld aus der Gesäßtasche des jungen Mannes zog. Doch augenblicklich rief IP aus: „Jetzt sind sie (Strahlen) weg!" und fragte sogleich nach der Ursache.

Der junge Mann hatte auf meinen Wunsch hin vorher schon die Geldtasche im Stiegenhaus abgelegt gehabt, diese aber, ehe IP ins Zimmer kam, wieder eingesteckt.

## Fall Nr. 69 BE Skiausrüstung

Ich verbrachte einige unruhige Nächte, ohne daß ich dafür einen ersichtlichen Grund finden konnte. Als ich im angrenzenden Zimmer, in dem ein Gast aus England wohnte, Nachschau hielt, fand ich in einer Kunststoffhülle seine Ski mit Stöcken vor, die er genau an die Wand gelehnt hatte, an der mein Bett stand.

## Fall Nr. 70 BE Schlafstörung durch leeres Glas

Vor dem Einschlafen trank ich noch ein Glas Wasser und ließ das leere Glas aus Bequemlichkeit auf dem Nachtkästchen stehen. In dieser Nacht schlief ich schlecht und wachte des öfteren ohne ersichtlichen Grund auf. Am Morgen sah ich das leerstehende Glas, das meinen Schlaf gestört hatte.

Ich kontrollierte mit der Rute sofort nach und stellte Globalgitterkreuzungen, eine Currykreuzung und eine Verwerfung fest. Nach Entfernung des Glases war mein Bett wieder strahlenfrei.

## Fall Nr. 71 Bettnässen durch Störfelder

Wir wurden in ein Bauernhaus eingeladen, in dem der 17-jährige Sohn Tage zuvor aus der Klinik mit der Diagnose Diabetes entlassen worden war. Er sah eher wie ein Vierzehnjähriger aus, denn er war in seiner körperlichen Entwicklung zurückgeblieben. Sein Bauch war übermäßig vergrößert, und der Junge war noch immer Bettnässer.

Die Mutter hörte sich einen unserer Vorträge an, trotzdem war sie äußerst skeptisch, da sie vorher mehrere Rutengänger konsultiert hatte, und jeder die Betten auf einen anderen Platz stellen ließ.

Nach dem letzten Rutengänger, der auch das Bett verstellen ließ, verschlechterte sich der Zustand des Jungen rapid, wie uns die Mutter berichtete. Mit uns wollte sie einen allerletzten Versuch machen.

Wir fanden das Bett des Jungen sehr verstrahlt vor.

In seinem Nachtkästchen waren viele Medikamente samt Spritzen und mehrere Kunststoffsäckchen untergebracht. Auf dem Nachttisch stand eine Metallampe.

Nach Entfernung dieser Gegenstände war der „Strahlensalat" über den Betten immer noch vorhanden.

An der Wand, an der das Bett des Jungen stand, befand sich an der anderen Seite der Wand in der Wohnstube der Fernseher. Aus Platzgründen wollten die Eltern das Bett lieber an seinem ursprünglichen Platz stehen haben. Wunschgemäß ließen wir es zurückstellen.

Wo jetzt das Bett stand, mutete ich noch zwei Reizstreifen und suchte nach der Ursache im daneben stehenden Kleiderschrank. In diesem war ein kleiner Lampenschirm mit Drahtgeflecht und ein Hemd, noch in Kunststoffolie verpackt.

Eine Verwerfung, die sich durch eine Einlage im Bett des Knaben aufgebaut hatte, und die wir wegen seines Leidens nicht entfernen konnten, wurde durch eine darübergelegte Wolldecke ausgeschaltet.

Die Antenne und der Netzstecker des Fernsehers sollten nur bei Inbetriebnahme eingesteckt werden.

Drei Tage später erreichte uns die Nachricht, daß der Junge von seinem Leiden als Bettnässer befreit sei.

Sein seelischer Zustand besserte sich schlagartig.

Nach zwei Monaten erfuhren wir, daß das Bettnässen nur zweimal aufgetreten war. Und das war nur dann geschehen, wenn abends vergessen worden war, das Fernsehkabel auszustecken. In dieser Zeit hatte der Junge acht Kilogramm zugenommen.

## Fall Nr. 72 Minusgepolte Eisenträger als Ursache?

IP wurde von Frau H. in G. eingeladen, ihre Wohnung zu testen. Frau H. befolgte alle von IP gegebenen Ratschläge. Der Ehemann dagegen war sehr skeptisch und erklärte, daß er dies alles nicht glaube.

Beide Ehegatten sind Manager in einem großen Unternehmen, und so war für ihn nur eine Untersuchung eines Wissenschaftlers maßgebend.

Er ließ ein Team von Experten aus München kommen, welche die von IP mit der Hand festgestellten Störfelder bestätigten. Sie rieten aus der Wohnung auszuziehen und erklärten, daß die Störfelder von zwei minusgepolten Eisenträgern ausgingen, die man aus dem Haus nicht entfernen könne.

Da aber das Ehepaar das Haus nicht verlassen wollte, und eine Übereinstimmung der gefundenen Störfelder bestand, befolgte der Mann doch einen von IP gegebenen Rat und ließ an das im Vorzimmer stehende Telefon, das direkt hinter seinem Bettbereich stand, ein 12 Meter langes Kabel anbringen. Dann stellte er den Fernsprecher immer über Nacht in das Wohnzimmer. Der Hausherr merkte bald, wenn das Telefon im Wohnzimmer stand, war sein Schlaf ungestört.

IP wurde gebeten, erneut einen Besuch abzustatten, sie lud mich ein, dabei zu sein.

Inzwischen hatte das Paar noch weitere Ratschläge befolgt. So mußte ich lediglich noch einen säbelförmigen Brieföffner, der auf das Bett des Hausherrn gerichtet, abgelegt war, verschiedene Schreibutensilien, Ordner mit Kunststoffhüllen und ein Keramikbild von der Wand entfernen. Das Keramikbild allein hatte letztendlich noch den Fußbereich des Bettes bestrahlt.

Im Flur stand eine 60 cm hohe Zinnvase. Diese wurde in das angrenzende Wohnzimmer gestellt. Da sich die Schlafzimmertüre unmittelbar neben dem Bett befand, mußte auch die Türklinke abgedeckt werden. Daraufhin machte ich die Schlußprüfung und konnte die Strahlenfreiheit des Bettes feststellen.

Anschließend testete IP das Bett des Hausherrn in Anwesenheit seiner Frau nach und schloß zu diesem Zweck die Tür zum Vorzimmer. Ich befand mich mit dem Hausherrn auf dem Flur.

Um dem Hausherrn einen Beweis zu liefern, daß Störzonen durch Gegenstände verursacht werden, stellte ich die Zinnvase wieder auf ihren alten Platz im Flur.

Unmittelbar darauf rief IP: „Es sind wieder alle Strahlen aufgebaut! Was habt ihr verändert?” Zu gleicher Zeit hatte sie ein Gefühl, als hätten sie tausend Nadeln durchstochen. Ich verneinte, daß ich etwas verändert hätte.

Als sie daraufhin die Türe öffnete, sah sie die Vase nicht, da sie durch mich verdeckt war. Sie meinte aber, daß diese Strahlen doch eine Ursache haben müßten.

Da gab ich ihr den Blick auf die Vase frei, und IP wußte sofort Bescheid.

STRAHLENAUFBAU

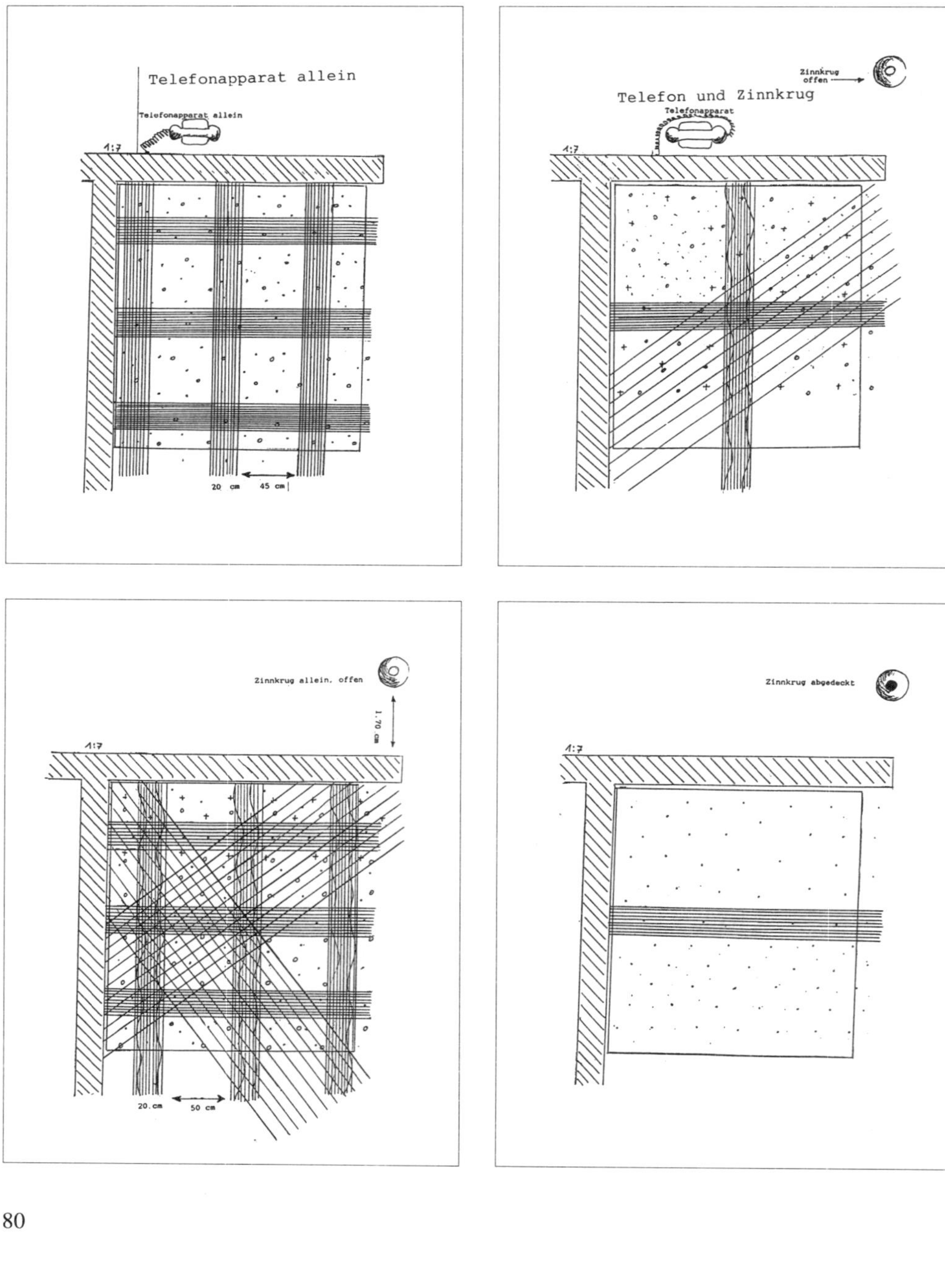

## Fall Nr. 73 Abschirmung als Störfaktor

Bei Familie M. in G. fanden wir folgenden Sachverhalt vor:

In einer Villa stand am Podest zum ersten Stock eine schöne Keramikvase. IP wollte sie sogleich entfernen, ich erklärte aber, die Vase würde keine Wirkung auf das im ersten Stock liegende Schlafzimmer ausüben.

Das Ehepaar kannte bereits unser Buch und räumte noch vor unserem Eintreffen verschiedene Gegenstände aus dem Schlafzimmer. Ich fand trotz allem noch verschiedene Kreuzungen im Bettbereich.

Vom Nachttisch des Hausherrn mußten wir eine silberne Lampe mit Drahtschirmchen entfernen. Im Schrank war ein Hutständer aus Styropor. Die Deckenlampe war aus Kunststoffplättchen gefertigt und mußte abmontiert werden. Der Paravent wurde so aufgestellt, daß seine Scharniere nicht störend auf das Bett wirkten.

Es verblieb immer noch ein 10 cm breiter Streifen in der Mitte beider Betten, der als Verwerfung zu muten war. Ich sah unter den Matratzen nach und fand die Lattenroste, in der Mitte mit einem Plastikgurt verbunden. Das Abdecken dieser Gurten mit einer doppelten Wolldecke war vergebens. Als diese Maßnahme nichts fruchtete, sahen wir uns im darunter liegenden Wohnzimmer um. Als wir den Flügel, der genau unter den Betten stand, mit einer Wolldecke abdeckten, fanden wir Strahlenfreiheit über den Betten.

Nun interessierte mich, ob die eingangs erwähnte Vase einen Einfluß auf das Strahlungsklima im Schlafzimmer ausübte.

Ich legte die Vase um. Das Schlafzimmer war wieder voll belastet. Es hatten sich alle Störfelder, einschließlich Radioaktivität, wieder aufgebaut.

Anfangs waren wir ratlos und konnten uns das nicht erklären. Daraufhin wurde uns mitgeteilt, daß im Keller seit längerer Zeit, Abschirmgeräte angebracht seien.

Ich ging mit der Hausfrau in den Keller und mußte drei Stück dieser „Abschirmgeräte", die aus Eternitkästchen, gefüllt mit Quecksilber und Graphit bestanden, weit außer Haus bringen.

Noch immer waren sämtliche Störfelder, aber in anderer Position mutbar. Auch die Radioaktivität blieb. IP wurde übel. Was war los? So etwas hatten wir noch nie erlebt.

Da fragte der Hausherr plötzlich seine Frau: „Hast du die anderen Abschirmgeräte, die auf Vorrat lagern, auch weggeschafft?" Abermals begab ich mich in den Keller; diesmal mit dem Hausherrn. Hier lagen etwa noch ein Dutzend solcher Geräte und erst als diese weit vom Haus entfernt abgelegt worden waren, war das Zimmer endlich rein.

Bei abermaliger Kontrolle trat auch keine Störung durch die Plastikgurten auf und der Flügel konnte abgedeckt und die Vase wieder aufgestellt werden. Die Vase hatte, wie ich es vermutete, keine Wirkung auf das schräg darüberliegende Schlafzimmer. Sie hatte aber zu den Abschirmgeräten eine Dipolwirkung.

Hätte ich die Vase versuchsweise nicht umlegen lassen, so wäre, beim Verstellen der Vase zu einem späteren Zeitpunkt, das Zimmer erneut bestrahlt gewesen, und unsere Arbeit würde angezweifelt werden.

Bei einem späteren Besuch stellte ich erneut eine Currykreuzung, Verwerfung und verstärkte Radioaktivität fest. Die Hausfrau berichtete, daß es ihr einige Tage nach unserem Besuch sehr gut ging. Die Rückenschmerzen verschwanden, traten aber einige Tage später erneut wieder auf.

Nach kurzem Suchen fand ich im angrenzenden Zimmer, auf einem Schrank hinter den Ehebetten, eine ca. 20 cm hohe Reflektorlampe, mit dem Gewinde nach oben. Diese wurde ein paar Tage nach unserer Tätigkeit, nach Austausch der Lampen durch den Hausbesorger, auf dem Schrank vergessen. Nach Entfernung dieser Lampe war das Schlafzimmer des Ehepaares wieder strahlenfrei.

Eines Tages rief uns die Hausfrau an und teilte uns folgendes mit:

Ihr Ehemann wollte eines Abends noch im Bett lesen und stellte dazu seine silberne Nachtlampe wieder auf das Nachtkästchen. Nach kaum 10 Minuten bekam die Dame ihre Wirbelsäulenschmerzen, an denen sie seit dem Freimachen nicht mehr gelitten hatte. Auf ihre Bitte entfernte der Gatte die Lampe, und schlagartig hörten die Schmerzen auf.

Ein anderes Mal wachte sie mit starken Schmerzen im Kniebereich auf. Derartige Schmerzen hatte sie noch nie gehabt. Sie fand die Hausschuhe ihres Mannes, die dicke Sohlen aus Kunststoff hatten, vor seinem Bett stehen. Sie stellte diese ins Vorzimmer und schlief hernach gut bis zum Morgen.

Erwähnenswert wäre noch, daß die erste Frau des Hausherrn an einem Wirbelsäulentumor starb.

## Fall Nr. 74 Was bringt ein Abschirmgerät?

Bei einem Treffen ehemaliger Schulkolleginnen, erzählte ich Frau K. von der neuen Möglichkeit, Abhilfe gegen Erdstrahlen zu schaffen. Auf ihre Bitte hin kamen wir zu ihr.

Im Haus der Familie K. fanden wir ein ca. 5 x 6 m großes Schlafzimmer vor. Über den Betten bündelten sich sämtliche Kreuzungen. Die Hausfrau litt seit Jahren an starken Kopf- und Nackenschmerzen. Das Wohlbefinden des Hausherrn war auch nicht das Beste. Die Familie hatte bereits mehrere Rutengänger konsultiert und so waren die Betten schon des öfteren umgestellt worden.

Wir begannen damit, Schmuck und kleine Gegenstände aus Kunststoff aus dem Nachtkästchen zu entnehmen. Der Spiegel wurde samt den darunter befindlichen Schubladen, die mit Metallgriffen versehen waren, mit einer Wolldecke verhängt. Ebenso wurde der Bleikristallüster und die Kristall-Nachtlampen abgedeckt. Genau über ihrem Bett ist ein Safe eingebaut. Aus diesem nahm sie Schmuck und Münzen heraus, und ich ließ dessen Stahlfront mit einem dicken Wollvlies verhängen. Aus den Einbauschränken wurden sämtliche Kunststoffbehälter, Elektrogeräte, Heizdecken etc. herausgenommen.

Trotz all dieser Maßnahmen bekamen wir eine Störzone über dem Bett des Hausherrn nicht weg.

In diesem Haus war ein Netzfreischalter montiert, der jedoch, wie ich feststellen konnte, nur die künstlich aufgebauten Wasserläufe eliminieren konnte, alle anderen Störzonen blieben trotz dieser Maßnahme bestehen.

Bei nochmaliger Nachschau im Kleiderschrank fand ich Bleihanteln, die mit Stoff überzogen waren und die ich deshalb übersehen hatte. Nach Entfernung dieser Hanteln war das Raumklima **unerträglich.**

Jetzt wurde uns mitgeteilt, daß im Keller ein batteriebetriebenes Abschirmgerät aufgestellt sei. Nach dessen Entfernen und Unterbringung außer Haus waren alle „Erdstrahlen" im Schlafraum verschwunden. Diese Hanteln hatten als Dipol zu diesen „Abschirmgeräten" gewirkt.

Unsere Methode wurde von den Hausinhabern mit Begeisterung aufgenommen.

Einige Tage später wurden wir erneut gerufen. Wir entfernten aus der Badewanne, die im Bad direkt an der Mauer hinter dem Bett der Hausfrau stand, eine aus dicken Kunststoffplatten bestehende Sprudelanlage, die bei unserem vorhergehenden Besuch an einem anderen Ort aufbewahrt war. Diese Kunststoffplatten hatten erneut Kreuzungen über den Betten aufgebaut, was nicht nur ihren Schlaf störte, sondern Schmerzen in den Oberarmen hervorrief. Zusätzlich traten Depressionen auf.

Drei Wochen darauf erfuhr ich, daß es ihr jetzt gut gehe. Es trete wohl am späten Nachmittag ein leichtes Ziehen in den Armen auf, das aber sofort verschwinde, sobald sie sich in ihr strahlenfreies Bett lege.

Einige Tage später war das Bett der Hausfrau erneut bestrahlt. Die Strahlen gingen von einer alten Pistole aus, die im Empfangssaal auf einer Truhe lag und deren Lauf genau auf ihr Bett gerichtet war. Die Entfernung zwischen Pistole und Bett betrug 7 Meter und dazwischen waren drei Zimmerwände. Die Auswirkungen äußerten sich durch starkes Brennen zwischen den Schulterblättern.

Früher lag die Pistole parallel zum Bett, war aber durch die Raumpflegerin in eine andere Lage gebracht worden. In der folgenden Nacht traten die Schmerzen schon nicht mehr auf.

Seit dieser Zeit achten die Eheleute besonders auf die Lage der Gegenstände im Raum.

Die Ursache der Störstrahlen, in dem soeben erwähnten Beispiel fand ich deshalb so schnell, da sich in meiner Wohnung ein ähnlich gelagerter Fall zugetragen hatte.

IP traf eines Nachts bei mir ein. Kaum, daß sie sich niedergelegt hatte, bekam sie Zustände, als befände sie sich in einem stark bestrahlten Raum. Dies äußerte sich durch fortwährendes Aufstoßen, Übelkeit und Bauchschmerzen. Da wir im gleichen Zimmer schliefen, stand ich auf und sah sogar im Garten des Nachbarn nach, ob vielleicht die Wäschespinne mit einem Arm auf unser Zimmer weise. Dies war nicht der Fall. Trotz anderer, verschiedener Maßnahmen trat keine Besserung ihres Zustandes ein. Erst gegen Morgengrauen fiel mir ein, daß seit zwei Tagen mehrere -zig Kilogramm Metall in meiner Wohnung lagern. Nun hielt es mich nicht länger im Bett, ich stand auf und suchte die Betten auf Strahlen ab und es war alles verstrahlt.

Dieses Metall lag ca. 8 Meter vom Schlafzimmer entfernt, und seine Strahlen durchdrangen vier Wände. Erst als dieses Metall im Keller untergebracht war, besserte sich IP's Zustand allmählich und wir konnten den Rest der Nacht in Ruhe verbringen.

## Fall Nr. 75 Spiegel strahlt durch die Wand

Bei Familie D. testete ich das Schlafzimmer. Nach Entfernung der beiden Nachttischlampen aus schwerem Metall, der Medikamente, Messer, Schlüssel, Geldbörsen mit

Kleingeld, Kunststoffsäckchen und einem Verlängerungskabel, mußte ich noch eine Couch, deren Polster stark strahlten, aus dem Zimmer tragen lassen.

Ein Bücherbord neben dem Bett des Hausherrn wirkte mit den Metallteilen und den in Paperback gebundenen Büchern störend auf sein Bett. Dies ließ ich vorerst mit einer Wolldecke abdecken, um die Auswirkungen über den Betten festzustellen. Trotz all dieser Maßnahmen blieb das Bett der Ehefrau bestrahlt.

An das Schlafzimmer grenzt das Arbeitszimmer des Hausherrn. In diesem steht ein zweitüriger Schrank, bei dem eine Tür mit einem Spiegel mit schräg geschliffenem Rand versehen ist. Dieser Spiegel war noch die Strahlenquelle über dem Bett der Hausfrau. Um den Schlafraum strahlenfrei zu halten, muß die Spiegeltüre über Nacht offen stehen bleiben.

Ich gehe so vor, daß ich gruppenweise die Gegenstände, die als „Sender" in Frage kommen können, aus dem Zimmer entferne, dann die Gegenstände einzeln ins Zimmer zurückbringe und bei jedem prüfe, ob er Strahlen aufbaut. Ist er bland, kann er im Zimmer verbleiben.

Die Hausfrau zeigte mir Kupferringe, die sie unter dem Kopfkissen liegen hatte und die zur Abschirmung von Strahlen dienen sollten. Diese bauten jedoch viele Strahlen im Bett auf. Auch brachte sie ein handtellergroßes Abschirmgerät zum Vorschein, das aus Kunststoff, gefüllt mit Edelsteinsplittern, hergestellt war. Als ich dieses Stück gezielt auf einen Platz am Schreibtisch legte, konnte ich, trotz vieler strahlenaufbauender Gegenstände in der näheren Umgebung, über dem Schreibtischstuhl des Hausherrn Strahlenfreiheit erzielen.

Durch dieses Abschirmgerät wurde jedoch das Bett der Hausfrau erneut bestrahlt.

In diesem Fall wurde vereinbart, diese Scheibe nur dann an dieser Stelle am Schreibtisch zu belassen, wenn der Hausherr am Schreibtisch seine Arbeiten verrichtet. Natürlich muß noch zusätzlich darauf geachtet werden, keine Veränderungen von Gegenständen im Raum vorzunehmen, sonst könnte dieses Gerät zusätzlich zum Störfaktor werden. Über Nacht ist es auf jeden Fall zu entfernen und im Bad abzulegen.

Wie vom Verkäufer empfohlen, sollte diese Scheibe im Bett untergebracht werden. Wie ich feststellte, baute sie im Bett viele Strahlen auf.

Unsere Empfehlung: Bei Abschirmgeräten ist Vorsicht geboten!

## Fall Nr. 76 BE Muschel — Vase aus Marmor

Eine Bekannte, die unter sehr starker Migräne litt, lud mich nach meinem Vortrag ein, ihr Bett zu untersuchen.

Vor meinem Eintreffen räumte sie bereits vieles aus. In ihrem Schlafzimmer verblieben noch eine Kunststoffdecke, einige Plastiktüten und eine große Meermuschel, die auf dem Nachttischchen lag und kräftig strahlte. All dies mußten wir aus dem Raum bringen.

Im Vorzimmer hing ein Spiegel. Ihm gegenüber hinter der Wand, steht das Bett der Hausfrau. Der Spiegel mußte in diesem Fall wieder abgenommen werden, da er durch die Wand störend auf das Bett einstrahlte. Siehe auch Fall Nr. 6.

Trotz allem verblieb noch verstärkte Radioaktivität im Raum. Die Radioaktivität wurde durch einen Reiher aus Holz, dessen Schnabel steil nach oben gerichtet war, hervorgerufen. Dies war vollkommen neu für mich, daß auch spitze Gegenstände aus Holz Radioaktivität hervorrufen können.

Frau Sch. befolgte auch noch die von mir gegebenen Anweisungen, die Stecker der Elektroanlagen im Wohnzimmer, bei Nichtbenützung herauszuziehen.

Bald darauf teilte sie mir erfreut schriftlich mit, daß sie ihre starke Migräne los sei. Sie verspüre zwar bei Föhneinfall einen leichten Druck im Kopf, der ihr aber keine besonderen Schwierigkeiten bereite. Früher konnte sie sich während der oft tagelang andauernden Migräneanfälle nur im verdunkelten Zimmer aufhalten.

Vor kurzer Zeit bat sie mich wieder zu sich. Es gehe ihr ganz gut, aber sie merke, daß etwas im Schlafzimmer nicht stimme, sie könne die Ursache nicht finden.

Um ihr Zimmer schöner zu gestalten, stellte sie sich eine schwere Vase aus Marmor mit Blumen in das Zimmer. Sie glaubte, wenn sie mit Wasser gefüllt sei, würde sie nicht strahlen. Sie war aber die Strahlungsursache, denn Marmor ist ein stark strahlendes Material.

## Fall Nr. 77 BE Ursache Stichmesser?

Ein Bekannter, Herr. Sch. in K. litt seit fast einem Jahr an starken Kopfschmerzen und Ohrensausen. Auch hatten er und seine Gattin ständig Beschwerden in der Bauchgegend.

Ich ließ verschiedene Gegenstände und den Spiegel aus dem Schlafzimmer bringen. Die Kopfschmerzen und das ständige Ohrensausen dürften, meiner Ansicht nach, durch ein Stichmesser in seinem Nachtkästchen, das mit der Spitze genau auf seinen Kopf gerichtet war, hervorgerufen worden sein. Das Messer lag drei Jahre an derselben Stelle.

Auch das Messer wurde entfernt und die Beschwerden im Kopfbereich verschwanden innerhalb von drei Tagen. Vorher wurde er ein halbes Jahr, trotz Ohrenoperation, ohne Erfolg behandelt.

Es sind inzwischen 17 Monate vergangen; der Erfolg hält bis heute an.

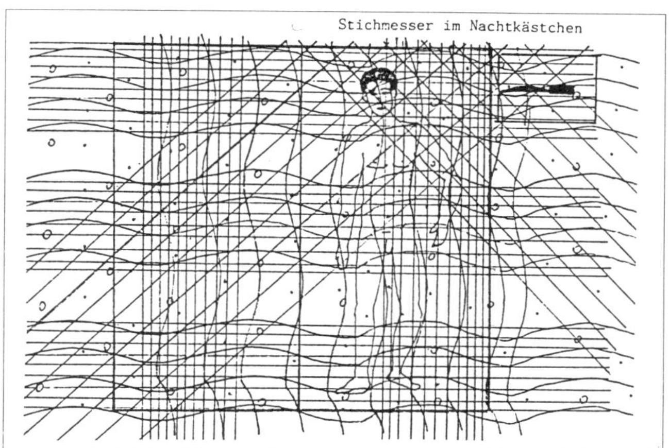


Nebenstehende Skizze zeigt den Strahlenaufbau vor „Ausräumung" des Schlafzimmers.

## Fall Nr. 78 Perlenkette — Kunststoffgardinen — Bleiband

Eine Dame bat uns um Hilfe. Sie wurde vor zwei Jahren an der Bauchspeicheldrüse operiert und litt seither an quälenden Schmerzen unter dem Rippenbogen. Sie war der Meinung, daß diese Schmerzen durch einen Operationsfehler verursacht wurden. Eine zweite Operation, bei der lediglich Vernarbungen entfernt wurden, brachte keine Besserung. Wir machten diese Dame darauf aufmerksam, daß ihr Leiden eventuell durch „Erdstrahlen" verursacht sein könnte.

Unter Opposition des Ehemannes entledigte sie sich vieler Gegenstände aus dem Schlafbereich, trotzdem fanden wir das Bett voll verstrahlt, einschließlich verstärkter Radioaktivität vor.

Die Betten hatten einen Überbau. In einem Fach über ihrem Kopf lag noch eine Perlenkette. Im oberen Verbau stand ein Styropor-Kopf für einen Hut, daneben lag ein neuer Damenkittel, noch in Folie verpackt, und zusammengerollte Kunststoffgardinen, wie heute üblich, samt Bleiband und Kunststoffhäkchen zum Aufhängen.

Nach Entfernung all dieser Gegenstände wiesen die Betten keine Strahlung mehr auf.

Als Tage später keine Schmerzen mehr auftraten, kam es ihr wie ein Wunder vor.

## Fall Nr. 79 IP Siliziumblock

Bei Herrn G. bestand der Verdacht auf eine Präcancerose. Seiner Frau wurde vor Jahren, auf Grund von Tuberkulose, ein Lungenflügel entfernt.

Als ich sie beide kennenlernte, war ihr Zustand sehr schlecht. Sie haben getrennte Schlafzimmer. In seinem Zimmer befanden sich Einbauschränke, in denen seine Bibliothek untergebracht war. Der meiste Teil seiner Bücher war mit Glanzumschlägen versehen, die, wie wir wissen, mit einer hauchdünnen Kunststoffolie beschichtet sind.

Die Bücher im Nahbereich seines Bettes ließ ich entfernen, den anderen Teil mit Wolldecken verhängen, somit hatte ich Strahlenfreiheit erzielt.

Da seine Zähne teilweise mit Goldkronen überzogen waren, bildete ich mit altem Zahngold ein Dipol.

Seit dieser Zeit schläft er hervorragend und fühlt sich wohl.

Im Zimmer seiner Frau stand das Telefon. Zur Verschönerung waren einige Puppen auf dem Schränkchen aufgestellt. Die starken Impulse, die ich vorher mit der Hand wahrnahm, wurden durch diese Gegenstände hervorgerufen. Wo die starke Radioaktivität, die ich im Raum verspürte, herkam, konnte ich mir nicht erklären, bis mich der Hausherr aufmerksam machte, daß auf Rat eines Rutengängers, im Garten ein Siliziumblock vergraben sei.

Der Hausherr und ich begaben uns in den großen Garten, um diesen Block auszugraben. Er hatte nur mehr eine ca. 20 $m^2$ große Fläche in Erinnerung, in der dieser liegen sollte, denn es war schon einige Zeit vergangen, seit er ihn vergraben hatte.

Mit der Hand fühlend, schritt ich diesen Teil des Gartens ab und fand gezielt die Stelle, an der dieses Stück in einer Tiefe von ca. 30 cm lag. Es bedurfte lediglich zweier Spatenstiche und das „gute Stück" kam wieder ans Tageslicht. Sein Ausmaß betrug in etwa 4 x 4 x 20 cm.

Der Hausherr war über meine Fühligkeit erstaunt und die Hausfrau über unsere rasche Rückkehr verwundert.

Dieser Block, der als Abschirmung gelten sollte, lag zwei Meter vom Haus entfernt in gerader Linie ihres Bettes. Er war für die starke Radioaktivität im Schlafzimmer, das im ersten Stock lag, verantwortlich.

## Fall Nr. 80 Fernseher — Schiffsschrauben Haarausfall — Parkinson

Das Schlafzimmer der Hausinhaber hatten wir verhältnismäßig rasch von Strahlen befreit. Es mußten die Nachtlampen aus Metall, mit geriffelten Schirmchen, abmontiert werden.

Ein Kreuz aus Messing wurde von der Wand genommen, da es über dem Bett der Hausfrau eine Strahlenbündelung verursachte.

Ich prüfte mit der Rute und mutete keine Strahlen mehr.

In der Zwischenzeit legte die Hausfrau das Kreuz im Nebenzimmer ab. Anschließend kontrollierte IP und fand das Bett des Hausherrn erneut bestrahlt vor.

Bei dieser Gelegenheit stießen wir auf die Tatsache, daß das Messingkreuz im Nebenzimmer, welches ca. 20 cm lang und 12 cm breit war und dessen Balkenhöhe 2 cm betrug, in liegender Position genau mit dem Längsbalken, durch die Wand und durch den Einbauschrank, das Bett bestrahlte.

Im Zimmer des Sohnes, das über der Garage lag, und das wie die Kajüte eines Schiffkapitäns ausgestattet war, konnten wir nichts verändern, da er dies, trotz Intervention der Mutter, nicht erlaubte.

An den Wänden der Schlafnische hingen Schiffsschrauben, Kompasse, Bussolen, eine Schiffslaterne und unmittelbar am Bettende stand der Fernseher. Außerdem standen im Zimmer mehrere 1 bis 2 m lange Schiffsmodelle.

Der etwa 30-jährige Sohn, reagierte auf unsere Feststellung, daß seine Liege sehr verstrahlt sei, nur mit Lachen. IP erklärte ihm, daß, wenn er weiterhin in diesem Strahlensalat schlafe, er mit büschelweisem Haarausfall rechnen müsse. Sein Lachen verging augenblicklich. Er verließ sofort den Raum mit der Ausrede: Er müsse zum Dienst.

Seine Mutter bestätigte uns anschließend, daß ihm seine Haare tatsächlich büschelweise ausfallen und er aus diesem Grunde immer wieder Ärzte konsultiere.

Vor dem Abschied, an der Gartenpforte, erklärte IP seiner Mutter, einer inneren Eingebung folgend, daß ihm auch der Parkinson drohe. Die Mutter war sprachlos und sagte überrascht zu uns beiden: „Ja, mein Gott, wir laufen schon von Arzt zu Arzt, denn seine Hände zittern und ich vermute schon seit längerer Zeit, daß er bereits von diesem Leiden befallen ist. Die Ärzte bestätigen es aber noch nicht."

Er hat eine Leidenschaft für Schiffe, und arbeitet bei einer Fluggesellschaft.

## Fall Nr. 81 IP Lattenrost mit Motor

Anläßlich eines Besuches bei Freunden lernte ich eine junge Frau kennen. Sie klagte, daß sie unter starker Schlaflosigkeit und starken Wirbelsäulenschmerzen leide.

Als ich ihr einen Besuch abstattete, hatte sie bereits mehr als 1000 Bücher von den Regalen aus ihrem Schlafzimmer entnommen. Ich untersuchte die Betten. Über ihrem Bett war eine äußerst starke Strahlung spürbar. Sie erklärte mir, daß sie einen verstellbaren Lattenrost, der mit einem Motor angetrieben wird, in ihrem Bett habe. Dieser Motor ist ca. 0,60 m lang und 0,15 x 0,15 m breit und am Lattenrost direkt im Bereich ihrer Wirbelsäule angebracht. Eigentlich sollte dieser moderne Lattenrost zur Entlastung ihrer Wirbelsäule beitragen. Das Gegenteil war der Fall. Ihre Schmerzen wurden immer schlimmer.

Die Schmerzen und die Schlaflosigkeit verschwanden zur Gänze, als der Lattenrost mit Motor, die Bücher mit glänzenden Umschlägen und die Messingleuchten über den Betten entfernt waren.

Strahlen, die durch ihre Goldkronen aufgebaut wurden, konnte ich, durch Unterbringung von zwei Golddukaten im Bett, ausgleichen.

All diese Maßnahmen hatten zur Folge, daß die Dame nach langer Zeit wieder das Gefühl hatte, vollkommen ausgeruht und entspannt aufzustehen.

## Fall Nr. 82 Jalousien

In D. bei Familie J. konnte ich erst nach langem Suchen die Quelle für den Strahlenaufbau im Schlafzimmer finden. Die Jalousie war in der Mauer angebracht, daher vom Schlafzimmer aus nicht zu sehen. Erst als der Hausherr den Raum mit herabgelassener Jalousie muten wollte — er ist selbst strahlenfühlig — stellte sich die Ursache für den Strahlenaufbau heraus. Im zusammengerollten Zustand war, durch die Dichte des Metalls der Jalousie, die Strahlung intensiv.

Die Ausstrahlung wurde durch eine unmittelbar unter der Zimmerdecke angebrachte Wolldecke, die wir herunterhängen ließen, gemildert. Durch diese Maßnahme konnten wir die Strahlenfreiheit über den Betten erreichen.

Die bereits zuvor abgenommenen, gedrehten, schmiedeeisernen Vorhangstangen, mit abgerundeten Enden, konnten wieder verwendet werden, da die Ausstrahlung in waagrechter Position nicht bis zu den Betten reichte.

Das Bleiband der Gardinen mußte entfernt werden.

— Die Lamellen der Jalousetten sollten während der Nacht immer senkrecht oder in Schräglage stehen, da sie waagrecht gestellt, sämtliche Strahlenarten ins Zimmer werfen. —

## Fall Nr. 83 Falsche Rutenergebnisse durch Herzschrittmacher in Verbindung mit anderen Metallen?

Eine Leserin unseres Buches, Frau H.B., die selbst sehr rutenfühlig ist, berichtete mir, daß sie ihre Brille in eine Papierserviette einwickle und auf ihr Nachtkästchen lege. Auf diese Weise würde ihr Schlafplatz nicht durch die Brille beeinflußt.

Daraufhin setzte ich mich mit Frau H.B. in Verbindung und ersuchte sie, mir bei Gelegenheit einen Besuch abzustatten. Sie folgte meiner Einladung, und bei diesem Zusammentreffen führten wir in meinem Schlafzimmer, über meinem Bett, verschiedene Versuche durch. Wir kamen beide zu abweichenden Rutenergebnissen, obwohl wir die Versuche einige Male unter denselben Bedingungen wiederholten. Wir fanden dieselben Strahlen auf, aber nicht am selben Platz, sondern mit ca. 20 cm Abweichung.

Frau H.B. arbeitete dabei mit verschiedenen Ruten, meist mit der Lecherrute. Momentan konnten wir uns diese Differenz nicht erklären. Obwohl der glatte Ehering in der Regel keine Störungsursache ist, bat ich sie doch, diesen abzulegen. Nun hatten wir in allen Mutungen Übereinstimmung. Dafür funktionierte der Versuch mit der eingewikkelten Brille nicht mehr; es besteht also vermutlich eine Dipolwirkung, Brille — Ehering. Sie teilte mir noch mit, daß sie seit einem Jahr mit einem Herzschrittmacher leben müsse. Den Herzschrittmacher kann man nicht entfernen, sodaß man ihn nicht für ein Experiment nutzen kann. Sicherlich hat er eine Strahlenwirkung auf den Körper, vielleicht auch auf die Rute. Aber wie könnte man diese nachweisen.

## Fall Nr. 84 — Kann man eventuell eine Alu-Jalousie abschirmen?

Von Familie K. in K. wurden wir eingeladen, das Schlafzimmer auf Erdstrahlen zu untersuchen. Frau H.B., die zu dieser Zeit bei mir war, wollte dabei zusehen.

Als wir den Test mit heruntergelassenen Jalousien durchführten, bekamen wir beide, trotz unserer leichten Kleidung und der frühen Abendstunde, einen Schweißausbruch; Frau B. bekam zusätzlich Atemnot und mußte den Raum verlassen.

Ich hatte den Einfall, ein größeres Gefäß verkehrt in die Mitte des Fensterbrettes aufzustellen, um so ein Dipol zu den Jalousien herzustellen, mit dem ich auch Erfolg hatte.

## Fall Nr. 85 — Konzentriertes Lagern von strahlenden Gegenständen

Frau A. erfuhr aus unserem Buch, daß wir das Umstellen der Betten nicht für nötig halten. Sie litt seit Jahren unter enormer Schlaflosigkeit, und wir waren ihre letzte Hoffnung, weil sie schon viele Rutengänger vergeblich konsultiert hatte und schon viel Geld für teure Abschirmgeräte ausgegeben hatte.

Das Schlafzimmer hatte ein Ausmaß von 6 x 4,30 Metern. Die Ehebetten standen mit der Stirnfront an der 4,30 m langen Mauer. Dahinter befand sich das Gästezimmer.

Hinter der Seitenwand rechts vom Bett der Hausfrau, befand sich das Wirtschaftszimmer. In diesem Raum, an der Wand zum Schlafzimmer, stand ein Schrank mit Medikamenten und Reinigungsmitteln, viele Spraydosen und einige Eimer. Dies alles mußten wir herausnehmen und an einer anderen Stelle unterbringen. Die Eimer stellten wir auch an der neuen Stelle mit der Öffnung nach unten.

An diesen Arbeitsraum grenzt das Bügelzimmer an.

Im Schlafzimmer, gegenüber den Ehebetten, war ein, die ganze Wand einnehmender, Einbauschrank. Rechts neben dem Eingang stand eine Frisierkommode mit einem großen, runden Spiegel. In den Schubfächern waren drei Laden mit Schmuck. In einer war echter Schmuck, in den beiden anderen war Modeschmuck. Neben dem Spiegel hingen zwei tibetanische Bilder und eine Mondkarte aus Hartplastik.

Elektrogeräte, Metallgegenstände und Gegenstände aus Kunststoff wurden aus den Schränken entfernt. Der Schmuck wurde in zwei, weit voneinanderliegenden Räumen, abgestellt. Der Spiegel, die Bilder und die Mondkarte wurde abgenommen.

An der Längsseite des Bettes des Hausherrn war die Außenwand. Diese hatte zwei große Fenster. An der Wand, zwischen beiden Fenstern, hing ein großer, geschliffener Spiegel, daneben ein Bleikristalleuchter. Die Deckenlampe war aus demselben Material. Beide Lampen und den Spiegel deckten wir, bis man sie abnehmen konnte, mit einer Wolldecke ab.

Aus den beiden Nachtkästchen wurden verschiedene Kleinigkeiten entnommen. Die Porzellannachttischlampen mit Drahtschirmchen wurden im Vorzimmer abgestellt.

Unter den Kopfkissen beider Betten lag jeweils ein Kupferring. Als wir diese Gegenstände verräumt hatten, war die Strahlenfreiheit hergestellt.

Die Ausstrahlungskraft der tibetanischen Bilder erreichte, auch im Gästezimmer aufgehängt, die Ehebetten im Schlafraum. Wir mußten sie wieder abnehmen.

Die darauffolgende Nacht konnte die Hausfrau durchschlafen. Ihr Ehemann hatte zu schnarchen aufgehört.

Nach 14 Tagen bekamen wir den Anruf, daß der alte Zustand wieder eingetreten sei.

Als wir nach ein paar Wochen Nachschau hielten, waren die beiden Leuchten bereits abmontiert. Im Arbeitszimmerschrank hingen nun Kleider. Einige Kleiderbügel mußten wir umdrehen, damit ihre Hakenenden nicht in Richtung der Betten wiesen.

Im Schlafzimmer war noch keine neue Deckenlampe aufgehängt. Die Birne war nur in der Fassung eingeschraubt. Mir wurde zum Testen eine schalenförmige Jugendstilleuchte, mit gewölbtem Glas und einer breiten Messingumrandung, übergeben. Ich ließ diese an die Decke hochheben und konnte feststellen, daß durch diese keine Strahlen aufgebaut wurden. Beide Betten waren strahlenfrei.

Hier möchte ich kurz erwähnen, daß Sie ein falsches Rutenergebnis erzielen können, wenn eine Person die Arme und die Finger hochgestreckt hält. Lassen Sie in einer solchen Situation immer eine Staffelei aus Holz verwenden.

Als wir schon beim Verlassen des oberen Stockwerkes waren, stellte die Hausfrau an uns die Frage: „Kann ich jetzt doch wieder meinen Schmuck im Schlafzimmer lassen?" Im derzeitigen Zustand hatte der Schmuck, wie ich feststellen konnte, im Schlafzimmer keinen Einfluß auf die Ehebetten, auch dann nicht, wenn die Deckenleuchte angebracht worden wäre. — Im selben Moment erklärte sie mir, daß sie während der Nacht den Schmuck im Nebenzimmer abstelle.

Ich ließ den Schmuck auf den von der Hausfrau gewählten Platz bringen. Sie stellte alle drei Schubfächer übereinander im Bügelzimmer ab. (Von mir wurden sie früher an zwei voneinander unabhängigen Orten untergebracht.) Ich mußte feststellen, daß durch diese Maßnahme die Betten erneut bestrahlt wurden.

Die Laden wurden wieder in die Frisierkommode geschoben, und ich forschte, warum der Schmuck, ohne Auswirkungen auf die Betten, im Zimmer verbleiben konnte. Die Nachschau ergab, daß sich eine 20 kg schwere Stahlkassette im Bügelzimmer unter dem Tisch befand. Die Kassette war von der Hausfrau vorgesehen worden, um den Schmuck aus dem Schlafzimmer aufzunehmen.

Diese Kassette wirkte zum Schmuck im Schlafzimmer wieder als Dipol. Nach unserer Heimfahrt hätte Frau A. die Kassette wieder an einem anderen Ort verwahrt und hätte so die Schwingungslage aus dem Gleichgewicht gebracht und die Schlafschwierigkeiten wären wieder aufgetreten.

So ließ ich die Stahlkassette anderswo verwahren und den Schmuck in ein anderes Zimmer bringen.

Endlich hatte ich über den Betten wieder Strahlenharmonie erzielt, da stellte mich die Hausfrau vor die Tatsache, daß im Keller ein Abschirmgerät, aus lauter Magneten zusammengesetzt, stehe.

Wieder testete ich nach Entfernung des Gerätes den Schlafplatz, der für einen erholsamen Schlaf nicht mehr geeignet war. Die vorgesehene Jugendstillampe bestrahlte daraufhin durch die Messingumrandung wieder die Betten, sodaß sie nicht fix an der Decke angebracht werden konnte.

Um den Schmuck doch im Sicherheitsschränkchen im Schlafzimmer belassen zu können, postierte ich im Bügelzimmer eine bereits dort vorhandene Stehlampe aus Stahl mit zwei Strahlern an einem ausgeruteten Platz. Schmuck und Lampe hoben in diesem Fall die Schwingungen gegenseitig auf. Sie bildeten ein Dipol.

Da noch keine Deckenleuchte angebracht und nur eine Birne in der Fassung eingeschraubt war, so strahlte nun die Fassung auf die Betten. In diesem Fall mußte, bis zur Anbringung einer geeigneten Leuchte, der Telefonauslaß hinter dem Nachtkästchen des Hausherrn mit einer Wolldecke abgedeckt werden. Das Telefon wurde schon seit längerem nicht mehr im Schlafzimmer verwendet.

Die Hausfrau baute allein in ihrem Bett liegend durch ihre Zahnplomben Strahlen auf, die ich aber durch ihren Ehering, den ich am Nachtkästchen gezielt ablegte, neutralisieren konnte. Wenn sich der Hausherr ins Bett legte, bestrahlte er sich und seine Ehefrau, sodaß ich zum Schutz beider, auch den Ehering des Hausherrn auf sein Nachtkästchen legen mußte. Wenn dieser auswärts schläft, darf sein Ring dort nicht liegen bleiben.

Anderntags verständigte uns die Hausfrau, daß ihr Mann sie um 5 Uhr früh durch kräftiges Rütteln aufweckte, aus Angst, daß ihr etwas zugestoßen sei, weil er gar nichts von ihr hörte. Sie aber mußte nicht wie sonst, in der Nacht aufstehen, sondern hatte tief und ruhig durchgeschlafen und fühlte sich am Morgen frisch und erholt.

Eine schriftliche Mitteilung nach drei Monaten lautete: „Jetzt schlafe ich gut. Wenn mein Mann geräuschvoll schläft, suche ich nach einem falsch plazierten Gegenstand. Wenn ich diesen entferne, ist augenblicklich Stille."

## Fall Nr. 86 Bronzefiguren

Wir wurden in das Haus der Familie W. in O. gebracht, in dem der dreijährige Sohn Schlafschwierigkeiten hatte. Dieser war ein Siebenmonatkind und hatte schon als Säugling Probleme mit dem Herzen.

Über dem Bett hing ein großes Ölbild, seitlich ein kleineres. Beide mußten wegen der Farbabstrahlung abgenommen werden. Im Kästchen neben dem Bett hatte die Familie sämtliche im Haushalt befindlichen Medikamente und Salben untergebracht. Im unteren Teil wurden eine große Menge von Musikkassetten verwahrt. All dies mußte aus dem Zimmer gebracht werden.

Im angrenzenden Schlafzimmer der Eltern stand neben dem Bett des Vaters ein niedriges Kästchen, auf dem ein zirka ein Meter langer Akt aus Bronze lag. Auf einer Ablage, hinter dem Kopfteil der Ehebetten, standen auch Bronzefiguren und zwei Lampen mit ca. 1 kg schweren Bleiständern und mehrere Bücher in Paperback gebunden.

All dies mußten wir entfernen. Den Rest der Strahlung verursachte noch ein Bleiband in den Vorhängen.

Schließlich wurden wir noch in das Arbeitszimmer des Hausherrn geführt. Hier standen, bedingt durch seinen Beruf, zahlreiche Unikate aus Bronze. Die Schreibtischlampen hatte einen schweren Standfuß. Die Papierkörbe waren aus schwarzem Hartkunststoff.

Der Hausherr berichtete uns, daß er immer wieder versuche, sich nach dem Essen auf der Couch im Arbeitszimmer zu erholen. Dies wäre jedoch unmöglich, denn er fühle sich nach einiger Zeit wie betäubt, und er wäre müder als vorher.

Die Liege wurde durch die vielen Bronzeskulpturen sehr nachteilig bestrahlt. Da der Hausherr sich von diesen Plastiken nicht trennen wollte, weil dieser Raum auch als Schauraum diente, entschloß ich mich, die Ruhestätte mittels eines vorhandenen, großen Papierkorbes abzuschirmen. Dadurch bildete ich ein Dipol zu den vielen strahlenden Gegenständen. (Siehe Seite 118.)

## Fall Nr. 87 Offene Wohnraumgestaltung

Bei Familie Sch. in B. hatten wir große Probleme, die offene Halle in der 2. Etage, in der die Hausfrau schlief, von Strahlen zu befreien. Die Dame hatte Schwierigkeiten mit den Nerven.

Das Erdgeschoß wird als Büro genützt. Von hier aus ist der erste und zweite Stock mittels einer schmiedeeisernen Wendeltreppe zugänglich und vom Wohnraum im 1. Stock nicht abgetrennt. Der 2. Stock besteht nur aus ca. 20 m$^2$ und liegt über dem Eßplatz in der 1. Etage. Die Schlaf- und Wirtschaftsräume sind durch Zwischenwände vom ca. 100 m$^2$ großen Wohnzimmer getrennt. Die Dachschräge dient dem ganzen Haus als Decke.

An der Giebelwand des zweiten Stockes hing ein großes Ölbild, das wir abnahmen. Das in diesem Stockwerk als Abgrenzung dienende schmiedeeiserne Geländer mußten wir mit Wolldecken abdecken und die Spotlampen so drehen, daß sie nicht das Bett direkt bestrahlten. In diesem Fall stellten wir das Bett etwas abseits der Steckdose und in O/W-Lage.

Mit Hilfe von Frau Sch., die auf die feinsten Störeinflüsse körperlich reagierte und sich auf das Bett gelegt hatte, konnten wir die Schlafstelle nach einiger Zeit für strahlenfrei erklären.

Die Hausfrau hatte die nächste Zeit einen guten, erholsamen Schlaf und konnte sich sichtlich erholen. Dies hielt so lange an, bis wir wieder gerufen wurden, das Zimmer der Tochter auf Strahlen zu untersuchen.

Wir entfernten aus dem Mädchenzimmer mehrere Gegenstände und stellten diese ins große Wohnzimmer. Als auch dieses strahlenfrei war, bat uns die Hausfrau, kurz noch ihr Bett zu überprüfen.

Obwohl wir in der obersten Etage nichts verändert hatten, waren wieder über dem Bett sämtliche Strahlen zu muten.

Wir begannen jetzt alle Gegenstände aus dem Zimmer der Tochter, die im Wohnzimmer lagen, zu verräumen. Dabei geschah es auch, daß wir Gegenstände verstellten, die vorher an einem anderen Ort standen und dort, ohne daß wir es ahnen konnten, als Dipol zum Bett im 2. Stock gedient hatten. Dabei stellte sich auch heraus, daß sogar ein kleiner Kaktus mit seinen vielen Stacheln im oberen Geschoß seine Wirkung hatte.

Daraufhin inspizierten wir die zwei Schlafzimmer in der ersten Etage. In diesen befand sich jeweils ein Kleiderständer mit verchromten Rohren, mit nach oben gerichteten Enden. Erst als wir diese Kleiderständer in Schräglage brachten, wurde es für die Hausfrau einigermaßen erträglich.

Wegen der Tatsache, daß sich durch die offene Wohnraumgestaltung der Strahlenaufbau über dem Bett im 2. Stock immer wieder ändert, entschloß sich die Hausfrau, wieder in ihr früheres Schlafzimmer zu ziehen.

Dort waren bereits die Spiegelschranktüren abmontiert, und befanden sich zwecks Neubeschichtung mit Naturholz beim Tischler. So testeten wir ohne Türen und deckten die Kleiderbügel inzwischen mit Wolldecken ab. Wir stellten fest, daß die Außenwände des Zimmers an der Raumseite mit Styropor isoliert waren. Dies bewirkte, daß der Zentralheizungsradiator — ausnahmsweise — eine negative Ausstrahlung auf das Bett hatte.

Den Heizkörper deckten wir mit einer Wolldecke ab. Vorher hatten wir schon die Heizkörperverkleidung aus Metall abgenommen. (Auch solche aus Kunststoff strahlen.)

Wir mußten erfahren, daß Stromauslässe im Zusammenhang mit Styropor weit ausstrahlen, deshalb deckten wir diese ab. Ein Spiegel, an der Seitenwand eines Schrankes, strahlte mit der Kante auf das Bett. Deshalb mußte über die Kante Filz geklebt werden. Den Kurbelstab der Jalousie legten wir auf das leicht gekippte Fenster.

Bei einem späteren Besuch kontrollierten wir, nach Montage der Schranktüren, die Schlafstelle der Hausfrau nach. Die Hausfrau hatte in letzter Zeit an Kopfschmerzen zu leiden. Wieder waren im Schrank zwei Kunststofftüten mit Inhalt. Das früher nicht vorhandene Nachtkästchen hatte sie so abgestellt, daß dies mit der Kante auf ihr Bett wies. Obwohl dieses aus Holz gefertigt war, bestrahlte diese Kante den ganzen Kopfbereich des Bettes. Als wir dieses Nachtkästchen parallel zum Bett stellten, entstand ein Störfaktor durch einen metallenen Schubfachknopf. Wir mußten es querstellen.

## Fall Nr. 88 Kupferblech auf Nachbars Dach bringt Strahlendisharmonie in das Schlafzimmer

Bei Familie H. in U. wurde schon vor längerer Zeit Strahlenfreiheit in ihrem Schlafzimmer erzielt. Die Schlafschwierigkeiten der Hausfrau verschwanden zur Gänze und das geräuschvolle Schlafen des Ehemannes war beendet, bis der Nachbar in ca. 9 m Entfernung sein Vordach mit einer Kupferblende einfaßte und die Hauswand mit Eternit vertäfeln ließ. Von diesem Zeitpunkt an war die früher hergestellte Harmonie des Schlafzimmers gestört.

In diesem Fall strahlten sogar die seit vielen Jahren verwendeten Lamadecken mit ihren drei Zentimeter langen Haaren.

Daß dies vorkommt, berichtete mir auch ein anderer Rutengänger, der mit Hilfe von Elektrodenanschlüssen, diese Strahlen eliminieren konnte und dadurch die Decken wieder verwendbar machte.

Ebenso wurde eine bis dahin nicht in Erscheinung getretene Kunststoffabdeckung eines Stromauslasses über dem Bett der Hausfrau, zum weitreichenden Störfaktor. Dadurch wurde die Schilddrüse von Frau H. nachteilig beeinflußt. Wir konnten die Strahlenfreiheit über den Betten nur dadurch erzielen, indem wir die Holzjalousetten etwa zur Hälfte herabließen und den Stromauslaß an der Decke mit Wollvlies abdeckten.

## Fall Nr. 89 Wie kann sich eine Abschirmdecke auswirken?

Frau B. in G. hatte schon mehrere Rutengänger in ihrem Haus und versuchte, nach Lektüre unseres Buches, den Strahlenaufbau im Schlafzimmer selbst zu beheben. Sie konnte aber, trotz ihrer Maßnahmen, wegen ständig kalter Füße nicht einschlafen. Auch hatte sie das Gefühl, als herrsche in ihrem Bett ständige Zugluft.

Im Badezimmer, das an das Schlafzimmer angrenzt, mußte ich verschiedene Behälter nach unter drehen, einen Spiegel im Vorzimmer abnehmen und anders plazieren, sodaß er nicht mehr mit der Spiegelseite auf das Schlafzimmer zeigte.

Im geräumigen Wohnzimmer befand sich ein großer, die ganze Wand füllender Schrank, mit Bar, Spiegel und vielen Gegenständen, die normalerweise immer Strahlen durch die Wand hindurch aussenden. In diesem Fall kam keine Strahlung durch die Wand. Als ich den Schrankinhalt noch einmal besichtigte, entdeckte ich eine Taschenlampe mit drei Batterien. Als ich diese aus dem Schrank nahm, kam die Ausstrahlung des Spiegels der Bar und des Inhalts des Schrankes im Schlafzimmer voll zur Wirkung. Ich empfahl Frau B. die Taschenlampe an genau dieser Stelle zu belassen. Sollte sie diese entfernen, so müßte im Schlafzimmer, an die Wand zum Wohnzimmer, ein Wollteppich angebracht werden.

Letztlich gingen noch geringe Strahlen von ihrem kunststoffbeschichteten Bettgestell aus, was sich aber durch Abdecken mit einer Wolldecke beheben ließ.

Zum Schluß berichtete uns Frau B., daß sie vor Kauf unseres Buches noch eine Abschirmdecke im Bett hatte. Sie bestand aus einer Art Silberfolie in durchsichtiger Plastikhülle. Frau B. legte sie zum Testen in ihr Bett und deckte sie mit dem Federbett ab. Als sie die Decke wieder entfernte, strahlte das Bett weiter. Es stellte sich heraus, daß die Abschirmdecke das Federbett aufgeladen hatte.

Als wir Frau B. im Bett liegend testeten, hatte sich auch deren Wollstrumpfhose, die mit der Abschirmdecke in Berührung kam, aufgeladen. Nachdem sie die Strumpfhose ausgezogen hatte, war alles wieder einwandfrei.

Frau B. ließ das Federbett reinigen, besorgte sich ein neues Bettgestellt und konnte seither, ohne kalte Füße und ohne das Gefühl von Zugluft im Bett, schlafen.

## Fall Nr. 90 Ist der Verkauf eines Hauses bei Vorkommen von „Erdstrahlen" tatsächlich notwendig?

Familie B in H. befaßte sich schon ernstlich mit dem Gedanken, ihr wunderschönes Haus zu verkaufen.

Das Ehepaar schlief schon seit einigen Monaten im Wohnzimmer, weil ihnen schon fünf Rutengänger von der Benützung des Schlafzimmers abgeraten hatten. Aber auch in diesem Zimmer besserten sich ihre Schlaflosigkeit und ihr körperliches Mißbehagen nicht.

Aus dem Schlafzimmer entfernten wir Blumentöpfe, Bilder aus Keramik und Bilder in Metallrahmen. Die Wände waren an der Innenseite mit Styropor verkleidet und mit einer Grastapete tapeziert. Da die Ionenzirkulation bei einer glatten Wand besser funktioniert, empfahlen wir, eine glatte Tapete zu verwenden. Familie B. ließ nach unserem Besuch eine Holzvertäfelung anbringen, die dem Raum auch eine wohlige Wärme verlieh.

Die Kleider waren in einem Umkleideraum untergebracht. Dieser Raum war mit einem offenen Durchgang mit dem Schlafzimmer verbunden. An der linken Seite, zu den Betten weisend, stand ein offener Regalschrank. In den Fächern waren einige Nippsachen und Elfenbeinfiguren. Der unterste Teil dieses Regals war mit einer Klapptüre versehen, hinter der der Wäscheschlucker verborgen war. Die meisten Ziergegenstände mußten aus dem Regal entnommen werden.

Ans Schlafzimmer grenzend befand sich die Sauna. Die Aufgußsteine waren echte Lavasteine. Als Gegenpol zu diesen Steinen stand im Wohnzimmer, auf der anderen Seite des Schlafzimmers, eine alte, gußeiserne Nähmaschine und eine Wanduhr mit schweren Gewichten.

Als die größte Störursache im Schlafzimmer entpuppte sich der Wäscheschlucker. Das Material ist dabei unwichtig. Ausschlaggebend ist der langgezogene Hohlkörper. Nach Abdecken mit zwei Keilpolstern konnte der Strahlenaufbau behoben werden.

Der fünfjährige Junge, der mit seiner Schwester im ersten Stock schlief, wanderte jede Nacht zu seiner Mutter in das Wohn-Schlafzimmer. Sein Zimmer war verhältnismäßig rasch von Strahlen befreit. Da er einen eigenen Spielraum hatte, mußten nur einige Spielsachen aus Metall und Plastik sowie Kinderbücher in Paperback, in dem vom Bett am weitest entfernten Teil des Schrankes aufbewahrt werden. Über seinem Bett hing das Poster eines Clowns. Die vorherrschende Farbe auf diesem war Pink. Die Farbe allein baute noch viele „Erdstrahlen" über dem Bett des Kindes auf. Pinkfarben auf dem Papier oder in den Kleidern können weit strahlen; pflanzengetönte Pinktöne in den Kleidern stören nicht.

Die Eltern verbrachten noch dieselbe Nacht in ihrem Schlafzimmer. Sie konnten die ganze Nacht ohne Beschwerden durchschlafen. Auch der Junge erstattete ihnen keinen nächtlichen Besuch mehr.

Bei einem Besuch, nach Monaten, klagte Frau B., daß sie seit ca. zwei Monaten starke Asthmabeschwerden habe. Der Ehemann bekam eine Entzündung im Bereich der Stirnhöhle und Nase nicht mehr los, und hatte während der Nacht immer kalte Füße. Die Kontrolle ergab, daß sämtliche Strahlen im Bereich der Kopfkissen beider Eltern vorhanden waren, und ein Wasserlauf sich über das ganze Bett des Hausherrn erstreckte. Einige Zeit nach unserem letzten Besuch wurden die Keilkissen über dem Wäscheschlucker durch ein eigens hiezu angefertigtes Brett ersetzt. Dies reichte allein nicht aus, um die sich über diesen Hohlkörper aufbauenden Strahlen abzuhalten. Eine zusätzlich, mehrfach zusammengelegte Wolldecke darübergelegt, brachte erst die volle Wirkung.

Im Zimmer des Jungen stand ein Holzschiffchen mit einem ca. 20 cm hohen Mast, ebenfalls aus Holz, der über dem Kopfbereich des Bettchens sämtliche „Erdstrahlen" aufbaute, obwohl dieses drei Meter entfernt stand. Umgelegt hatte es zur Folge, daß der Junge, der inzwischen seine nächtliche Wandertätigkeit wieder aufgenommen hatte, schon die erste Nacht ungestört in seinem Bett verbrachte.

## Fall Nr. 91 Goldplomben — Dipolwirkung

Frau W. aus BH. teilte mir mit, daß sie trotz Entfernung aller störender Gegenstände aus dem Schlafzimmer, immer noch das Wohnzimmer zum Schlafen vorziehe. Dieses war mit Holz vertäfelt, aber es waren darin viele Gegenstände, die störend auf die Couch wirkten. Hinter dem Kopfbereich der Couch hing eine Uhr mit Metallgewichten. In der Nähe des Fußbereichs stand ein Stereoturm.

Als sich Frau W. auf die Couch legte, konnte ich im ganzen Couchbereich keine „Erdstrahlen" mehr muten. Im strahlenfreien Schlafzimmer trat der gegenteilige Effekt auf.

## Fall Nr. 92 Hausgemachter Strahlensalat!

In M. bat uns Frau K., ihr bei der Entstörung ihres Schlafzimmers behilflich zu sein.

Bei Besichtigung der Wohnung war es uns unmöglich, auch nur einen kleinen Platz für einen gesunden Schlaf zu finden. Die Frau betrieb früher ein Handarbeitsgeschäft und nahm nach Schließung desselben, die gesamte Ware in die Wohnung mit. Die Wolle und alle anderen Artikel waren in Kunststoffolie verpackt. Die Menge war so groß, daß sämtliche Räume bis zur Decke mit Ware angefüllt waren. Diese Reserve sollte ihr zur Aufbesserung ihrer kleinen Rente dienen.

Im Schlafraum stand nebst vielen anderen Gegenständen noch ein Fernseher, ein Spinnrad und ein Nagelbrett, das zum Vorbereiten der Naturwolle, damit sie spinngerecht wird, dient. Ich versuchte ihr zu erklären, wie sie durch Aufstellen eines 5 Liter Einsiedeglases Strahlenfreiheit über ihrem Bette erreichen könne, was ihr auch gelang. (Siehe Seite 118.)

## Fall Nr. 93 Kaktus als Störfaktor

Bei einer Familie in H. fanden wir ein sehr großes, schönes, aber verstrahltes Schlafzimmer vor. Der Weg in das Schlafzimmer führte an einem Umkleideraum vorbei. Durch die weite Entfernung zwischen Schränken und Betten mußten wir aus diesem Umkleideraum nichts entfernen. Im Schlafzimmer nahmen wir einen Kristallspiegel, in Form eines Gottesauges, ab. Es war noch ein großer, bis an die Decke reichender Kaktus, ein Wecker, verschiedene Nippgegenstände und Schmuckstücke darin. All diese Gegenstände mußten aus dem Zimmer gebracht werden.

Hinter den Betten hatte die Wand eine leichte Schräge und war mit Styropor isoliert. Diese Wand strahlte ca. 30 cm auf den Kopfbereich der Betten aus. Wir rieten, diesen Teil der Mauer vorübergehend mit einer Wolldecke abzudecken und später einen Verbau anfertigen zu lassen, damit die Betten nicht direkt an der Wand stehen.

Im Kinderzimmer stellten wir die Spielsachen an der entgegengesetzten Seite des Bettes ab, und rieten, nicht alles geballt an einer einzigen Stelle, sondern verteilt, abzustellen. Auf diese Weise konnte eine ruhige Schlafstelle für den Jungen geschaffen werden.

Bei einem weiteren Besuch stellte sich heraus, daß die Hausfrau noch immer nicht so gut schlafen konnte, wie sie es sich erwartet hatte. Die Ursache war wieder der Wecker neben ihrem Bett und die Wandschräge, die sie, nach eigener Aussage, nie abgedeckt hatte.

## Fall Nr. 94 Lampenschirm korrespondiert mit Spiegel und Telefon

Familie L. in O. hatte ständig Schlafschwierigkeiten. Der Hausherr wollte vor Anfertigung eines neuen Schlafzimmers zuerst unseren Rat einholen. Gleichzeitig sollte für das Kinderbettchen ein geeigneter Schlafplatz ausfindig gemacht werden, da seine beiden Kinder, die als Säuglinge ihre Bettchen im elterlichen Schlafzimmer gehabt hatten, sehr schlecht schliefen.

Außer vielen strahlenden Gegenständen befand sich im kleinen Schlafzimmer eine Näh- und Schreibmaschine. Im Nachtkästchen war ein Radio aufbewahrt und auf dem Kästchen standen Nachttischlampen.

Diese Gegenstände ließen wir entfernen, daraufhin hatten wir die elterlichen Betten strahlenfrei. Die Hängelampe aus einem Drahtgestell mit Kunststoffüberzug brauchten wir dazu gar nicht abzunehmen.

Als wir das Kinderbettchen an die Seite des Bettes der Mutter stellten, fanden wir dort alle Strahlenarten. Sie wurden von einem Spiegel und einem Telefon im Flur aufgebaut. Diese bildeten zur Deckenleuchte im Schlafzimmer ein Dipol, aber nur für den Bereich der Ehebetten. Um das Kinderbett frei zu bekommen, mußten wir im Flur den Spiegel abnehmen und für das Telefon einen anderen Platz suchen. Nun mußte auch die Hängelampe im Schlafzimmer abgenommen werden, denn nun bestrahlte diese die Ehebetten.

Die letzte Belastung für das Kinderbettchen waren noch die Steckdose, der Lichtschalter und die Metallgriffe am nahestehenden Nachtkästchen.

**Moderne Lichtschalter, deren Drucktasten eine Innenwölbung (konkave Wölbung) aufweisen, strahlen weit in den Raum hinein.**

## Fall Nr. 95 Seidenkissen und Bootslackanstrich

In der Wohnung bei Familie G. in H. hatte IP in beiden Schlafräumen des Ehepaares schon Strahlenfreiheit erreicht.

Bei einem Besuch von uns beiden wurde der mit hochglänzendem Bootslack eingestrichene Dielenboden als strahlenaufbauend festgestellt. Die Strahlen konnten durch Abdecken mit einer Wolldecke behoben werden.

Der Hausherr war selbst sehr strahlenfühlig. In der Nähe des Fußendes seines Bettes befand sich eine Steckdose. Diese deckte ich mit einer Wolldecke ab, während er testete. Er stellte immer wieder Strahlen über seinem Bett fest, ich jedoch keine. Wenn ich testete, legte ich meine Decke auf die Couch, wo sie auf einem Zierkissen zu liegen kam, und Herr. G. deckte die Steckdose mit einer anderen Decke ab. Wegen der abweichenden Ergebnisse schalteten wir, trotz eingetretener Dunkelheit den Stromfreischalter ein. Dies änderte nichts an unseren Ergebnissen.

Endlich kam ich auf die Idee, daß das während der Testung durch Herrn G. nicht abgedeckte Zierkissen, die von ihm gefundenen Strahlen über seinem Bett erzeuge. Wir machten die Probe aufs Exempel und auch Herr G. konnte nun Strahlenfreiheit feststellen.

Später teilte mir der Hausherr noch mit, daß er aus dem Holzbett seiner Frau ein Astauge entfernte, das ihm noch eine Strahlung anzeigte.

## Fall Nr. 96 Innen-Jalousetten

In M. machten wir im Schlafzimmer Bekanntschaft mit weißen Hängejalousien, sogenannte Suntrappen, wie sie oft in Büros und Amtsgebäuden Verwendung finden. Diese strahlten auf die Betten gewaltig aus. Die Familie hatte diese auch im Wohnzimmer. Ich unterrichtete den Hausherrn, wie er seinen Sitzplatz frei machen könne. Dies ersehen Sie auf Seite 118.

## Fall Nr. 97 Elfenbein und Holzfiguren aus fernen Ländern als Störfaktoren

Die Mutter einer Bekannten konnte weder im Bett schlafen, noch konnte sie ohne Beschwerden im Wohnzimmer fernsehen. Sie bekam sehr oft beim Fernsehen starkes Herzklopfen und Atembeschwerden und mußte schon öfter den Notarzt bemühen.

Hinter ihrem bequemen Fernsehsitz stand ein Einbauschrank, in dessen Regalen mehrere Figuren aus Elfenbein und aus Holz standen. Diese waren aus Afrika, Asien und Südamerika mitgebracht worden, wo die Familie viele Jahre hindurch gelebt hatte. Im Schrank befand sich noch eine Bar mit Spiegel. Darunter eine Schublade mit Besteck, das noch dazu so abgelegt war, daß alle Spitzen auf den Ruhesitz der Hausfrau wiesen. Bevor wir alles entfernten und die Bar zum Test mit einer Wolldecke abdeckten, überprüften IP und die Tochter die Auswirkungen der Strahlen auf den Fernsehstuhl und bekamen ähnliche Beschwerden, wie sie bei der Dame des Hauses und deren 15-jähriger Enkelin regelmäßig auftraten, wenn sie in diesem Stuhl saßen.

Nach Entfernung der eingangs erwähnten Gegenstände und nach Abdecken des Kippschalters für die Balkonjalousie, strahlte noch ein im Vorzimmer aufgehängter Stock aus Ebenholz auf den Sitz.

Im Schlafzimmer hatte die Hausfrau entsprechend den Ratschlägen des Buches schon vieles ausgeräumt. Den Schmuck aus dem eigenen Nachtkästchen entfernte sie, aber die Gegenstände im Nachtkästchen ihres Mannes ließ sie unberührt.

Die Schuhe mit Kunststoffsohlen standen schön geputzt im Schrank. Die Hängelampe mit Drahtschirm hing noch über dem Fußende der Betten. Strahlen sendete noch der Holzlattenrost mit Metallstäben, der moderne Kippschalter mit Innenwölbung und ein zwei Meter hoher Spiegel im Vorzimmer, mit seiner Rückseite, auf die Betten aus.

Ich will mit letzterem Beispiel aufzeigen, daß bei Beachtung unserer Anweisungen Frau M. die Möglichkeit gehabt hätte, ihr Schlafzimmer allein von sogenannten „Erdstrahlen" zu befreien.

## Fall Nr. 98 IP Wohnhaus wie Museum eingerichtet

In Sch. fand ich folgenden Gesundheitszustand der Familie vor:

Der Hausherr, 55 Jahre alt, litt seit 5 Jahren an schwerstem Asthma und konnte keine 10 m mehr ohne Beschwerden gehen. Dem älteren Sohn wurde mit drei Jahren ein Tumor vom Wirbelsäulenbereich entfernt. Er blieb in seiner Entwicklung zurück und sah mit 13 Jahren wie ein Achtjähriger aus.

Der zweite Sohn erkrankte mit 3 Monaten an Gehirnhautentzündung. Die Tochter, zwei Jahre alt, war noch gesund. Die Ehefrau war mager und sah sehr blaß aus.

Die Familie hatte vor mehr als 10 Jahren ihr neu erbautes Haus bezogen. Ein Teil dieses Anwesens ist aus Ziegeln, der andere aus Holz gebaut. Eingerichtet ist es wie ein Museum. Im breiten Hausflur hingen mindestens 50 Säbel, viele Stutzen und Gewehre etc.

Das Wohnzimmer war voll von Exponaten aus alten Schlössern. Hier hingen an den Wänden wieder viele Säbel, Gewehre und Lanzen, außerdem standen noch Rüstungen und sogar eine Kanone darin. Angrenzend an das Wohnzimmer lag das Schlafzimmer des Hausherrn. In diesem waren wieder viele Altertümer, wie Metallampen, Messingleuchten und mehrere Heiligenfiguren.

Diese Gegenstände waren alle in dem Teil des Hauses untergebracht, das vollkommen aus Holz gebaut ist. Aber durch all diese „Kostbarkeiten" wurde sein Schlafzimmer ganz besonders bestrahlt.

Zu diesen Belastungen kam noch, daß im ausgebauten Kellerraum, direkt unter dem Schlafzimmer, ein 500 Liter fassender, offener Kupferkessel, ein alter Webstuhl und die Webkämme, mit den Spitzen nach oben gerichtet, standen. Im Nebenraum, der nur durch eine dünne Holzwand abgetrennt war, befand sich die Bar, die wie eine alte Taverne eingerichtet war.

Als ich das Untergeschoß besichtigte, bekam ich einen sehr trockenen Mund, ich glaubte ersticken zu müssen. Fluchtartig verließ ich die Räume.

Der Hausherr erklärte mir daraufhin, daß auch er unter ähnlichen Symptomen in diesen Räumen leide und deshalb diese meide.

Im Schlafzimmer des älteren Sohnes hing an der Wand, seitlich seines Bettes, eine Flinte. Unter dem Bett lagen noch Gewehre, Kassetten und Spielsachen aus Kunststoff und viele Bücher und Hefte in Kunststoffolie gebunden. Im Kopfbereich stand der Radiorecorder und gegenüber dem Bett stand der Fernseher.

Die Ehefrau schlief mit den beiden jüngeren Kindern im anderen Flügel des Hauses, der aus Stein gebaut ist. Beide KInder lagen genau unter einem großen, mit breitem Goldrand gefaßten Spiegel. Diesen ließ ich sofort abnehmen.

Als ich den Hausherrn über die Ursache seiner Krankheit aufklärte, begriff er, daß ein Wohnen in diesem „Museum" jede Heilung verhindert. Sogar sein 82-jähriger Vater pflichtete mir bei. Auch er behauptete schon lange, daß die Erkrankung seines Sohnes auf dieses viele „Eisenzeug" zurückzuführen sei, denn der Sohn war im Hause des Vaters, das er bis zu seinem fünfundvierzigsten Lebensjahr bewohnte, ein richtiger Kraftprotz.

Die seit Jahren, mit Leidenschaft gesammelten Altertümer, waren im großen elterlichen Bauernhof, der aus Ziegeln gebaut ist, in einem anderen Teil des Hauses untergebracht, sodaß die Schlafzimmer diesen Strahlen nicht ausgeliefert waren.

Ich konnte ihm lediglich raten, wenn er seiner Arbeit als Bauer wieder nachkommen wolle, sich einer Behandlung auf Naturheilbasis zu unterziehen und im väterlichen Hof Quartier zu beziehen. Die Räumlichkeiten des elterlichen Hofes wurden inzwischen als Ferienwohnungen genützt.

Wie ich später in Erfahrung bringen konnte, war er binnen 3 Wochen von seinem Leiden befreit. Auch sein ältester Sohn fühlte sich nach dem Ausräumen der strahlenden Gegenstände frisch und munter.

## Fall Nr. 99 IP Hochspannungsleitung

Herr Professor Sch. in R. lebte mit seiner Familie in einem Einfamilienhaus ohne gesundheitliche Probleme, bis man, direkt über sein Haus, eine Überland-Hochspannungsleitung führte und in Betrieb nahm.

Nach kurzer Zeit erkrankte seine Ehefrau an Hautkrebs und sein damals 12-jähriger Sohn bekam einen Gehirntumor.

Vielleicht werden viele von Ihnen dies als Zufall interpretieren. Dem kann ich jedoch nicht zustimmen, da ich beobachtet habe, daß in den Bereichen von Hochspannungsleitungen verstärkt Krebserkrankungen auftraten.

## Fall Nr. 100 BE Plötzlicher Kindestod

Im Buch von Dipl-Ing. Endrös, „Die Strahlen der Erde und ihre Wirkung auf das Leben", wird auf Seite 175 über den plötzlichen Tod von Kleinkindern aus unbekannter Ursache berichtet.

Ich hatte in meinem Bekanntenkreis einen ähnlichen Fall und konnte diesen hinsichtlich des Standplatzes untersuchen.

Wie die Mutter berichtete, stellte sie den Kinderwagen mit dem vier Monate alten, kerngesunden Säugling unweit des Hauses zwischen zwei Holzschuppen, die ca. drei Meter von einander entfernt lagen. Es war Hochsommer und in diesem Bereich war es schattig.

Im einen war Holz, im anderen, der Bahn näher liegenden, wurden die aus Flacheisen hergestellten Tische und Stühle für das Gartenrestaurant der Familie aufbewahrt.

Die Mutter sah in kurzen Abständen nach dem Kind und stellte jedesmal fest, daß es schlief. Bei einer erneuten Kontrolle sah die Mutter mit Entsetzen, daß das Kind tot war.

Die Obduktion ergab keinerlei Befund, wie dies bei plötzlichem Kindestod unbekannter Ursache die Regel ist. Ich stellte mit der Rute fest, daß an dieser Stelle alle mir bekannten Kreuzungen, eine Verwerfung und verstärkte Radioaktivität mutbar waren. Als ich mich eine Weile auf diese Stelle stellte, bekam ich Atemnot.

Um mich selbst zu überprüfen, daß ich keiner Einbildung erlegen war, ersuchte ich zwei Bekannte, sich für kurze Zeit auf diesen Platz zu stellen. Natürlich machte ich keine Bemerkung von meiner Beobachtung. Bei beiden trat die gleiche Reaktion auf. Dieses Phänomen war sicher nicht allein auf die im Schuppen lagernden Eisenteile zurückzuführen, sondern auch auf die Strom-Oberleitungen des Bahnhofes Kirchbichl; auch der Fluß „Inn" fließt in unmittelbarer Nähe vorbei.

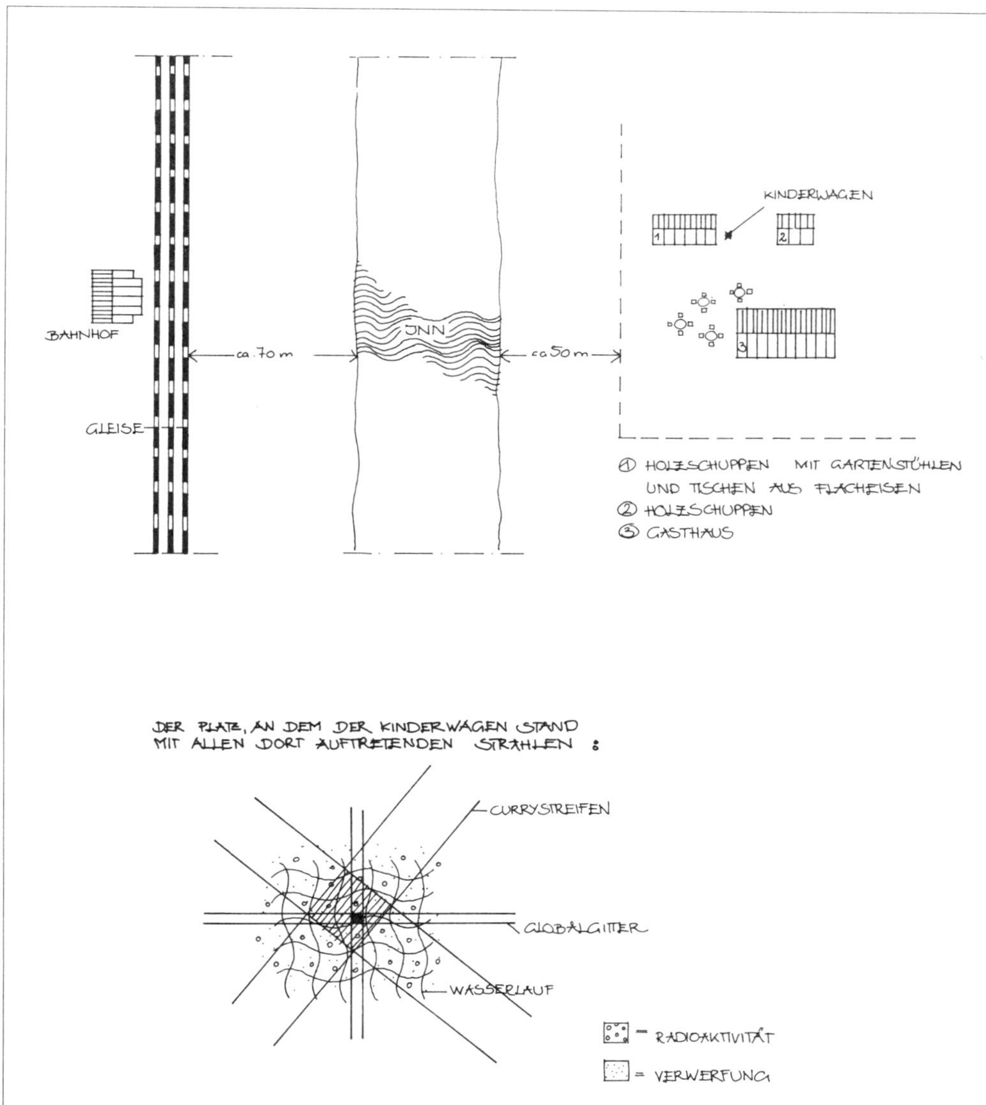

Nach meiner Meinung haben sowohl die Oberlandleitung der Bahn, als auch der nahegelegene Fluß eine verstärkende Wirkung auf die Strahlung ausgeübt, welche von den im Schuppen vorhandenen Gegenständen ausging.

Dipl-Ing. Endrös schreibt, daß besonders in der Nähe von Hochspannungsleitungen und im Bereich der elektrischen Bahnen das Phänomen „Plötzlicher Kindestod aus unbekannter Ursache" gehäuft auftritt, dem allein in der Bundesrepublik Deutschland 2000 bis 4000 Kinder jährlich zum Opfer fallen.

Natürlich kann man eine in der Nähe der Wohnung vorbeiführende Hochspannungsleitung oder Eisenbahnstrecke nicht verbannen. Sie sollten deshalb darauf achten, Ihre Kinder nicht an ihrem Schlafplatz zusätzlichen Strahlen auszusetzen, was im vorhergehenden Fall noch hinzukam.

## Fall Nr. 101 Zimmer tatsächlich unbewohnbar?

Vor einigen Tagen erlebten wir wieder einmal, daß ein Rutengänger ein ca. 4 x 4 m großes, sonniges Schlafzimmer für unbewohnbar erklärt hatte. Die Eheleute führten uns in das voll eingerichtete „unbewohnbare" Zimmer. Inzwischen hatten sie bereits ein anderes Zimmer in ihrem Haus als Schlafzimmer neu eingerichtet und bezogen.

Das alte Schlafzimmer war mit Schrank, Frisierkommode, Doppelbetten und Nachtkästchen eingerichtet.

Auf dem Bord über den Nachtkästchen standen ca. 20 in Stanniol verpackte Schokoladefiguren, darunter zwei Nachtlampen aus Bronze mit Drahtschirmchen. Neben dem Schrank stand eine Bügelmaschine. Ein dreiteiliger, runder Spiegel, der nicht zuklappbar war, befand sich über der Frisierkommode. Natürlich fanden wir noch viele strahlenaufbauende Gegenstände, wie schon öfter erwähnt, vor.

Ein Zimmer, das so belastet ist, muß als unbewohnbar erklärt werden, jedoch heute besteht die Möglichkeit, es wieder bewohnbar zu machen.

Eine Bemerkung zu Spiegeln: Auch zusammenklappbare Spiegel müssen mit einer Wolldecke verdeckt werden, denn ein kleiner Spalt des Spiegels genügt, um ein Zimmer zu belasten. Die Rückwand des Spiegels aus Holz genügt meist nicht, um die Strahlen abzuhalten.

## Fall Nr. 102 Verstrahltes Zimmer — unbewohnbar!

Ein bekanntes Ehepaar, das einen Vortrag von uns besuchte, wollte ihr „unbewohnbares" ehemaliges Kinderzimmer von uns auf Strahlen testen lassen.

Trotzdem sie schon vor unserem Eintreffen viele unserer Anweisungen befolgten, haben wir über den Betten noch viele Strahlen vorgefunden.

In einem Kinderzimmer war ein Waschbecken und darüber ein Spiegel angebracht. Auf dem Bord lagen viele Kosmetika.

In und auf dem Nachtkästchen waren Spielsachen, Bücher, in Paperback gebunden, und Legobausteine.

An der Wand, dem Spiegel gegenüber, hing ein Zinnbild. Über den Betten hing ein Bild in einem Metallgoldrahmen, im Ausmaß von 1,10 x 0,60 m. In den Betten fanden nicht nur Federbetten sondern auch Dralondecken Verwendung.

Als wir den Spiegel samt Waschbecken mit einer Wolldecke abdeckten, die Bilder, Spielsachen, Bücher und die Dralondecken entfernten, war das Zimmer strahlenfrei.

Im zweiten Zimmer wurde über dem Bett eine Verwerfung gemutet, die von Stofftieren mit Schaumstoffüllung und einer Kunststoffdecke aufgebaut wurde.

Das Schlafzimmer der Eltern fanden wir auch noch verstrahlt vor.

In diesem war ebenso ein Waschbecken mit Spiegel und Handtuchhalter angebracht. Über den Ehebetten hing ein Wachsbild. Am Bord über den Betten stand eine große Kerze. Auf dem Nachttisch stand ein Bild in einem Metallrahmen und es lagen noch mehrere Bücher in Paperback gebunden daneben. Im Schrank waren wiederum Kleider mit Kunststoffhüllen überzogen, wie sie von der Reinigung geliefert werden.

Der Spiegel und das Waschbecken wurden auch hier verhängt. Die beiden Handtuchhalter wurden in eine Position gebracht, in der sie nicht direkt auf das Bett wiesen. Alle anderen Gegenstände legten wir weit außerhalb des Raumes ab. Trotzdem verblieb noch eine Störung über den Betten.

Im Nebenzimmer, hinter dem Kopfbereich der Betten, standen zwei Drahteinsätze. Diese mußten nur hingelegt werden, und die Betten der Eltern waren strahlenfrei.

Manche Drahteinsätze mit Sprungfedern und zusätzlichen Halterungen aus Eisen strahlen gewaltig. Die neuen, so gepriesenen Bio-Lattenroste, hergestellt in Verbindung mit Eisen- und Kunststoffteilen, sind sehr strahlenaufbauend und wir müssen diese immer wieder, zum Leidwesen der Besitzer, aus den Betten entfernen. — Kaufen Sie keine Lattenroste mit Motor.

Wir wurden noch gebeten, ein weiteres, sonniges Zimmer zu untersuchen, das ein Rutengänger vor zwei Jahren als total verstrahlt und somit unbewohnbar befunden hatte. Dieses Zimmer war fast zur Gänze leer, bis auf zwei Spiegel, die am Boden lagen, und einigen Wachsbildern an den Wänden.

Als wir die Spiegel und die Wachsbilder entfernten, war das Zimmer vollkommen frei von Strahlen.

Der Rutengänger, den die Hausleute früher einmal kommen ließen, empfahl ihnen, das Zimmer auf keinen Fall mehr zu verwenden, da es zu verstrahlt sei.

Wie uns das Ehepaar mitteilte, war es dem Rutengänger nur möglich, die an der Nordseite gelegenen zwei Schlafzimmer der Kinder und das Elternschlafzimmer an der Südseite abzuschirmen. Wir stellten aber fest, daß diese Abschirmung überhaupt keine Wirkung hatte, denn wir konnten in allen Räumen Strahlen muten.

Die Eltern freuten sich, daß sie wieder das sonnige, helle Zimmer benützen konnten und wir schlugen ihnen vor, dieses als Spielzimmer einzurichten, damit die Kinder während der Nacht störungsfrei schalfen können.

Zwei Tage später wurden wir von den Eheleuten verständigt, daß sie jetzt vollkommen ausgeruht aufwachten und gerne aufstünden.

Der Fall Nr. 87 wurde in einem Bauernhof getestet und so wurde ich ersucht, auch den Stall zu untersuchen.

Dieser hatte einen Mittelgang. Links standen 20 Kühe in vier Reihen verteilt. Die Kühe in der zweiten Reihe wurden immer krank. Ein Verwandter der Familie hatte mit seiner

Rute einen Wasserlauf unter dem Standort ausfindig gemacht, wußte aber keine Möglichkeit, diesen zu beseitigen.

Auf der rechten Seite standen in drei Reihen Kühe und in einer Reihe Kälber.

Im Quergang vor den Kälbern standen zwei Plastikeimer. Einer war noch mit ein wenig Kleie gefüllt, der andere war leer. Den leeren Eimer stülpte ich über den mit der Kleie und die an einer Säule gelehnten Mistgabeln, Schaufeln, Krallen etc., legte ich im Gang, seitlich der Kälber, mit den spitzen Teilen zur Außenwand, ab.

In der Reihe der kranken Kühe waren eine Wasserkreuzung, Globalgitterkreuzungen im Abstand von je 1 m, eine breite Currykreuzung sowie eine Verwerfung zu muten.

Nachdem ich den Standort der Eimer und der Geräte verändert hatte, waren die Standplätze der fünf Kühe strahlenfrei.

Im Stand der Kälber war ein eingezäunter Platz für ein Kalb. Der Bauer klagte, daß die Kälber in diesem Stand nie richtig gediehen. Auch an dieser Stelle waren alle Kreuzungen vorhanden. Der Aufbau dieser Strahlen wurde durch einen am Pfosten hängenden Plastikeimer hervorgerufen. — Jedes hohle Gefäß würde die gleiche Wirkung haben. —

Zwei Plätze daneben war der Standplatz für ein Kalb frei. Er wurde nicht benützt, weil die Kälber dort nie recht gediehen. Ein Holzkreuz, das dort an der Wand hing, hatte im Verein mit den Plastikeimern die ungünstige Bestrahlung erzeugt.

Ich würde Ihnen raten, bringen Sie die Salzlecker immer unterhalb eines schon vorhandenen Eisenteiles an. Diese bauen sonst, durch die Plastik- und Blechummantelung, Störfelder auf. Die Ketten und Haken, zum Anhängen der Kühe, konnte ich bis jetzt nicht als strahlenaufbauend erkennen.

Hier möchte ich gleich noch einen ähnlich gelagerten Fall anschließen:

## Fall Nr. 103 BE Der Kuhstall

Im Stall der Familie L. in M. wurden die Kühe an einem gewissen Platz im Stall krank und mußten geschlachtet werden, sodaß der Bauer schon seit geraumer Zeit den Standplatz leer stehen ließ.

Ich überprüfte den Standort und fand Wasser-, Globalgitter- und Currykreuzungen sowie eine Verwerfung vor.

Versuchsweise ließ ich eine Kuhkette von der Stalltüre abnehmen, die sich rechts vor dem Standplatz befand und eine zweite hinter diesem Platz. In ca. drei Meter Entfernung standen zwei Plastikeimer. Einer war voll Kleie, der andere war leer. Letzteren drehte ich mit der Öffnung nach unten und die Nachkontrolle zeigte die Strahlenfreiheit des zur Zeit leeren Standplatzes an. Seither steht wieder eine Kuh auf diesem Platz, ohne krank geworden zu sein.

Bei einer späteren Überprüfung stellte ich am Nachbarplatz des vorher beschriebenen Standortes eine Verwerfung, Wasser- und Globalgitterkreuzungen fest.

Zwei Meter won der Kuh entfernt, lehnte an der Wand eine Mistgabel, die der Bauer, nachdem ich Umschau hielt, sofort entfernte. Auf diese Maßnahme waren die Wasserkreuzungen egalisiert. Die anderen Störfelder wurden durch eine mit Heu verdeckte Mistkralle verursacht, die der Bauer dann gleich daraus hervorholte.

Der Bauer teilte mir daraufhin mit, daß diese Kuh schon einige Zeit hinke.

Bei einem späteren Besuch konnte ich in Erfahrung bringen, daß die Kuh nach zwei Tagen wieder normal gehen konnte.

Legen Sie die Gewohnheit ab, die Geräte, die Sie ständig brauchen, immer an denselben Stellen aufzubewahren, wechseln Sie oft deren Standplätze. Damit vermeiden Sie eine Dauerbelastung auf denselben Ort.

Vielleicht kann ich doch mit meinen Hinweisen etlichen Bauern helfen.

# Wie wirken sich Erdstrahlen in der Natur aus?

Genau wie wir Menschen benötigen auch Bäume einen gesunden Standort. Wir haben es bereits verlernt, die Strahlen aus der Erde oder der Atmosphäre wahrzunehmen, aber Pflanzen und Bäume zeigen uns deutlich deren Wirkung.

Am augenscheinlichsten merken wir es an den Bäumen.

Wenn Sie im Wald doppelstämmige Buchen sehen, so stehen diese meist auf einem Störfeld.

Ein Zeichen für einen verstrahlten Platz sind Krebsknoten am Stamm oder an den Ästen.

Misteln wachsen nur auf verstrahlten Bäumen.

Obstbäume, die auf mehreren Kreuzungen wachsen, wollen sich förmlich von ihrem Standort wegdrehen.

Unter einem schräg wachsenden Obstbaum ist immer eine Wasserader festzustellen.

Ich hatte Gelegenheit, Bäume nach einem Windwurf zu untersuchen. Es handelte sich hauptsächlich um Fichten. Die Baumstämme, die nur einige Zentimeter Holz aufwiesen und innen hohl waren, standen meist auf zwei Kreuzungen. Ich mutete Standorte von Bäumen, deren Stamm 20 cm Durchmesser hatte, aber nur drei Zentimeter gesundes Holz unter der Rinde, und die sonst hohl waren, und hohle Bäume mit einem Durchmesser von einem dreiviertel Meter und acht Zentimeter Holzdicke unter der Rinde. Sie standen mindestens auf drei Kreuzungen und anderen Reizstreifen.

Bäume, deren Holz unterhalb der Rinde seine natürliche Färbung hatte und gegen die Mitte zu eine bräunliche Färbung aufwiesen, standen auf Reizstreifen. Die gesunden Bäume waren auf unbestrahlten Plätzen gestanden.

## Hunde meiden verstrahlte Plätze.

Lassen Sie einen Hund immer an der Stelle schlafen, die er sich selbst aussucht. Wir hatten einen Rottweiler, bei dem konnte ich seine Plätze immer überprüfen. Sie können Ihrem Hund die Liegestätte auf einen Ihnen genehmen Platz einrichten. Sollte der Hund diese Stelle meiden, so suchen Sie nach Gegenständen, die seinen Platz stören.

Ist es vielleicht eine Vase, der Schirmständer, abgestellte leere Flaschen, ein Spiegel, Bilder aus Metall oder Wachs, das Ofenbesteck oder ähnliches?

Wenn es mit dem Bauwerk verankerte Gegenstände sein sollten, wie ein Stiegengeländer aus Schmiedeeisen oder anderen Metallen, die Ofentüre oder dergleichen, dann bleibt leider nur das Verlegen des Hundelagers.

Hunde suchen und vertragen nur strahlenfreie Plätze. Vielleicht kann ich mit meinem Ratschlag Ihrem Liebling einen Leidensweg ersparen.

## Fall Nr. 104 BE Umsiedlung von Ameisen

Jahrelang waren zwischen den Steinplatten vor dem Haus meiner Nachbarin Ameisen. Dies war lästig, da sie den eingestreuten Sand immer aufwarfen.

Ich suchte mit der Rute einen geeigneten Platz und fand ihn in ca. 3 m Entfernung vom Hauseck. Dort stellte ich ein leeres 3 l Gurkenglas auf. Daraufhin zogen die Ameisen binnen weniger Tage um, und siedelten sich in der Nähe des Glases an und zwar genau in dem 20 cm breiten Globalgitterstreifen, über dem auch ein Wasserlauf, eine Currykreuzung und eine Verwerfung mutbar waren. Die Strahlenfelder entsprachen genau wieder den Strahlenverhältnissen zwischen den Steinplatten. Durch das Aufstellen des Glases wurde der genannte Störfeldbereich vom Haus abgezogen und um das Glas wieder aufgebaut. Es ist ja bekannt, daß Ameisen und Bienen Erdstrahlen suchen.

Als das 3 l Gurkenglas im Winter in Brüche ging, wurde es von meiner Nachbarin durch ein 5 l Gurkenglas ersetzt. Dies bewirkte, daß die Ameisen wieder in ihre alten Behausungen zurückzogen. Erst als wieder ein gleiches 3 Liter Gurkenglas an dessen Stelle gebracht wurde, trat wieder die gewünschte Wirkung auf.

Für das 5 l Gurkenglas hätte man einen anderen Standplatz benötigt.

Seit geraumer Zeit werden von manchen Fortsverwaltungen zum „Schutze für die Ameisen" pyramidenförmige Gebilde aus Holzpflöcken und Maschendrahrt errichtet.

Nach Beobachtungen aus der Bevölkerung wandern die Ameisen unter diesen Schutzvorrichtungen aus, suchen sich neue Standplätze oder gehen einfach ein.

Wie schon bekannt, suchen sich Ameisen nur stark bestrahlte Plätze für ihre Bauten aus.

Durch den Überbau der Ameisenburgen, wird wie unter einer Pyramide ein strahlenfreier Raum geschaffen, der den Ameisen ihre Lebensbedingungen entzieht.

Bei Experimenten mit Pyramiden kam ich zu dem Ergebnis, daß vorher stark bestrahlte Plätze durch Überdeckung mit einer Pyramide von Strahlen befreit werden, während ursprünglich strahlenfreie Plätze, wenn man eine Pyramide darüberhält, sämtliche Strahlenarten aufweisen.

Der Mensch sollte nicht überall eingreifen, solange er so wenig von den Naturkräften auf den zugrundeliegenden feineren Ebenen weiß.

## Fall Nr. 105 Der Katzenplatz

Wir waren eigentlich hier, um ein Schlafzimmer zu untersuchen, dabei hatten wir mit einer Katze folgendes Erlebnis:

Bei unserem Eintreffen lag die Katze auf dem Bett der Hausfrau. Während wir Störendes nach und nach entfernten, sprang die Katze einige Male fauchend vom Bett, legte sich aber immer wieder auf dieselbe Stelle zurück. Ich prüfte mit der Rute; es waren immer noch Störfelder wahrzunehmen. Wir säuberten weiter, plötzlich verschwand die Katze.

Als das Bett frei von störenden Einflüssen war, suchten wir nach der Katze, die aber war unauffindbar.

Am nächsten Tag erzählte uns die Hausfrau, daß sie wunderbar geschlafen habe. Sie fand die Katze noch am späten Nachmittag im Zimmer ihrer Schwiegermutter. Diese wunderte sich, daß die Katze durch Kratzen an der Türe Einlaß begehrte, was bisher noch nie vorkam.

Ab diesem Tag gab die Katze ihren bevorzugten Platz im Zimmer ihrer Herrin auf.

Früher sagte man: „Wo eine Katze gerne liegt, sollte ein Mensch weder dauernd sitzen noch schlafen." Heute sagen wir: „Räumen Sie im Umkreis dieses Platzes strahlenaufbauende Gegenstände weg und Sie erzielen einen strahlenfreien, gesunden Platz, den aber Ihre Katze meiden wird."

## Fall Nr. 106 BE Obstbäume

Meine Freunde hatten in ihrem Garten einen Apfelbaum, der niemals Früchte trug, obwohl er schon zehn Jahre alt war. Ich stellte fest, daß dieser Baum auf drei Kreuzungen stand. Meinem Rat folgend, wurde der Baum auf einen von mir ausgesuchten strahlenfreien Platz umgepflanzt. Im gleichen Jahr trug er keine Früchte, aber im darauffolgenden Jahr konnten meine Freunde vierzig schöne Äpfel ernten.

Damals ließ ich den Baum noch umpflanzen. Heute würde ich raten, nach der Ursache der Störfelder zu suchen.

Im vorliegenden Fall befand sich in unmittelbarer Nähe des Baumes ein Sommerhäuschen, in dem auch Gartengeräte gelagert waren.

Ein weiterer Fall:

In F. stand ein 10-jähriger Baum, der auch keine Früchte trug. In diesem Fall suchte ich keinen neuen Standort, sondern nach Gegenständen, die den Baum störten.

In fünf Meter Entfernung stand ein Geräteschuppen. An der dem Baum zugewandten Seite waren an der Außenwand der Hütte Hirschgeweihstangen angeschraubt.

Vor dem Schuppen befand sich ein Sandkasten für die Enkel.

Die Geweihe, deren Spitzen nach oben zeigten, montierte ich ab. Die kleinen Spielzeugeimer im Sandkasten legte ich mit der Öffnung nach unten hin und einen Schubkarren aus Kunststoff entfernte ich. Daraufhin war der gesamte Bereich des Baumes von Störfeldern frei.

Im Geräteschuppen selbst waren keine stehenden Eisen gelagert, die eine Störung auf den Baum ausgeübt hätten.

Es ist auch hier wieder vorteilhaft, Eisenstangen oder spitze Gegenstände liegend, nicht auf ein Objekt gerichtet, aufzubewahren, sowie leere Gefäße mit der Öffnung nach unten abzustellen. So besteht die Möglichkeit, daß auf diese Weise ein ertragloser Baum doch noch Früchte trägt.

## Fall Nr. 107 BE Hochspannungsleitung Schutzwand aus Stahlbeton — Abschirmung

Bei einer Autofahrt wollte mein Sohn meine Fühligkeit bezüglich der Hochspannungsleitung auf die Probe stellen. Wir befanden uns auf der Autobahn von Innsbruck in Richtung Kufstein.

Ich beugte mich unter das Armaturenbrett, sodaß ich nicht aus dem Auto sehen konnte, und hielt meine Rute über dem Kopf. In dieser Stellung blieb ich einige Minuten, wobei meine Rute von Zeit zu Zeit ausschlug. Schließlich forderte mich mein Sohn auf, mich normal hinzusetzen und sagte, daß es mit meiner Fühligkeit nicht so weit her sein könne, denn hinter der Schallschutzmauer, an der wir gerade vorbeifuhren, befände sich die Hochspannungsleitung und meine Rute zeige keinen Ausschlag.

Ich klärte meinen Sohn auf, daß es auch unwahrscheinlich wäre, wenn meine Rute an dieser Stelle ausgeschlagen hätte, da die Schallschutzwände aus Stahlbeton sind und die Ausstrahlung der Hochspannungsleitung abschirmen.

Wie sich im anschließenden Gespräch herausstellte, hatte die Rute an den Stellen reagiert, die nicht durch die Schallschutzwände verdeckt waren.

Bei anderen Ausflügen in freier Natur habe ich mit meiner Rute bis zu 300 m Entfernung von der Hochspannungsleitung Rutenausschläge bekommen.

Viele Fachleute führen das Waldsterben auf die vagabundierenden Ströme der Überlandleitungen zurück. (Seit 1976 neueingeführt 400 KV, jetzt sollen es sogar 750 KV sein.)

Aus einer Pressemitteilung von Dipl.-Ing. Werner Berends, Hamburg, geht hervor: Falls die Überlandleitungen mit den neuen Polyurethankabeln unter die Erde verlegt würden, könnten wir 90 % der sehr hohen Übertragungsverluste von Strom einsparen, bzw. die Belastung unserer Umwelt durch Strahlen entscheidend herabsetzen. (Diese betragen heute bis zu 60 %.)

Wir würden bis über das Jahr 2000 hinaus keine neuen Kraftwerke, besonders Kernkraftwerke, benötigen, und könnten sehr viel Volksvermögen retten.

## Strom verändert das Kraftfeld.

Da die Ursache, bzw. die Ursachen des Waldsterbens heute noch keineswegs genau bekannt sind, wäre es im Hinblick auf die mitgeteilten Resultate eine vordringliche Aufgabe und Herausforderung für die Naturwissenschaft, Elektro- und Biophysiker, die Auswirkungen der infolge der Hochspannungsleitungen entstehenden elektromagnetischen Kraftfelder auf das Waldsterben zu untersuchen.

Manche Physiker führen bereits das Waldsterben zu 50 % auf die hohen Mikrowellenabstrahlungen zurück. Wer hier Näheres darüber wissen will, wende sich an Herrn Dr. Ing. Wolfgang Volkrodt, D-8740 Bad Neustadt, Waldsiedlung 8, Tel. 0 97 71 / 27 04, oder Wetter-Boden-Mensch, Heft 25/1989 vom Forschungskreis für Geobiologie e.V. 6535 Waldbrunn WK.

Wenn man zum Vergleich heranzieht, welche enormen Veränderungen des Kraftfeldes schon ein kleiner neg. Raum-Ionisator im Umkreis von 5 Metern bewirken kann,, so kann man diese gewaltigen Energiefelder nicht länger unberücksichtigt lassen. (Siehe Seite 153.)

Bei entsprechenden Ergebnissen wäre es für die Verantwortlichen unabdingbar, mit der Verkabelung der Fernleitungen lieber heute als morgen zu beginnen.

Die sicher hohen Kosten würden durch den vermiedenen Stromverlust und den Gewinn von Arbeitsplätzen — abgesehen von der positiven Wirkung auf unsere Umwelt — wettgemacht.

## Fall Nr. 108 BE Brunnensuche mit der Rute

In einem Gastbetrieb in K. wollte man eine Wärmepumpe installieren. Der Wirt ließ mich rufen, um ihm auf seinem Grundstück einen Wasserlauf ausfindig zu machen.

Nach kaum fünf Minuten konnte ich exakt eine Stelle muten und feststellen, daß dort in einer Tiefe zwischen zehn und elf Metern Wasser sei.

Die Arbeiten wurden noch zur gleichen Stunde durchgeführt. Als der Bohrmeister eine Tiefe von zehn Metern erreicht hatte, machte er die Zuschauer aufmerksam, daß die entscheidende Stelle annähernd erreicht sei.

Kaum eine Minute später schoß ein Wasserstrom durch das Bohrloch, das die Anwesenden zur Flucht veranlaßte.

Der angrenzende Campingplatz, zwischen Gasthof und Fluß gelegen, mußte zum Teil in Eile geräumt werden, denn das Wasser ergoß sich, in einer Breite von ungefähr drei Metern, in Richtung Fluß über den Platz.

## Fall Nr. 109 BE Rutenausschlag bei Erdbeben

Ich möchte Ihnen ein kleines Erlebnis schildern. Mein Sohn, sein Freund und dessen Freundin kamen eines Nachmittags nach einer Bergtour zu mir. Der Freund zeigte für das Rutengehen Interesse und bat mich, ihm zu zeigen, wie dies funktioniert. Ich führte ihm einige Experimente vor. Es war abends, ca. achtzehn Uhr, als ich mit der Rute einen Currystreifen suchte. Als ich einige Male hin und her ging, fand ich den Streifen jedesmal in seiner Lage verändert; er wanderte gewaltig, bis zu drei Metern. Ich machte meine Besucher auf die Tatsache aufmerksam, daß dies ein ablaufendes Erdbeben anzeige. Meine Gäste lachten. Gegen neunzehn Uhr verabschiedeten sie sich.

Am nächsten Vormittag rief der Freund meines Sohnes an, daß in den Abendnachrichten gemeldet wurde, daß um ca. 18 Uhr, in Jugoslawien, im Bereich Skopje, ein starkes Erdbeben stattfand. Er und seine Freundin wären vor Schreck bleich geworden, als sie meine Aussage bestätigt fanden.

Ich muß gestehen, daß es reiner Zufall war, daß ich gerade im Moment des Erdbebens diese Demonstration durchführte.

Während einer Reise mit IP behauptete sie eines abends, daß soeben ein starkes Erdbeben irgendwo in der Welt stattfände. Sofort prüfte ich mit der Rute nach und fand die typische, wechselnde Verschiebung der Currystreifen.

Wir hörten die nächsten Nachrichten. Es gab aber keine Meldung über ein solches Ereignis. Erst zwei Tage später war eine Meldung in der Tiroler Tageszeitung, die berichtete, daß vor zwei Tagen ein starkes Erdbeben in Turkestan stattfand. IP spürte auch seinerzeit das schwere Erdbeben in Peking, nur glaubt fast niemand, daß ein Mensch derart sensitive Kräfte inne hat, außer er wird selbst zum Zeugen.

IP spürt das Erdbeben so, als wäre sie selbst am Ort des Geschehens.

## Fall Nr. 110 IP Eigenes Erlebnis — Orte der Kraft — Öl

Anschließend möchte ich Ihnen noch zwei Erlebnisse, die zehn Jahre zurückliegen, schildern.

Ich wurde von Bekannten zu einer Reise nach H. eingeladen, um ein sehr bekanntes und interessantes Gebiet in der Bundesrepublik kennen zu lernen. Bei einem Abendessen in einem netten Hotel einer Kleinstadt sah ich mir die hübschen Räumlichkeiten an. Als ich den dritten Saal erreichte, wurde mir übel, und zum ersten Mal trat bei mir ein Phänomen auf, indem eine Seite meines Körpers eiskalt, die andere dagegen kochend heiß wurde.

Meine Kraft reichte gerade noch aus, um in den ersten Saal zurückzukommen und mich an den erstbesten Tisch zu setzen. In dem Saal waren auch gute Bekannte, die mir sofort zu Hilfe eilten, als sie merkten, daß mit mir etwas nicht in Ordnung war. Nachdem sie einige Minuten lang meinen linken Arm massierten, normalisierte sich mein Wärmegefühl. Erklären konnte ich mir diesen Vorfall nicht. Als wir am nächsten Tag die Sehenswürdigkeiten, denen unsere Reise galt, besichtigten, passierte mir an einer Stelle im Freien dasselbe, und zwar etwa 1,50 m seitlich eines alleinstehenden, muschelartigen Steines, von dem Einheimische erzählen, daß seit altersher bekannt ist, daß sich dort immer wieder merkwürdige Ereignisse abspielen, die man einer Strahlung unbekannter Art zuschreibt.

Ein drittes Mal ereignete sich dasselbe körperliche Mißempfinden bei einem Spaziergang an einem Teich, inmitten des dortigen Steinmassivs.

Während dieses Aufenthalts konnte ich mit meinen Händen gewisse Steingruppen testen, die einst unseren Urahnen als Kultstätte gedient hatten und dabei Strahlen verschiedenster Art und Intensität wahrnehmen.

Einige Jahre später wurde ich von einem Ingenieur in K. gebeten, seine Wohnung auf Strahlen zu testen. Er selbst war fähig, Strahlen mit der Rute auszuspüren und war zufrieden, daß ich ihm seine Fähigkeiten bestätigen konnte.

In seinem Wohnzimmer wurde mir genauso übel und ich hatte in mir die gleiche unangenehme Empfindung von Hitze und Kälte, wie seinerzeit in H.

Augenblicklich stellte ich mir die Frage, wodurch dies verursacht sein könnte. Im selben Moment hatte ich die Gewißheit: Du stehst auf Öl!

Ich sagte dem Ehepaar: „Ich habe die Gewißheit, auf einem Ölfeld zu stehen." Daraufhin baten mich die Hausinhaber in die Küche und sagten: „Schauen Sie zum Fenster hinaus! Sehen Sie die Bohrtürme dort hinten?"

Ich war über diese Feststellung genau so perplex, wie über meine Eingebung.

Ein viertes Mal erlebte ich diesen unangenehmen Zustand, während eines Essens in einem Restaurant in Österreich.

BE durchmaß es daraufhin mit der Rute. Ihrer Feststellung nach sollte sich in 3200 Meter Tiefe Öl befinden. Während der Weiterreise konnte BE, im Auto, noch über eine weite Strecke Öl muten.

An dieser Stelle und deren weiteren Umgebung wird noch nicht nach Öl gebohrt.

Bevor wir dieses Buch abschließen, möchte ich (IP) nicht versäumen, Ihnen eine interessante Beobachtung, die ich nach der Inbetriebnahme des Kernkraftwerks Ohu bei Landshut verspürte, bekanntzugeben.

Eines morgens wollte ich, wie an sonnigen Tagen gewohnt, das Frühstück auf der Terrasse, in Gesellschaft meines Sohnes, einnehmen. Die Terrasse liegt im obersten Stockwerk des Hauses und ist nicht überdacht.

Kaum, daß ich ins Freie trat, wurde mir übel und ich bekam ständiges Aufstoßen. Mein Sohn sah mich verwundert an und fragte, was los sei. Daraufhin konnte ich ihm nur antworten, daß dies bei mir immer dann auftritt, wenn ich mich in Feldern mit verstärkter Radioaktivität aufhalte. Ich sah mich auf der Terrasse und in den Nebenräumen um, konnte aber nichts entdecken, was zu einer solch starken Radioaktivität geführt hätte. Ich verließ die Terrasse und fühlte mich in den geschlossenen Räumen meiner Wohnung bald besser.

In den Abendnachrichten hörten wir dann die Meldung, daß das Kernkraftwerk Ohu, bei Landshut, in den frühen Morgenstunden in Betrieb genommen wurde.

## Erfahrungsbericht eines Lesers.

Ein erfahrener Hobbyrutengänger in H. erzählte uns, daß er vor 20 Jahren auch auf das Phänomen gestoßen sei, daß es Gegenstände sind, die „Erdstrahlen" in den Räumen aufbauen. Es glaubte ihm niemand. Er kämpfte allein, um Anerkennung zu finden; leider vergebens. Nachdem ihm auch noch eine bekannte Rutengängerin, Frau B., widersprach, gab er es auf. Er wurde aber die ganzen Jahre hindurch den Gedanken nicht los, daß er doch Recht haben könnte.

Nach dem Lesen unseres Buches erzählte er uns von seinem Leidensweg und war begeistert, daß wir den Mut aufbrachten, unsere Erfahrungen niederzuschreiben und zu veröffentlichen, die doch den heute geltenden Anschauungen widersprechen.

Er machte Versuche im eigenen Haus und teilte uns einige Zeit später mit, daß er alle vorhandenen Strahlen nicht mehr muten konnte, nachdem er alles Störende, wie in unserem Buch beschrieben, entfernt hatte. Das überraschte ihn so sehr, daß er im ersten Moment glaubte, er habe die Fähigkeit zum Ruten verloren.

Auf Grund meiner Erfahrungen stellte er Versuche in seinem Keller an, denn trotz teurer Maßnahmen, konnte die Feuchtigkeit aus seinem Keller nicht beseitigt werden.

Er legte sämtliche leeren Flaschen und seine abgestellte Badewanne aus Metall um, brachte alle stehenden Eisenteile, auch den Griff des Rasenmähers, in die waagrechte Position, und er konnte zusehen, wie die Feuchtigkeit von Tag zu Tag mehr aus seinem Keller verschwand.

Da er dem Forschungskreis für Geobiologie in Ebersbach angehört, teilte er diesem alle seine Beobachtungen mit.

Folgendes Beispiel soll Ihnen nun zeigen, daß schon vor zwei Jahrzehnten, ein sehr angesehener Rutengänger, Herr Alois Flachenegger aus Wels, ebenfalls Hobbyrutengänger wie ich, schon vor 20 Jahren auf die Spur der Strahlen gestoßen ist, die von Gegenständen ausgingen, dies jedoch in anderer Weise interpretierte.

Herr Alois Flachenegger veröffentlichte folgenden Artikel in der Schweizer Zeitschrift für Radiästhesie, Geobiologie und Strahlenbiologie „RGS" Heft 78, vom Jänner und Februar 1969, Seite 19. Diesen Artikel erhielt ich am 16. Oktober 1987 von Herrn W. E. aus Linz zugesandt, der unser Buch gelesen hatte und mir unsere Wahrnehmungen bestätigen wollte.

**Wortgetreu aus „RGS" Heft 78**

## Die eiserne Handkassette

„Wir haben Ihren Vortrag gehört", (Flacheneggers Vortrag, Anm. BE) erzählte Herr L., „in dem Sie unter anderem auch von der richtigen Schlaflage, Kopf nach Nord oder Ost oder Nordost, so überzeugend sprachen."

„Als wir spät abends nach dem Vortrag heimkamen, haben wir sogleich das Bett unseres Jungen, der nie richtig schlafen konnte, um 180 Grad gedreht, und von der ersten Nacht an schlief er durch und seither schläft der Kleine morgens um eine Stunde länger."

Da außer der Kopf-Südlage (also Verkehrtlage) das Haupt in eine Wasserführung geriet, ist er nunmehr wirklich „aus dem Wasser".

Aber ich habe Sie heute gebeten, daß Sie unser Schlafzimmer besichtigen. Ich habe schon lange das Gefühl, daß da etwas nicht stimmt. Wir haben das Haus von Verwandten geerbt; sie sind alle verstorben. Im linken Bett, wo meine Frau schlecht schläft, starben drei Verwandte an Gehirnschlag. Meine Frau hat morgens immer Kopfschmerzen und fürchtet, daß auch sie an Gehirnschlag sterben wird."

Ich untersuchte beide Betten. Am Kopfende der Frau gab die Rute einen kräftigen Ausschlag. Als der Betteinsatz ausgehoben war, erblickte ich eine kleine eiserne Handkassette am Fußboden. Ich ließ sie wegnehmen und damit war auch der Rutenausschlag weg.

„Stand die Kassette immer an dieser Stelle?" „Ja, schon zu Lebzeiten aller dieser erwähnten Vorfahren." „Was ist in dieser Kassette?" fragte ich weiter. „Altes Silber."

Die Kassette wurde geöffnet. Silbermünzen, teils gerollt, teils lose; silberne Uhren und eine erhebliche Menge Silberschmuck.

„Kann ich Fotos der an Gehirnschlag verstorbenen sehen?" „Ja!" Sie wurden mir gebracht. Sämtliche waren, ebenso wie die Frau, „W" typ, d.h. wärmeempfindlicher Typ; demnach silberfeindlich.

Ob das Zusammenwirken Eisen (=Kassette) und Silber (Inhalt) durch das Spannungsgefälle die Sache noch verschlechtert hat, konnte ich nicht beurteilen. Die Kassette steht nicht mehr unter dem Kopfende des Bettes.

Worin lag nun diese vermutliche Wirkung? Für den goldfeindlichen „W"-Typ wirkt Silber verkrampfend. In beiden Ehebetten können nun die Ehepartner ungestört schlafen, umso mehr, als beide nicht eisenfeindlich sind.

Gezeichnet:

Alois Flachenegger, Wels

Die Tatsache, daß nach Entfernung der Stahlkassette mit Inhalt keine Strahlen mehr mutbar waren, bestätigt unsere Beobachtung.

## Der Krebspunkt

Bei einem Kongreß in Wels erklärte ein Teilnehmer, daß er in der Lage wäre, „Krebsstellen" zu finden.

Für mich war dies nichts Ungewöhnliches, trotzdem bat ich diesen Herrn, mir sein Wissen mitzuteilen, dem er auch bereitwillig zustimmte.

Er ersuchte mich, in den Hof des Kongreßhauses zu kommen; auch andere Teilnehmer schlossen sich an.

An einer Stelle im Hof schlug seine Rute aus und er meinte, dort einen Krebspunkt gefunden zu haben. Die anwesenden Teilnehmer und ich hatten an derselben Stelle einen Rutenausschlag.

Jetzt machte ich die Teilnehmer auf die Tatsache aufmerksam, daß es nicht die Stelle allein, sondern der „Krebspunkt" nur im Verein mit dem dort am Boden liegenden Stein aufgezeigt wurde.

Ich entfernte den Stein und zur Überraschung aller, hatte keiner mehr an dieser Stelle einen Rutenausschlag. Der „Krebspunkt" war verschwunden.

## Das elektromagnetische Erdfeld

Überall in der freien Natur ist das elektromagnetische Erdfeld vorhanden und mit der Rute nachweisbar. Es ist vorwiegend harmonisch und lebensnotwendig.

Dieses Feld wird aber in seiner Ausgeglichenheit durch Veränderungen, mit denen der Mensch in die Natur eingreift, gestört. Z.B: erhielt ich bei der Suche nach dem erdmagnetischen Feld über Kanaldeckeln und Abwassergittern einen beschleunigten Rutenausschlag gegenüber der Umgebung. Über diesen fanden sich erwartungsgemäß noch Wasserlauf, Verwerfung, Globalgitter- und Currykreuzungen.

In den Häusern, mit den Baustahlgittern in den Zwischendecken, wird das elektromagnetische Feld abgeschirmt, d.h. es ist nicht mehr mutbar.

Das elektromagnetische Feld baut sich in den Räumen über Gegenständen, die aus Rohmaterialien gefertigt sind, die aus der Erde stammen, wieder auf.

Dieses Feld kann nur senkrecht über den Gegenständen gemutet werden, im Gegensatz zu allen Störzonen, deren Ausstrahlung auch seitwärts und oft noch in weiterer Entfernung zu muten sind.

Wir machten praktisch die sehr wichtige Beobachtung, daß sowohl Schaumstoff- wie Federkernmatratzen, z.B. Schlaraffia und Jokamatratzen, dieses feine, für den Menschen notwendige Feld wieder aufbauen. Soweit nicht zusätzliche Störfelder („Erdstrahlen") dabei gefunden werden, sollten diese Matratzen keinesfalls entfernt werden.

In einem störungsfreien Raum nimmt IP das elektromagnetische Feld, über sonst strahlenfreien Matratzen als ein hauchfeines, einheitliches Kraftfeld wahr.

## Orte der Kraft

Zeugnisse aus frühen Epochen geben uns Kunde, daß den Menschen in alten Zeiten eine ausgeprägte Fühligkeit und Wissen um die feinen Kräfte der Natur, die unseren Sinnen verborgen sind, eigen war.

Sie hatten die Fähigkeit, Orte der Kraft in der Natur zu finden und diese noch zu verstärken. So konnten sie Steine, z.B. in Stonehenge oder auch die Menhire so setzen, daß Orte der Kraft entstanden und auch verstärkt wurden.

Diese Überlieferung diente den Priestern und Eingeweihten beim Bau von Tempeln, Kathedralen, Klöstern und sakralen Plätzen. An diesen Weihestätten konnte der suchende Mensch Zugang zu Gott und der göttlichen Wahrheit finden. Es kam dabei besonders auf die Form und Art des Materials und dessen Anordnung an.

Nach meiner Ansicht verändern auch Kirchtürme ihre nähere Umgebung. Dasselbe gilt heute für Hochspannungs-, Fernsehmasten und dergleichen mehr. (Siehe Zeichnung Seite 31.)

Aus dieser Gesamtsicht betrachtet, kann man nicht nur von positiven oder negativen Strahlen sprechen, sondern, da sie auch in der freien Natur vorzufinden sind, von anregenden oder neutralen Strahlen.

Wie wir wissen, wird der Körper auf solchen Reizstreifen zu mehr Aktivität angeregt. Dies kann durch Ausschlag der Rute oder den Pendel sichtbar gemacht werden.

Ein längeres Verweilen auf solchen Zonen kann den Körper übermäßig anregen, z.B. Nervosität, Unruhe, Unkonzentriertheit usw. hervorrufen oder es kann auch an den konzentriert bestrahlten Körperstellen, über einen Zeitraum von Jahren, zu übermäßiger Aktivität der Körperzellen kommen.

Solche Strahlungspunkte sollen nur kurzfristig in Anspruch genommen werden, um eventuell fehlende Energie aufzutanken. Es ist wie bei Einnahme von Medikamenten:

Sparsam dosiert wirken sie heilend, ein Zuviel kann zu Schädigungen führen.

# Kapitel IV

## Abschirmungen

Ich möchte noch kurz zu dem Thema Abschirmungen zurückkommen, um Ihnen zu demonstrieren, wie wenig sie nützen.

Ich führte in meiner Wohnung ein kleines Experiment durch. In meinem Zimmer, das frei von Strahlen war, stellte ich am Fensterbrett einen Rasierspiegel auf. Ich prüfte nur eine kleine Stelle über meinem Bett und konnte mit der Rute feststellen, daß dieser Spiegel dort eine Wasser- und Globalkreuzung aufbaute.

Nun suchte ich die Mitte dieses Wasserlaufs und stellte, um die Störfelder zu eliminieren, eine offene, quadratische Flasche auf einen als geeignet ausgeruteten Platz.

Ich ersuchte IP, die sich in einem anderen Zimmer aufhielt und die auch nicht wußte, was ich vorhatte, nachzuprüfen. Sie konnte mit der Hand keinerlei Strahlenimpulse wahrnehmen.

Ohne, daß IP es merkte, stellte ich ein leeres Wasserglas vor mein Bett und allein dadurch habe ich die Abschirmung wieder zunichte gemacht, denn es waren sofort wieder mit der Rute und mit der Hand, Strahlen wahrzunehmen.

Auf diese oder ähnliche Weise schirmen viele Rutengänger Wasserläufe ab oder verwenden Abschirmgeräte verschiedenster Art. Die Abschirmgeräte erfüllen nur dann ihren Zweck, solange die momentan im Raum befindlichen Gegenstände in ihrer Position nicht verändert werden. Dies ist in Aufenthalträumen unmöglich.

Bisher waren wir immer wieder gezwungen, allerlei Abschirmgeräte aus den Räumen zu entfernen, denn so lange wir Strahlen wahrnehmen, ist das der Beweis für uns, daß die Abschirmgeräte meist nichts nützen, im Gegenteil, sie können sogar Strahlen aufbauen oder verstärken.

Früher habe ich auch Hufeisenrohlinge, ohne Stollen, zum Abschirmen von Wasserläufen verwendet. Diese hatten am richtigen Platz, und richtig angebracht, ihre Wirkung, während Hufeisen mit Stollen selber Störzonen aufbauen, die in Richtung der Stollen verlaufen.

Hier gilt wieder die Regel: Wird ein Gegenstand im Raum verstellt, wird die Abschirmung unwirksam.

Jede Abschirmung sollte nur eine Notlösung sein, wie die an meinem derzeitigen Schreibtischplatz. Dies ist nur auf Zeit, denn beim Verstellen nur eines Gegenstandes muß die Abschirmung — mit einem Glas — neu eingestellt werden. Aus diesem Grunde kann ich Ihnen nur raten, die Schlafzimmer „rein" zu halten.

Ob und wie weit aus der Erde oder aus dem Kosmos stammende Strahlen von den im Raum aufgebauten Strahlen angezogen, verstärkt, abgeschwächt oder hinausverlagert werden, ist ein interessantes Gebiet zukünftiger Forschung für Radiästheten und Physiker.

Da wir heute die Entstehungsursache der Strahlen in den Wohnungen kennen, ist es jetzt möglich, etwas dagegen zu tun.

Eine große Entlastung für Sie entsteht schon, wenn Sie nicht immer denselben Lieblingsplatz einnehmen, öfters Gegenstände verstellen, stark strahlende aus Ihrem Nahbereich entfernen und schwer bewegliche mit einer Wolldecke abdecken. Wolle mindert die Strahlen immer, auch bei Stromauslässen.

Zu Zeiten der Untersuchungen des Freiherrn von Pohl im Jahre 1929, verwendete man zum Bau eines Hauses noch natürliche Materialien und die Schlafzimmerausstattungen waren meist bescheiden. Die Zimmerdecken waren aus Holz, das die Wasserlaufstrahlung aus dem Erduntergrund durchließ. Heute werden die Zwischendecken in der Regel in Stahlbetonweise ausgeführt und lassen die Erdstrahlen aus der Natur und aus den darüber und darunter liegenden Räumen nicht durch. Diese Abschirmung funktioniert vermutlich in Art eines Faradayschen Käfigs. Strom wurde in diesen Jahren im Haushalt meist nur für Beleuchtung verwendet.

In letzter Zeit stellte ich Versuche an, um fühligen Menschen die Gelegenheit zu geben, nicht alles aus dem Schlafzimmer räumen zu müssen. **Für Ruten- und Pendelunkundige würde ich aber raten, bei der bis nun beschriebenen Methode zu bleiben.**

Sie haben des öfteren in diesem Buch gelesen, daß dieser oder jener Gegenstand eine Dipolwirkung hatte. Die von den Gegenständen ausgehenden Strahlen korrespondieren miteinander. Es treten vielfältige Wechselbeziehungen zueinander auf. Wenn wir es erreichen können, daß sie so miteinander korrespondieren, daß ein Schwingungsausgleich hergestellt wird, so haben wir in den Räumen eine ausgeglichene, harmonische Atmosphäre. So lange wir das Empfinden dafür noch nicht erlangt haben, und es uns nicht gelingt, mit einem dafür geeigneten Gegenstand **auf Dauer** Harmonie herzustellen, sollten wir uns unsere Schlafzimmer so gestalten und einrichten, daß wir in der Nacht unbestrahlt liegen.

Nun ging ich von der Voraussetzung aus, daß wahllos plazierte Gegenstände für gewöhnlich Disharmonie hervorrufen, und daß man durch gezielte Veränderung des Standortes eines Gegenstandes einen harmonischen Ausgleich der verschiedenen Strahlungen bewirken kann.

### a) Wie kann man einen geeigneten Standplatz finden?

Man sucht sich im Zimmer einen gravierenden (stark strahlenaussendenden) Gegenstand aus, der als Dipol dienen soll. Man geht daraufhin mit der Rute oder dem Pendel mit der Fragestellung durch das Zimmer, wo dieser Gegenstand abgestellt werden soll. Stellen sie ihn auf die angezeigte Stelle und orten Sie ihn **genau** in der Mitte ein. Machen Sie anschließend die Probe, ob die nähere oder weitere Umgebung dieses „Gerätes" frei von „Erdstrahlen" ist. Muten Sie noch Strahlen, so haben Sie nicht den geeigneten Standplatz gefunden, oder dieser Gegenstand ist hiezu nicht geeignet, und Sie müssen weiter experimentieren.

### b) Welche Gegenstände sind dazu geeignet?

Je stärker ein Gegenstand strahlt, umso weiter ist der Radius der Abschirmung. Auf diese Weise kann man einen großen Umkreis, ja praktisch ein ganzes Zimmer von

Anmerkung: Faradayscher Käfig ist eine allseitig geschlossene Hülle aus Blech oder Maschendraht, durch die kein äußeres elektrisches Feld eindringen kann.

Strahlen befreien. Diese Methode kann man in Küchen, Schlaf- und Kinderzimmern und auch in Büros anwenden und dadurch Strahlenfreiheit erzielen.Zu diesem Zweck verwende ich immer Gegenstände, die schon in der Wohnung vorhanden sind.

Wenn Sie den geeigneten Gegenstand und den richtigen Platz gewählt haben, dann darf es keine Rolle mehr spielen, wenn Sie nachher geringfügige Gegenstände umstellen. Wichtig bei der ganzen Angelegenheit ist, mehrmals die Probe und die Gegenprobe zu machen.

Einige Gegenstände, die zur Dipolisierung geeignet sind:

Ein Radio, Vasen jeder Größe; je intensiver die Strahlung ist, oder je größer der Durchmesser der abgeschirmten Stelle sein soll, desto größer oder höher sollte der Hohlkörper für die Abschirmung sein. Oft reicht schon ein 3/10 Liter Trinkglas, ein schwerer Kerzenständer mit Kerze, deren Material nicht von Wichtigkeit ist. Ohne Kerze stört die Spitze des Kerzenständers. Weiters können auch zur Dipolisierung schwere Metallgegenstände, Skulpturen, Mörser, Sparbüchsen mit Kleingeld gefüllt und ähnliches verwendet werden.

### c) Wie geht man praktisch vor, um eine Dipolisierung zu erreichen?

Dies will ich Ihnen in Form einiger Beispiele schildern.

Beispiel 1)

Wenn Sie nicht alles entfernen können, z.B. in Garconnieren, Hotelzimmern, Büros usw., so machen Sie den Versuch und stellen Sie ein leeres 3/10 Liter Trinkglas in der Nähe Ihres Bettes, z.B. auf Ihr Nachtkästchen. Der jeweilige Platz für das Trinkglas ist wieder mit Hilfe der Rute oder des Pendels ausfindig zu machen.

Sie werden daraufhin feststellen, daß sich die Energiefelder (Strahlen) verlagert haben. Mit dem leeren Glas können Sie ein Dipol zu den Strahlenfeldern herstellen, wenn es Ihnen gelingt, den geeigneten Platz für das Wasserglas zu finden, der dann erreicht ist, wenn Sie über den Betten oder Schreibtischsitz etc. keinen Rutenausschlag mehr haben. Andere Gegenstände dürfen daraufhin nicht mehr verstellt oder in den Raum gebracht werden. Dies würde erneut neue Schwingungskreise hervorbringen.

Beispiel 2)

Meinen Arbeitsplatz in der Küche will ich frei von Erdstrahlen haben. Auf einem Küchenschränkchen steht mein tragbares Radio, dieses soll mir zur Dipolisierung dienen. In meinem Fall ist es der Platz auf dem Kühlschrank, der selbst schon ein gravierender Gegenstand ist und durch das Radio noch eine Verstärkung erfährt. Die Antenne darf in diesem Fall nicht senkrecht hochstehen, sonst verliert die Abschirmung wieder ihre Funktion. Andere, geringfügige Gegenstände können verstellt werden, jedoch leere Flaschen und Vasen ohne Wasser dürfen nicht aufgestellt werden. Es macht nichts aus, wenn Töpfe nachher geringfügig anders angeordnet werden.

Mein gesamter Arbeitsbereich in der Küche ist auf diese Weise frei von „Erdstrahlen", die vorher gehäuft zu testen waren.

Beispiel 3)

Mein Sohn möchte das Bettchen seines zweieinhalbjährigen Töchterchens an die Wand zum Wohnzimmer, im Kinderzimmer, aufstellen. Im Wohnzimmer hängt aber in geringer Entfernung zum Kinderbettchen eine Wanduhr mit schweren Bleigewichten. Ich ließ sie während der Untersuchung an ihrem Platz.

Das gesamte Spielzeug wurde in einem Korb gesammelt und im Kinderzimmer an einem hierzu ausgeruteten Platz abgestellt. Da durch diese Maßnahme noch keine Strahlenfreieheit hergestellt war, die Strahlung der Gewichte und Pendel der Uhr überwog, stellte ich im Wohnzimmer einen bronzenen Kerzenständer mit Kerze gezielt auf ein Kästchen. Mit dieser Maßnahme zog ich die meisten Strahlen der Uhr ab. Die Strahlenfreiheit war auf diese Weise über dem Kinderbettchen hergestellt.Es war dann gleichgültig, ob man vereinzelt noch kleinere Spielsachen herumliegen ließ. Die Strahlenfreiheit blieb.

Da ich in dieser Richtung noch Tests durchführte, konnte ich feststellen, daß manche Rutschautos aus Kunststoff, auf denen die Kleinen selbst fahren, eine sehr geringe Ausstrahlung besitzen. Es ist aber selbstverständlich, daß der Korb mit den Spielwaren immer an derselben Stelle im Zimmer abgestellt werden muß.

Ich führte ein weiteres Experiment durch. Zu diesem Test brachte ich den Korb mit den Spielwaren aus dem Raum, und stellte besagten Kerzenständer im Kinderzimmer gezielt auf einem Platz am Fußboden. Mit dieser Maßnahme war die Strahlenfreiheit über dem Kinderbettchen ebenso hergestellt.

Beispiel 4)

Bei meinem Sohn sind im Schlafzimmer drei Zinnleuchter angebracht. Diese wurden jede Nacht abgedeckt. Wenn sich der Säugling meldete, war es unpraktisch und oft ärgerlich, erst die Decken von den Lampen abnehmen zu müssen.

Ich nahm einen ca. 20 cm hohen Messingkrug mit Trockenblumen und stellte ihn auf die ausgesuchte Stelle. In diesem Fall war es das Nachtkästchen des Sohnes. Die Strahlenfreiheit war über dem Bett des Sohnes hergestellt. Das Bett der Schwiegertochter war noch belastet. Diese Belastung wurde durch Abdecken der Türklinke und des Schloßteiles der Balkontüre ausgeschaltet, die immer offen steht.

Besagter Krug besitzt einen Henkel. Dieser muß immer in dieselbe Richtung weisen, um die „Abschirmung" aufrecht zu erhalten. Die zentimetergenaue Einortung des Kruges ist selbstverständlich.

Beispiel 5)

Bei einer bekannten Dame stellte ich auf ihren Schreibtisch im Schlafzimmer ein Zweiliter-Einsiedeglas zur Dipolisierung auf, da es ihr in der kleinen Wohnung nicht möglich war, die gesamten strahlenden Gegenstände aus dem Schlafzimmer zu entfernen. Dieses Glas konnte an dieser Position, auch ohne Einschalten des Stromfreischalters, die gesamten Strahlen über dem Bettbereich ausgleichen.

In ihrem zweiten Zimmer befindet sich auch eine Schlafgelegenheit. Diese wollte sie auch „frei" haben. In unmittelbarer Nähe des Bettes befindet sich der Kohleofen. Ein Paravent aus Blech sollte die Ausstrahlung der Hitze des Ofenrohres abhalten. Auf dem Nachtkästchen steht eine Nachttischlampe und daneben lagen verschiedene Medikamente. Auch in den Schränken waren die verschiedensten Gegenstände untergebracht.

Um auch in diesem Zimmer Strahlenharmonie herzustellen, verwendete ich eine große, vorhandene Bodenvase. In diesemFall war die richtige Stelle für die Vase dicht neben dem Bett. Die Türe mußte geschlossen bleiben, denn das Schloß belastete im offenen Zustand das Bett erneut. Mit dieser Maßnahme war das Zimmer, bis auf die Randgebiete, strahlenfrei.

Beispiel 6)

In meinem Wohnzimmer machte ich den Versuch, einen doppelseitigen Rasierspiegel gezielt aufzustellen. Dadurch wurde eineinhalb Meter im Umkreis „strahlenfreier" Raum geschaffen, aber die Strahlenfreiheit wurde sofort wieder aufgehoben, wenn ich einen anderen Gegenstand verstellte oder wenn ein neuer hinzukam.

Beispiel 7)

Mein Wohnzimmer, das sehr viele „gravierende" Gegenstände enthält wie: Fernseher, Stereoturm mit zwei großen Lautsprecherboxen, eine Uhr mit drei schweren Bleigewichten, Schreibmaschine und vieles mehr, versuchte ich durch Dipolisierung von Strahlen zu befreien. Die Alu-Jalousie, die sich über eine ganze Außenwand erstreckt, war herabgelassen.

In diesem Fall verwendete ich einen flachen, auf drei geschwungenen Beinen stehenden Bronzekerzenständer mit Kerze. Dieser Kerzenständer schirmte, wieder gezielt aufgestellt, auf meinem Schreibtisch alle von den anderen Gegenständen aufgebauten Strahlen im Umkreis von drei Metern um die Kerze herum, ab. Ist die Spitze des Kerzenständers nicht durch die Kerze abgedeckt, so ist der Ständer für diesen Zweck wertlos. Bei offener Jalousie mußte der Kerzenständer anders eingeortet werden, um seine Funktion aufs Neue zu erfüllen.

Stellte ich den Kerzenständer an einer nicht ausgeruteten Stelle ab, brach die „Abschirmung" wieder zusammen.

Um diesen Bronzeständer, im Gewicht von ca. 3 1/2 kg auf der neuen Stelle mit abzuschirmen, verwendete ich eine gerade vorhandene 10 Meter Kabelrolle. Legte ich diese gezielt am Zimmerboden ab, so war im Radius von 5 Metern alles strahlenfrei. Verwendete ich aber die Kabelrolle ohne diesen Kerzenständer, ist die Abstrahlwirkung der Kabelrolle zu stark und es baute sich 1 1/2 Meter im Umkreis um diese, Verwerfung und Radioaktivität auf. Verwendete ich Kerzenständer und Kabelrolle zur Dipolisierung, eine neue, genaue Einortung beider Gegenstände war notwendig, so konnte ich sogar ein tragbares Radio mit eingezogener Antenne in diesen Abschirmbereich bringen, ohne erneut „Erdstrahlen" zu erzeugen. Wurde hingegen eine größere Menge Musikkassetten in diesen Bereich gebracht, so mußte wieder eine neue Einortung des Abschirmgegenstandes erfolgen.

Dieser Bronzekerzenständer oder jeder andere gravierende Gegenstand kann bei jeder Gelegenheit eingesetzt werden. Z.B. konnte ich mit diesem meinen Arbeitsplatz beim Schreiben dieses Buches entstören. Es würde für diesen kleinen Bereich schon ein größeres, leeres Trinkglas genügen, wie es früher beschrieben wurde.

In meinem Haushalt befindet sich eine ca. 3/4 Meter hohe, bauchige Kupfervase. Wenn ich diese in meinem Wohnzimmer gezielt aufstelle, kann ich ca. 40 $m^2$ abschirmen.

Hohlgefäße sind durch die Yin-Zugehörigkeit besonders geeignet als Gegengewicht unseres Yang-betonten Arbeitsklimas.

Beispiel 8)

Vor kurzer Zeit sollte ich ein Schlafzimmer von Strahlen befreien; der Ehemann hatte Schlafschwierigkeiten.

Über dem Fußbereich der Betten hing ein Messinglüster. Die Nachtlampen aus dem gleichen Material waren über den Nachtkästchen an der Wand befestigt. Ich wollte auch gleich wissen, was im Nebenraum, an der Wand zum Schlafzimmer, untergebracht ist.

Das Schlafzimmer grenzte an das Wohnzimmer. In diesem stand unmittelbar hinter der Stirnfront der Betten der Kachelofen mit Stahleinsatz. Auf diesem stand ein größerer, offener Zinnkrug.

In diesem Fall müßten die Betten umgestellt werden.

Der Kleiderschrank erstreckte sich über eine ganze Wand und war eingebaut. Diesen im Schlafzimmer anderweitig unterzubringen wäre unmöglich, deshalb entschloß ich mich zur Dipolisierung.

Zuerst stellte ich diesen Krug an eine ausgerutete Stelle am Kachelofen, dadurch hatte ich schon Strahlenfreiheit über den Betten erzielt.

Um nicht bei einer späteren Umschichtung der Gegenstände im Nachtkästchen die Dipolwirkung wieder zu zerstören, ließ ich strahlende Gegenstände aus dem Nachtkästchen nehmen. Eine Uhr am Nachttisch des Hausherrn ließ ich stehen.

Nun mußte der Zinnkrug vom Kachelofen entfernt werden und eine zufällig schon richtig plazierte, kleinere Bodenvase im Wohnzimmer übernahm die Dipolfunktion.

Der Ehemann will nicht ohne seine Quartzarmbanduhr schlafen, dehalb kann ich noch von keiner Erfolgsmeldung berichten.

## Wie können Sie sich vor den Abstrahlungen eines Fernsehers schützen?

In diesem Zusammenhang möchte ich darauf hinweisen, daß Sie die Ausstrahlung eines Fernsehers dadurch abschwächen können, daß Sie einen Kamm, unmittelbar in der Höhe der Abstellfläche des Fernsehers, vor den Bildschirm, mit den Kammspitzen in den Raum gerichtet, ablegen, und alle 8 bis 14 Tage diesen Kamm längere Zeit unter fließendes Wasser halten oder Sie kämmen sich von Zeit zu Zeit damit die Haare.

Bei diesen Versuchen stellte ich fest, daß der Kamm mit den Spitzen in den Raum gerichtet abgelegt, der Fernseher noch 1 .1/2 Meter weit in den Raum abstrahlte. Darüberhinaus war jedoch keine Abstrahlung des Fernsehers mehr zu muten.

Liegt hingegen der Kamm mit den Spitzen zum Bildschirm, so sind die ersten 1 1/2 Meter frei von Strahlen, der übrige Raum ist aber mit Abstrahlungen des Fernsehers belastet.

Meine Empfehlung: Wenn Sie aus Platzmangel innerhalb der 1 1/2 Metergrenze zum Fernsehapparat sitzen müssen, so legen Sie den Kamm mit den Zinken zum Bildschirm ab.

Angeregt durch die Experimente mit dem Fernsehapparat, versuchte ich den Arbeitsplatz in einem Büro freizumachen. Der Sitzplatz ist ein Drehstuhl vor dem Schreibtisch. Auf diesem steht ein Computer mit Bildschirm, Telefon, Rechenmaschine und verschiedene Schreibutensilien. Links neben dem Stuhl steht das Tischchen mit der Schreibmaschine.

Ich legte einen größeren Kamm mit den Spitzen zum Bildschirm gerichtet ab, genauso wie ich es vorher bei einem Fernsehapparat beschrieben habe. Dadurch wurde die Abstrahlung des Bildschirms, bis 1 1/2 Meter von diesem, aufgehoben. In diesem Bereich befindet sich auch der Schreibtischstuhl.

Trotzdem waren noch „Erdstrahlen" in diesem Radius zu muten, die von anderen Gegenständen aufgebaut wurden. Diese konnte ich durch das Aufstellen eines offenen, leeren, 2 Liter Einsiedeglases auf dem Schreibmaschinentischchen eliminieren.

Während des Testes hatte der EDV-Mann seinen Arbeitsplatz am Schreibtisch nicht verlassen.

Zirka 3 Minuten nach dieser „Abschirmung" fragte mich der Mann plötzlich: „Was ist jetzt? Mir kommt jetzt vor, ich liege in einem superweichen Bett und fühle mich dabei sehr wohl. Ist dies mit diesen Maßnahmen in Zusammenhang zu bringen?"

Ein Verstellen geringfügiger Dinge hatte bei dieser Abschirmung keinen Einfluß.

Leider kann diese Methode nur ein Fühliger handhaben. Eine Abschirmung dieser Art bedarf einer ständigen Kontrolle.

Sollten Sie sich einmal von einem Rutengänger durch „Ausräumung" die „Erdstrahlen" beseitigen lassen, so ist es dann nicht mehr seine Schuld, wenn später das Gleichgewicht der Schwingungen durch das Wechseln der Gegenstände in Unordnung gerät.

All diese Fälle sollen Ihnen veranschaulichen, daß Sie selber, wenn Sie cooperativ sind, etwas für die Verbesserung des Strahlenklimas in Ihrer Wohnung tun können, allein oder mit Hilfe eines Rutengängers.

Etwas gehört auf jeden Fall dazu: Der Entschluß, sich von vielen, nicht lebensnotwendigen Dingen zu trennen, oder, wenn möglich, diese anderweitig unterzubringen. Ein Umdenken ist in dieser Richtung erforderlich.

Machen Sie selbst weitere Versuche! Viel Erfolg!

# Kapitel V

Anschließend möchten wir Ihnen noch einige Vorschläge in Erinnerung rufen.

Spiegel gehören nicht in den Schlafraum. Wenn Sie trotzdem einen behalten wollen, so decken Sie ihn am Abend mit einer echten Wolldecke ab. Ein Abdecken mit Leinen, Baumwolle oder anderen Tüchern bringt keine Strahlenfreiheit.

Genauso müssen Sie mit den zuklappbaren, zwei- oder dreiteiligen Spiegeln vorgehen. Auch diese müssen zusätzlich abgedeckt werden, es darf kein Spalt des Spiegels offen bleiben.

Verwenden Sie in Ihren Schlafräumen, nach Möglichkeit nur Materialien aus Holz, Wolle, Baumwolle etc., eben nur aus Naturfasern.

Sollten Sie Couchen statt Betten haben, legen Sie ein Augenmerk darauf, was Sie in den Couchkästen unterbringen. Wir erleben es immer wieder, daß diese Fläche als Lagerraum Verwendung findet. Es sollten lediglich die Feder- oder mit Rohseide gefüllten Sommerbetten untergebracht werden oder wieder nur Gegenstände aus Naturfasern oder Holz. Auf keinen Fall Gegenstände aus Metall, Kunststoff, Glas, Batterien und ähnliches.

Wir werden des öfteren gefragt, ob Metallteile und Sprungfedern, die zum Öffnen der Couchen angebracht sind, Strahlenfelder aufbauen. Bis nun haben wir diese Teile nur selten als Ursache von Störfeldern erkennen können. Wir vermuten, daß sie sich in ihrer Wirkung aufheben, weil sie waagrecht und immer zwei oder vier Teile angebracht sind. Außerdem sind sie mit der Matratze abgedeckt.

Bei Sitzgarnituren, die zum Schlafen ausgezogen werden und an drei Stellen mit Eisenteilen, Federn und Kunststoff konstruiert sind, strahlen die mittleren Halterungen im ausgezogenen Zustand stark auf den Körper aus. Dasselbe gilt für Lattenroste gleicher Bauart. Eine individuelle Testung wäre angebracht.

Oft finden wir in den Schlafzimmern, in Bettnähe, Polstermöbel und Stühle mit Sprung- oder Stahlfedern vor. Diese bauen über den Betten viele Strahlenkreuzungen auf und müssen dann aus dem Raum entfernt werden.

Lattenroste sollten nur aus Holz, und die Verbindungsteile aus Naturfasern bestehen.

Auf keinen Fall dürfen sie mit einem Motor betrieben werden.

Lattenroste, die zum Verstellen des Kopf- und Fußteiles mit querliegenden Eisenteilen versehen sind, oder deren Latten auf Metall- oder Kunststoffteilen lagern, bauen enorme Strahlen auf, auch wenn dafür noch so viel Geld ausgegeben wurde, sind sie auf keinen Fall als biologisch zu betrachten.

Dasselbe gilt für Griffe aus Metall oder Kunststoff, mit denen man die Höhe von Hand aus reguliert. Die Handgriffe lassen sich mit Wolle abdecken.

Verwenden Sie in beiden Ehebetten immer die gleichen Lattenroste und Matratzen, sonst wirkt sich die Verschiedenartigkeit des Materials oft im Nebenbett störend aus. Es strahlt alles auch seitlich ab.

Betteinsätze aus Sprungfedern, Federkernmatratzen, Schaumstoffauflagen (nicht alle Arten strahlen), werden durch ihre Flächenverteilung in ihrer Wirkung gegenseitig aufgehoben. Sie bauen demnach die sogenannten „Erdstrahlen" nicht immer auf, dagegen bleibt das elektromagnetische Erdfeld über diesen Matratzen bestehen, was für unser Wohlbefinden nicht abträglich ist.

Auch wenn es Ihnen „übertrieben" vorkommt, so müssen wir auch auf die Türklinken und Türschlösser hinweisen. Lassen Sie die Türen nicht so geöffnet, daß das Schloßeinbauteil auf ein Bett zeigt. Müssen die Türen offen bleiben, so decken Sie die Klinken samt Schloß mit einem dicken Wolltuch ab.

Wenn die Betten im Nahbereich der Türen oder Fenster stehen, so ist mit den Griffen genauso zu verfahren. In diesem Fall können Sie auch einen Schutz aus echter Wolle häkeln oder stricken.

Sollten Sie hinter den Heizkörpern mit Alu beschichtete Wärmedämmplatten haben, so raten wir Ihnen, diese wieder zu entfernen, denn sie bauen „Erdstrahlen" im Raum auf.

Im Winter werden gelegentlich elektrische Heizkörper verwendet. Wechseln Sie immer wieder deren Standort im Raum. Dies ist eine kleine Hilfe, da dadurch die Lage der von ihnen verursachten Störfelder geändert wird. In der warmen Jahreszeit ist es vorteilhafter, den Heizkörper aus dem Schlafraum zu entfernen.

Wir möchten nochmals darauf hinweisen, Staubsauger weder im Schlafzimmer, noch in einem dem Schlafzimmer angrenzenden Nebenraum aufzubewahren. Staubsauger bauen enorm starke Störfelder, auch durch die Mauern hindurch, auf.

Alle Lautsprecher, besonders die Boxen der Stereoanlagen haben eine intensive Ausstrahlung. Dies ist durch die in den Lautsprechern eingebauten Magnete bedingt.

Ein 800 Gauß Flachmagnet baut ein Magnetfeld von 3 m, ein 1400 Gauß von 7 m im Umkreis auf. Auch jeder Lautsprecher im Radio enthält einen Magneten.

Gestatten Sie Ihren Kindern nicht, Magneten jeglicher Art, im Schlafraum aufzubewahren.

Bügelmaschinen, Klaviere, Heimorgeln sind im Schlafzimmer am falschen Platz. Ist gar keine andere Möglichkeit vorhanden, so kann deren Ausstrahlung, durch Abdekken mit einer Wolldecke, gemindert werden.

Gitarren und Zithern etc. stellen Sie bitte so ab, daß die Saiten der Instrumente parallel zum Bett zu liegen kommen.

Achten Sie darauf, daß die Schreibmaschine so abgestellt wird, daß die Tastatur nicht auf ein Bett weist.

Haben Sie in Ihrem Schlafzimmer einen Fernseh- oder Telefonapparat stehen, und auch wenn er im Nebenzimmer steht, sollte das Kabel und die Antenne des Fernsehers über Nacht ausgesteckt und beides mit einer echten Wolldecke abgedeckt werden. Besser wäre es, diese Sachen über Nacht nicht im Schlafzimmer zu belassen.Ist auf ihrem Dach oder Balkon eine Fernsehantenne angebracht, so befindet sich meist in der Nähe des Dachständers ein Verstärker. Dieser ist in Form eines kleinen Kunststoffkästchens zu finden. Umwickeln Sie dieses Kästchen mit einer alten Wolldecke oder einem Schaffell. Dieser Verstärker hat eine weite Ausstrahlung und durchdringt auch Massivdecken.

Ein Fernseher sollte immer an einer Außenmauer aufgestellt werden, um eine Bestrahlung der angrenzenden Räume zu verhindern.

## Nehmen Sie Rücksicht auf Ihre Mitmenschen!

Es wäre gut, wenn jeder darauf achten würde, seinen Nachbarn nicht bewußt mit Strahlen zu bombardieren. In Neubauten sollte besonders auf den Fernsehantennenanschluß geachtet werden. An einer Außenmauer wäre er am richtigen Platz.

Ein großes Übel sind auch die verschiedenen Nachttischlampen und Deckenleuchten. Die häufig anzutreffenden Neonleuchten, werden für den Menschen als besonders abträglich betrachtet.

Nicht selten sind über den Betten Lampen angebracht, deren reflektierende Blenden oft die Ursache von Störfeldern über den Betten sind. Diese sollten ausgebaut oder über Nacht mit einer Wolldecke oder Federkissen abgedeckt werden.

Reflektorlampen sind so auszurichten, daß der Lichtstrahl nicht auf Ihr Bett gerichtet ist. Durch die Innenbeschichtung werfen diese eine Bündelung von Strahlen auf das Bett.

Die freistehenden Lampen aus Metall, Kristall, Silber oder ähnlichen Metallen, oder auch Schirme, die nach oben offen sind, besonders solche mit Drahtgestell, müssen als strahlenaufbauend bezeichnet werden.

Die besten Nachttischlampen wären die, deren Unterteil aus Holz gefertigt ist, nur mit einer glatten Glaskugel darüber. Es gibt jetzt schon Lampen aus kanadischem Kiefernfurnierholz, die als Steh-, Decken-, Nachttisch- oder Leselampen zu haben sind. Das Kabel darf nicht in einem Metallrohr zur Birne geführt werden. Jedes geriffelte, geschliffene oder mit Unebenheiten versehene Glas, auch Plexiglas oder ähnlichem Material, wirkt störend.

Verlängerungskabel, insbesondere die Verteilerleisten, strahlen immer, deshalb sollten sie über Nacht in keinem Schlafzimmer bleiben.

Ski, Skischuhe, Schuhe mit Schnallen, Spielsachen aus Kunststoff, mit oder ohne Batterie, Eisenbahn, Rennbahnen, Transformatoren, Autos mit oder ohne Fernsteuerung, Modelle aus Kunststoff und derartiges, bewahren Sie nicht im Schlafzimmer auf.

Ihre Schmuck- und Geldkassetten, Münzsammlungen, Ordner aus Kunststoff, Fotoalben mit Kunststoffeinlagen, Fotoapparate, Diaprojektor und Leinwand lagern Sie außerhalb des Schlafzimmers.

Hängen Sie keine Bilder mit Metall- oder Goldrahmen in Ihrem unmittelbaren Schlafbereich auf. Diese Goldlamierung auf Holz allein reicht oft aus, um im Bettbereich ein Störfeld aufzubauen.

Nippsachen aus Gips, Draht, Porzellan, Ton, Salzteigwaren, pyramidenähnliche Gebilde auch aus Glas, sowie Vasen, Tiere und andere Gebilde, besonders aus Kristallglas, sollten Sie nicht in Ihr Schlafzimmer stellen.

Kleiderbügel aus Kunststoff oder Holz, mit Metallhaken, haben wir, in üblicher Höhe im Schrank hängend, über den Betten noch nie als störend empfunden. Sie dürfen nur nicht am Schrankboden liegend aufbewahrt werden. Metallbügel sind immer störend.

Hängen Sie die Regenschirme nicht auf, sondern legen Sie diese im obersten Fach des Schrankes so ab, daß sie parallel zur Schrankwand liegen. In dieser Position strahlen sie meist nicht auf Ihr Bett.

Achten Sie darauf, daß Sie keine Medikamente, auch nicht homöopathische, im Schlafraum aufbewahren. Sie bauen verstärkt Strahlenfelder, inklusive Radioaktivität, im Raum auf, was zur Schwächung Ihres Körpers führt und bei Krankheit eine zusätzliche Belastung der Organe darstellt und somit den Heilungsprozeß verzögern kann.

Auch die Packungen gerade in Verwendung stehender Medikamente sollen nicht in Bettnähe liegen.

Oft lassen Hausfrauen ihre Bügelwäsche in Kunststoffbehältern im Schlafzimmer stehen. Die Wäschekörbe aus Kunststoff bauen verstärkt Radioaktivität auf. Legen Sie die leeren Behälter mit der Öffnung nach unten oder verwenden Sie Weidenkörbe.

Bei Gardinen aus Kunststoff, im Schrank aufbewahrt, strahlt der geballte Kunststoff. Hängen Sie Gardinen, so strahlt das eingearbeitete Bleiband in den Raum. Gardinen ohne Bleiband strahlen nie.

Stellen Sie keine Wickeltische aus Plastik in die Kinderzimmer. Diese „stören" immer. Heben Sie die Vorräte von Kosmetikartikeln, Windeln und Plastiksachen über Nacht nicht im Kinderzimmer auf. Stellen Sie dies außerhalb des Zimmers ab, sonst könnten sie vielleicht den Schlaf und die Gesundheit Ihres Kindes beeinflussen.

Stellen Sie in die Kinderzimmer keine Tische und Stühle mit Stahlfüßen, Drehsessel etc. Sollten solche vorhanden sein, so können Sie damit rechnen, daß die Betten der Kinder bestrahlt sind.

Die Plastikschultaschen, mit den in Kunststoff gebundenen Heften und Büchern, mit Kugelschreibern und Filzstiften, sind über Nacht außerhalb des Raumes zu lassen.

Im Schlafraum sollte keine Pfauenfeder als Zierde sein, denn diese baut auch immer „Erdstrahlen" auf.

Wenn Kinder im Urlaub Muscheln gesammelt haben, erlauben Sie ihnen nicht, diese im Schlafzimmer aufzubewahren. Muscheln strahlen. Sehr intensiv strahlen die großen Meeresmuscheln.

Bücher, die einen glänzenden Umschlag haben, sind mit einer hauchdünnen Kunststoffschicht überzogen und dadurch strahlenaufbauend.

Wir raten von der Verwendung von Decken, Kissen und Nackenrollen mit Kunststoffüllung, für Schlafzwecke, ab.

Gewöhnen Sie sich daran, Ihre Brille und Ihren Schmuck vor dem Zubettgehen abzulegen und außerhalb des Zimmers aufzubewahren.

Wir haben schon manche Menschen erlebt, die durch ständiges Tragen desselben Schmucks oder von Edelsteinen an derselben Körperstelle, — manche tragen Edelsteine auch in den Hosentaschen — ernste körperliche Schäden davongetragen haben. Es war schon oftmals der Fall, daß nach Ablegen des Schmucks die Krankheitssymptome alsbald verschwanden.

Wenn Sie müde oder zerschlagen aus Ihrem Bett steigen, probieren Sie Ihr Schlafzimmer nach unseren Vorschlägen „sauber" zu machen. Es kostet Sie keinen Pfennig, nur ein wenig Mühe.

Sollten Sie bereits über längere Zeit in einem strahlenfreien Bett schlafen, so werden Sie mit Schlafstörungen reagieren, wenn Sie etwas Störendes in den Raum gebracht haben. Suchen Sie dann nicht nur in Ihrem Zimmer, sondern auch in dem an das Schlafzimmer grenzenden Raum.

Gelingt es Ihnen nicht, ein strahlenfreies Zimmer zu erzielen, so ziehen Sie einen Rutengänger bei, der immer noch die Möglichkeit hat, Ihnen zu helfen.

Das gesamte Strahlungsfeld ist ein Wechselspiel von Auf- und Abbau von Schwingungen im Raum.

Vielen lebensfeindlichen Einflüssen, die Sie am Arbeitsplatz hinnehmen müssen, sollten Sie während der Nacht ausweichen können.

Im Wohnraum kann man das Strahlenbombardement etwas verringern, indem man strahlenaufbauende Gegenstände, so weit wie möglich, aus der Nähe der Sitzplätze wegräumt.

Beachten Sie an Ihrem Arbeitsplatz den Standort von Computern, Schreib- und Rechenmaschinen etc. sowie aller Schreibutensilien. Da von diesen Gegenständen oft stark strahlende Störfelder auf Ihren Sitz- oder Arbeitsplatz einwirken, können Sie durch häufiges Umstellen dieser Gegenstände eine ständige Veränderung ihrer Strahlenposition bewirken oder Sie bilden, wenn Sie fühlig sind, ein Dipol mit einem Glas, bzw. mit einem Kamm.

Auch ein tägliches Verrücken Ihres Stuhles kann Erleichterung schaffen.

Ob Ihr Arbeitsplatz stark bestrahlt ist, merken Sie meist an Konzentrationsschwierigkeiten, Gereiztheit oder ständiger Müdigkeit ohne offensichtliche Ursache. Dazu noch ein Beispiel einer anderen Auswirkung:

Eine junge Frau leidet schon seit geraumer Zeit unter ständigen Schmerzen im Bereich des Blinddarms und des rechten Eierstocks. Die Ärzte konnten keinen krankhaften Befund erheben. Ihre Schlafstätte war strahlenfrei. Sie arbeitete als Dekorateurin und trug den ganzen Tag über in ihrer rechten Hosentasche einen Hammer und eine Schere, deren Spitze nach unten gerichtet war. Sie entleerte ihre Tasche und war in kürzester Zeit ihre Schmerzen los.

Wir konnten ihr nur raten, ihr Werkzeug bei Nichtbenützung woanders unterzubringen.

In Schulklassen können Sitzplätze, z.B. durch Möbel mit Stahlfüßen, und die vielen vorhandenen Geräte, schwer verstrahlt sein. Der Inhalt der Schultaschen kann auf Sitzplätzen entweder Strahlenkreuzungen aufbauen oder dipolartig wirken, d.h. die Strahlen wieder aufheben.

Sollte in einer Wand zu Ihrem Schlafzimmer ein Sicherungskasten eingebaut sein, so verhängen Sie in Ihrem Schlafzimmer die Wand zu diesem, mit einem echten Wollteppich. Mit Wolle konnten wir noch immer die Strahlen ausschalten.

Es ist besser, Blumenstöcke nicht in Bettnähe hinzustellen, weil die Blumentöpfe strahlen können.

Ich kann mit meiner Rutentätigkeit nur in begrenztem Umfang tätig sein und helfen. Darum möchte ich mit diesem Buch meine Erfahrungen allen mitteilen, die dafür Interesse haben und mit dieser Methode arbeiten wollen.

Es wäre mein Wunsch, daß dadurch einem viel größeren Kreis von Mitmenschen gedient werden kann.

Wir wollen den Forschern auf dem Gebiet der Radiästhesie, auf deren Erfahrungen wir aufbauen konnten, Dank zollen.

Auf dieser Basis war es möglich, unsere Arbeit durchzuführen und die Ursachen der Strahlen in den Wohnungen zu finden, sowie einen Weg zu weisen, der zu ihrer Ausschaltung zu führen vermag.

Wenn wir mit unserem Buch etwas zu Ihrem Wohlbefinden beitragen können, so wäre das der schönste Lohn für unsere Arbeit, den wir uns wünschen können.

Das Schöne im Leben ist,
dass man alles im Leben ändern kann,
wenn man nur will!

Verzeichnis der Gegenstände, welche im Schlafzimmer nicht untergebracht oder nicht unmittelbar an die Wand gestellt werden sollten, die an das Schlafzimmer grenzt:

**Elektrogeräte:**
Alarmgeräte
Bestrahlungsapparate
Bügeleisen
Bügelmaschinen
Diaprojektoren
Fernsehgeräte
Funkgeräte
Haartrockner
Heizdecken
Heizkissen
Heizlüfter (nur zum Aufwärmen, dann entfernen)
Küchenmaschinen aller Art
Plattenspieler
Radio
Radiowecker
Raumionisator - negativ
Schreibmaschinen
Staubsauger
Stereoanlagen
Telefonapparate
Verstärker
usw.

**Sonstiges:**
Amulette aller Art
Anoraks aus glänzenden Kunststoffen
Alkoholische Getränke
Batterien
Bettdecken aus Kunststoff
Bestecke, mit und ohne Kassette
Bienenwachs mit Farbzusatz
Bleikristalle
Bleistifte
Blumen mit Draht gebunden
Blumentöpfe aus Kunststoff
Bücher in Paperback gebunden
Dias mit und ohne Kassette
Drahtgebinde
Drehsessel mit Stahlfüßen
Edelsteine
Einweckgläser offen oder mit Metallschließen
Eternitblumenbehälter
Fieberthermometer
Figuren aus Gips, Metallen oder Wachs

Filzstifte
Flaschen leerstehend
Fotoapparate
Fotoalben mit Zwischenblättern aus Kunststoff
Gefäße offen
Geldbörsen mit Münzen
Gewehre jeder Art
Geweihe
Gläser
Gummiwärmflaschen
Hausschuhe aus Kunststoff oder mit Kunststoffsohlen
Hefte in Kunststoffolie gebunden
Heizkörper-Rückstrahlfolien
Helme aus Kunststoff, auch andere Arten
Holzkassetten mit Metallverzierungen
Hüllen aus Kunststoff, in denen die Bettwäsche, Kleider, Strumpfhosen etc., zum Kauf angeboten werden, sind vor dem Aufbewahren in den Schlafräumen unbedingt zu entfernen
Kämme aus Kunststoff
Keramikgegenstände, Figuren und dergleichen
Kerzen, außer aus ungefärbtem Bienenwachs
Kinderwagen
Kissen mit Schaumstoffüllung
Kleider mit Silber- oder Goldfäden durchwebt
Kosmetikartikel aller Art
Kristalle
Kugelschreiber
Kunststoffolien aller Art
Lampen mit Schirmen aus Draht, vielen kleinen Anhängern aus Kristall-, Glas oder Kunststoff
Lebensmittel in Alu-Folie verpackt
Lüster
Magnete aller Art
Marmor
Medikamente, auch homöopathische
Möbel aus Stahl- oder Eisenteilen, oder mit Füßen dieser Art
Motoren jeglicher Art
Muscheln jeder Art und Größe
Münzen und Münzsammlungen, auch Gold und Silber
Musikinstrumente jeder Art
Nadeln
Nähkästchen mit Nadeln
Nähmaschinen
Nippessachen
Notenständer nach Gebrauch zusammenlegen und eventuell parallel zu den Betten ablegen
Ordner aus Kunststoff

Ordner mit Kunststoffhüllen
Paraffingebilde wie Kerzen, Wachsbilder oder Wachsfiguren
Pfauenfedern
Pinkfarben auf Papier oder Stoff — Ausnahme Naturfarben
Pistolen
Plastiktaschen
Plastiksäckchen
Pokale aller Art
Porzellanfiguren
Projektoren mit Leinwand und Ständer
Pyramiden aller Art und pyramidenähnliche Gebilde
Quarzlampen
Quartzuhren
Rosenkränze, mit und ohne Metall gebunden
Salben aller Art, auch aus natürlichen Mitteln hergestellt
Salzteigwaren
Schaumstoffe aller Art
Schlittschuhe
Schlüssel
Schokolade in Stanniol verpackt
Schmuck jeglicher Art
Schultaschen mit „strahlendem" Inhalt
Schreibmaschinen
Ski aller Art
Skianzüge aus glänzendem Kunststoff
Skischuhe
Spieluhren mit und ohne Batterie
Spiegel aller Art
Statuen aller Art, außer denen aus Holz (aber keine, die religiösen Zwecken dienen)
Stearin und deren Gebilde
Stehlampen mit Metallfüßen oder Schirmchen mit Draht
Strickmaschinen
Strick- und Häkelnadeln
Stühle aus Metall oder mit Eisenfüßen
Stufenleiter aus Metall
Sturzhelme
Taschenlampen aller Art
Taschenuhren
Taschenmesser
Tinkturen
Tische aus Metall oder mit Metallfüßen
Tresore
Uhren aller Art
Vasen aller Art
Vögel und alle anderen präparierten Tiere
Wachsbilder — ausgenommen echtes Bienenwachs, ungefärbt

Wachsfiguren
Wäschekörbe und Wäscheschaff aus Kunststoffen
Wäschespinnen aller Art
Wäschetrockner
Wäschetruhen, innen mit Kunststoff ausgelegt
Wäscheklammern
Weihnachtsschmuck jeder Art, außer aus Holz oder Stroh
Zinngeschirr
Zahnprothesen und Prothesen jeder Art
und vieles mehr.

Aus nachfolgenden Skizzen
können Sie die Strahlenveränderungen ersehen.

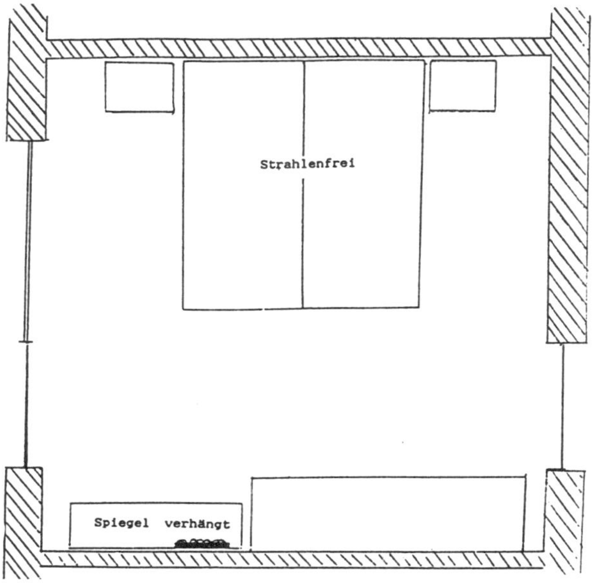


In 4 m Entfernung Fernseher nicht an das Netz angeschlossen.
Bewohntes Zimmer.

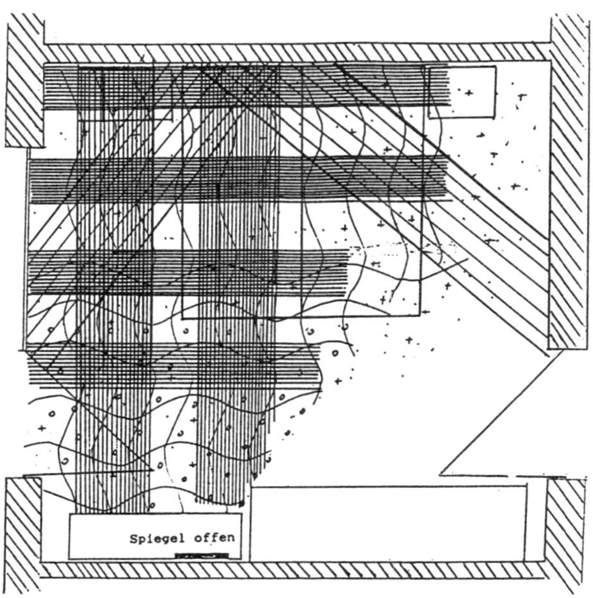


Einstrahlung vom offenen Spiegel

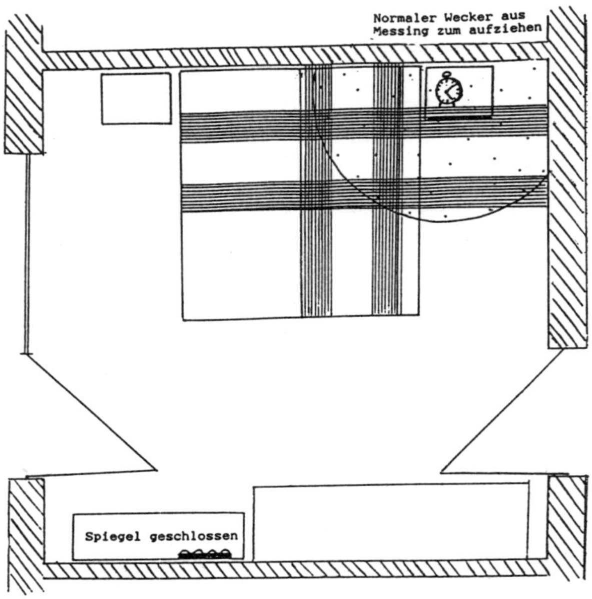


Standardwecker ohne
Leuchtziffern
ohne Batterie

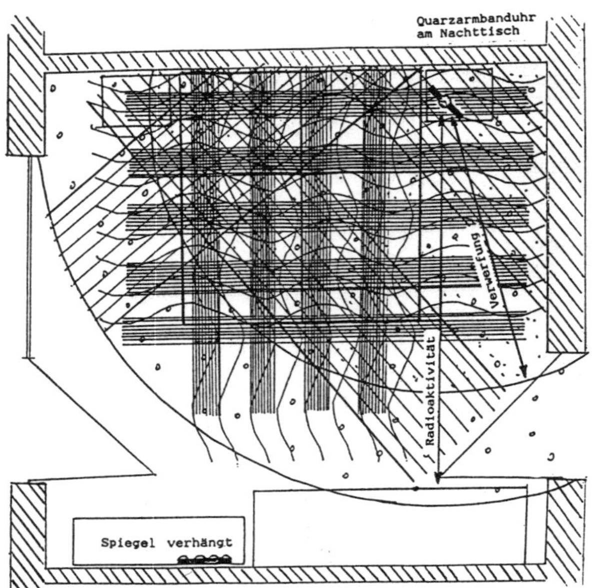


Quartzarmbanduhr
am Nachttisch, bei
verhängtem Spiegel

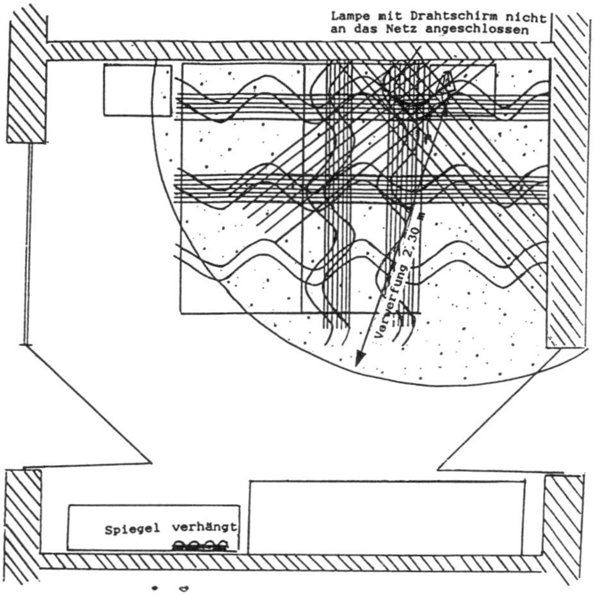


Lampe mit Holzfuß,
Schirm aus Draht
nicht an das Netz
angeschlossen,
Spiegel verhängt

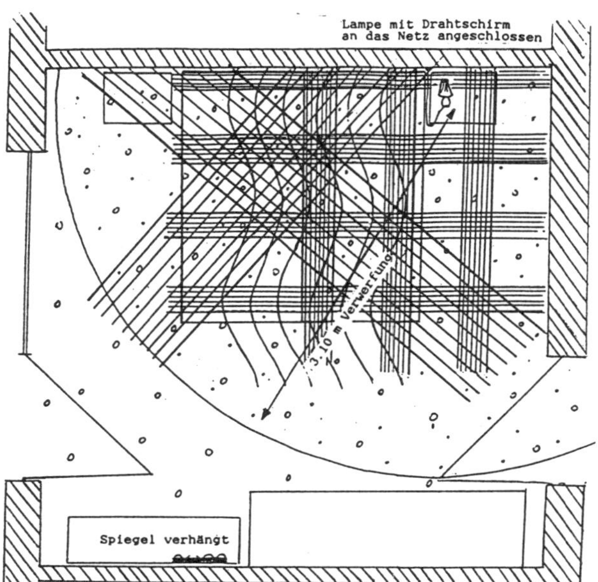


Lampe mit Holzfuß,
Schirm aus Draht ans
Netz angeschlossen,
Spiegel verhängt

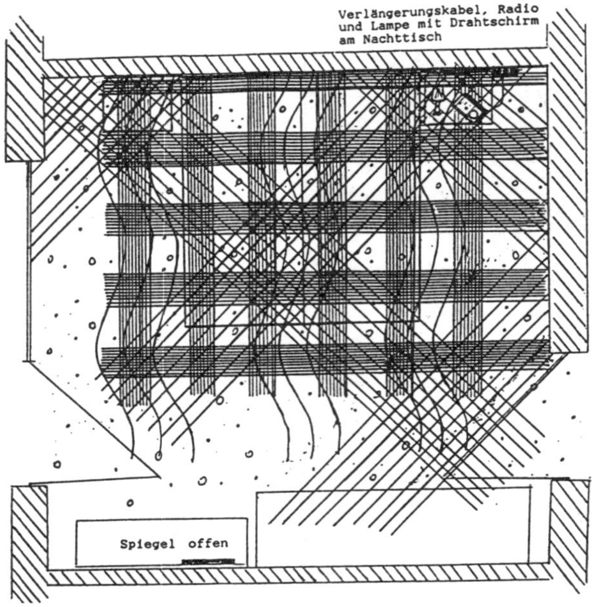


Dieselbe Lampe und
Radio und Verlänge-
rungskabel,
Spiegel verhängt

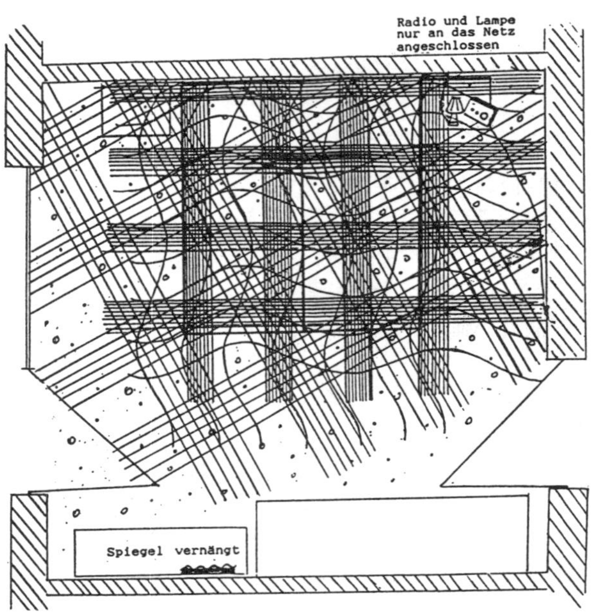


Radio und Lampe an
zwei verschiedene
Stromauslässe
angeschlossen,
Spiegel verhängt

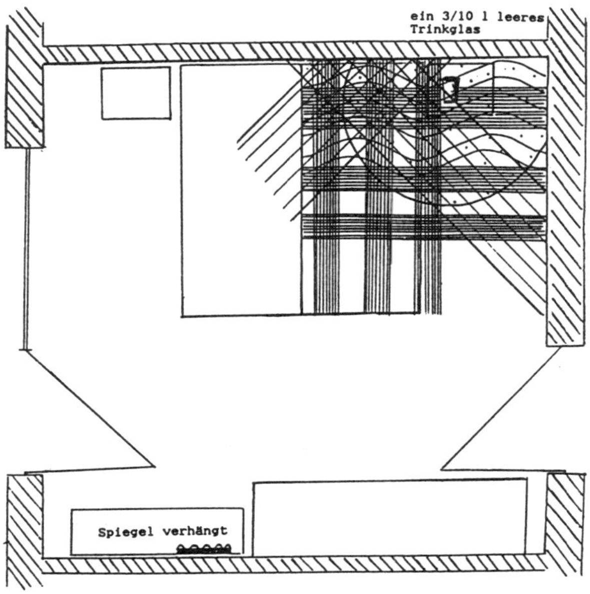


Leeres 3/10 l Trinkglas,
Spiegel verhängt

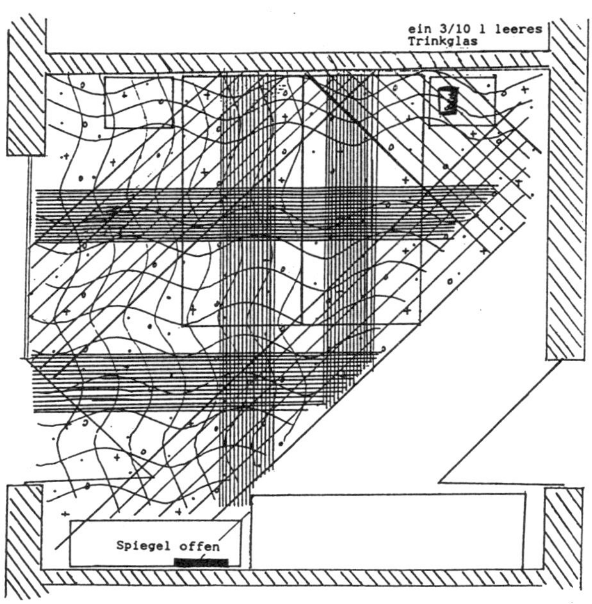


1 leeres 3/10 l
Trinkglas,
Spiegel offen

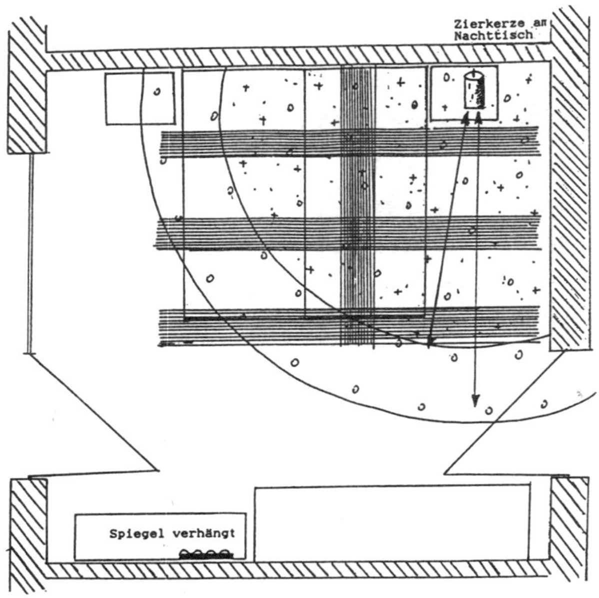


Zierkerze am Nacht-
kästchen,
Spiegel verhängt

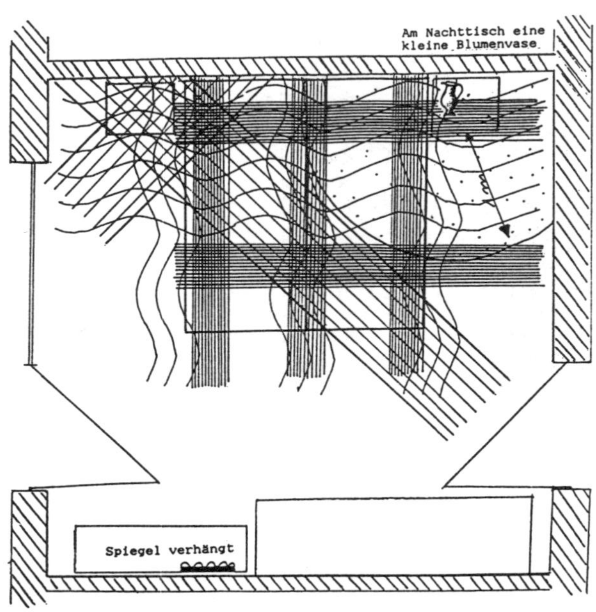


Am Nachttisch
eine kleine
Blumenvase,
Spiegel verhängt

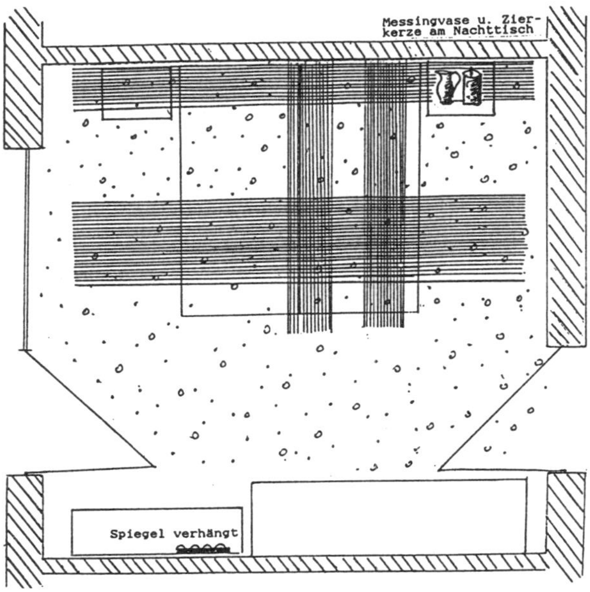


Messingvase mit Zierkerze

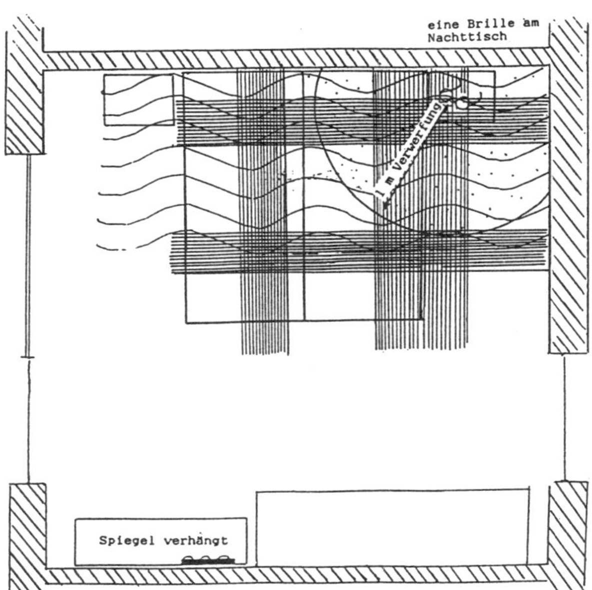


Brille

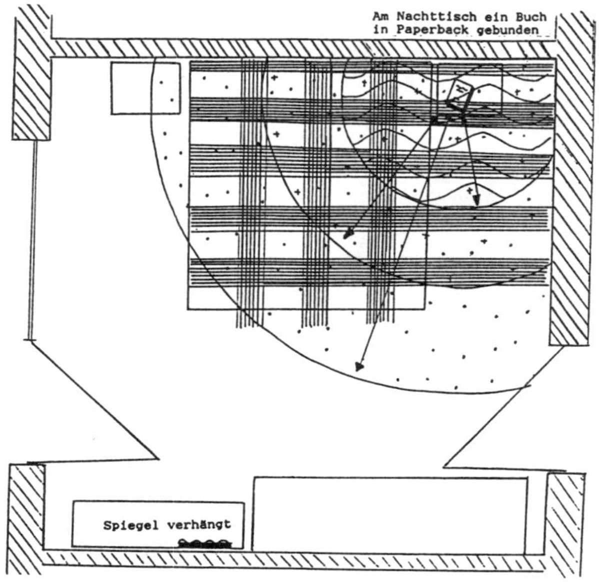


Am Nachttisch ein
Buch in Paperback
gebunden,
Spiegel verhängt

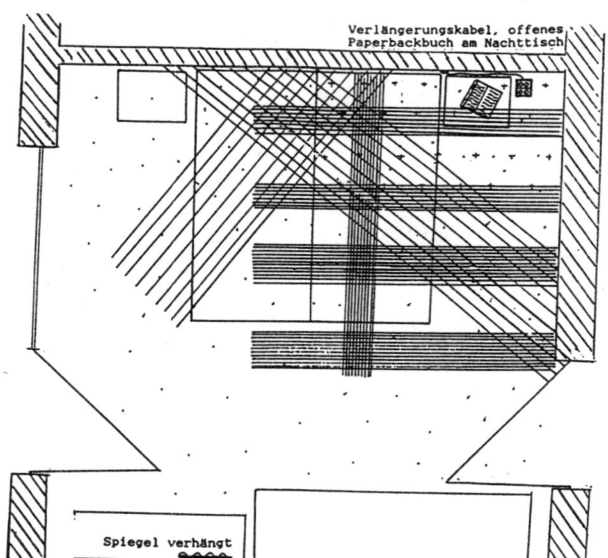


Verlängerungskabel,
offenes Paperback-
buch am Nachttisch,
Spiegel verhängt

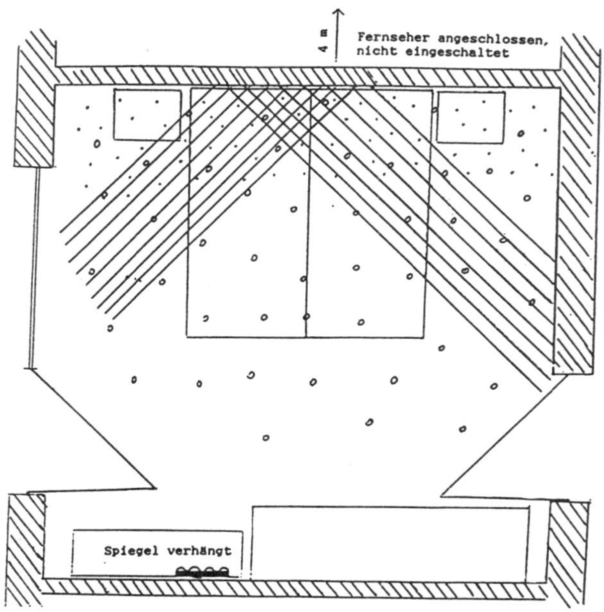


Fernseher im Nebenraum ans Netz angeschlossen, nicht eingeschaltet, in 4 m Entfernung, Spiegel verhängt

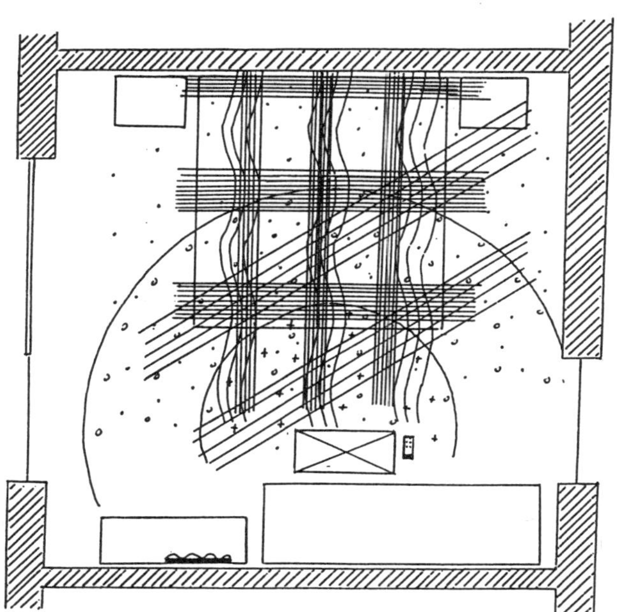

Fernseher im Schlafzimmer mit Fernsteuerung, nicht an das Netz angeschlossen, Spiegel verhängt

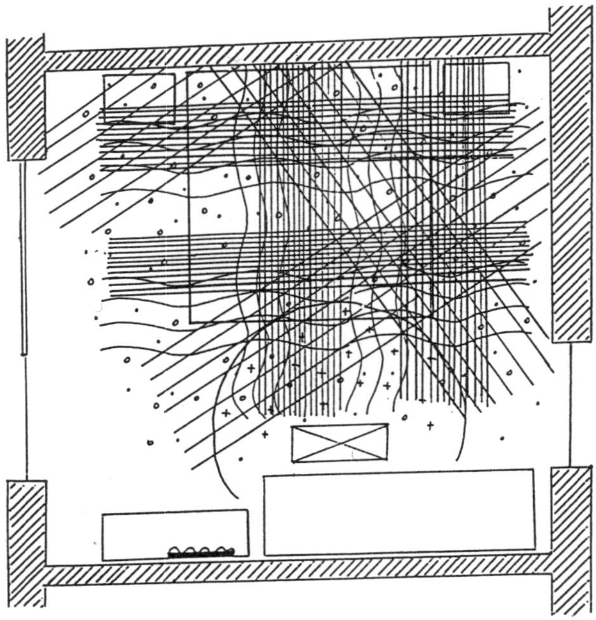

Fernseher im Schlafzimmer ans Netz angeschlossen, nicht eingeschaltet, Spiegel verhängt

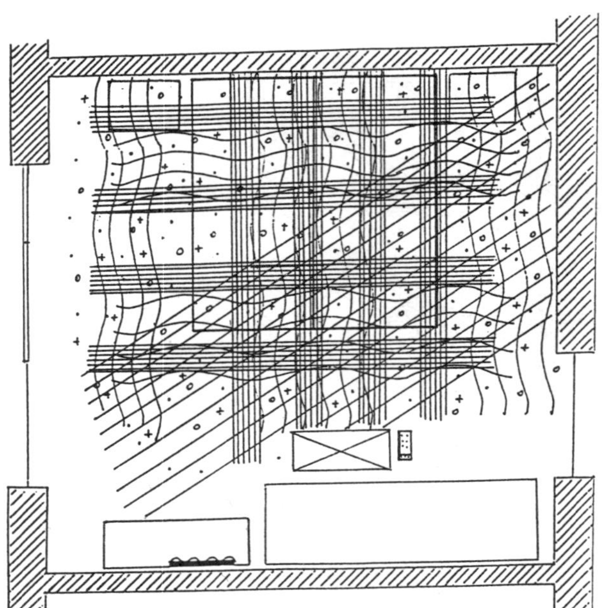

Fernseher im Schlafzimmer eingeschaltet, Spiegel verhängt

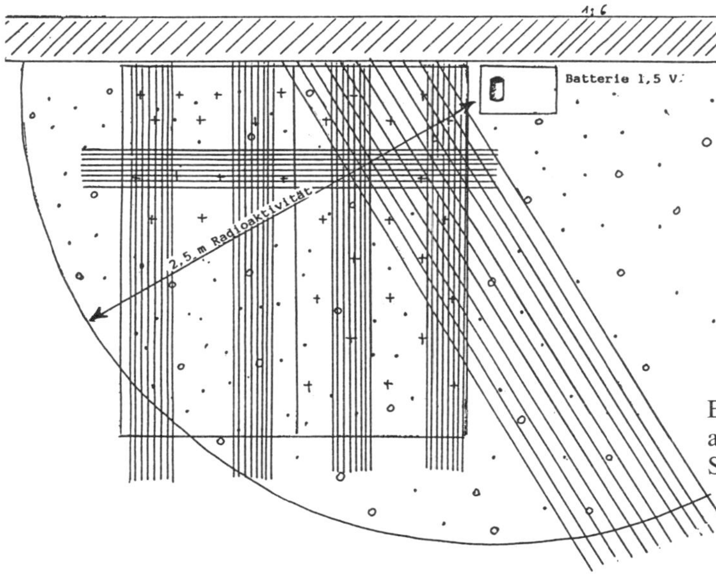


Eine 1,5 Volt Batterie
am Nachttisch,
Spiegel verhängt

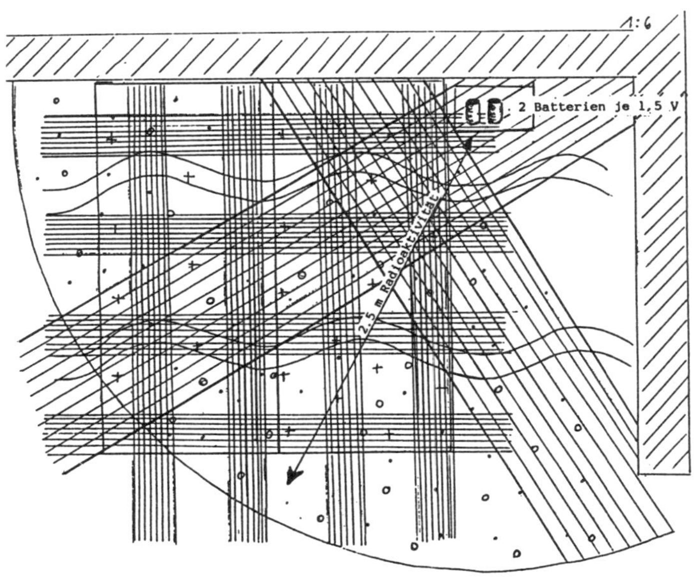


Zwei Batterien am
Nachttisch, Spiegel
verhängt

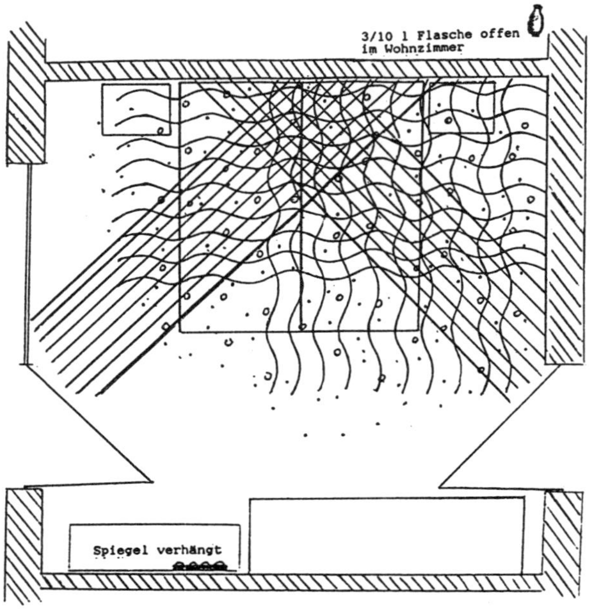


Im Nebenraum eine leere, offene 3/10 l Flasche,
Spiegel verhängt

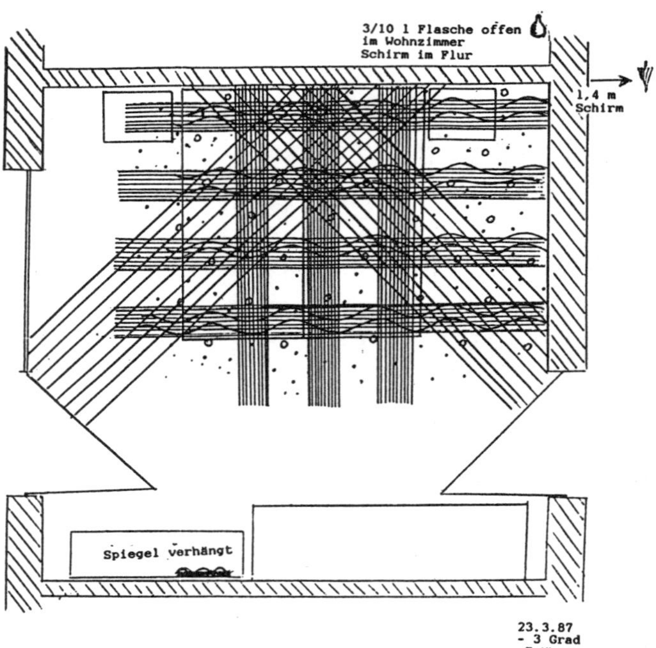


Im Nebenraum:
3/10 l Flasche offen,
leer, und Schirm,
Spiegel verhängt

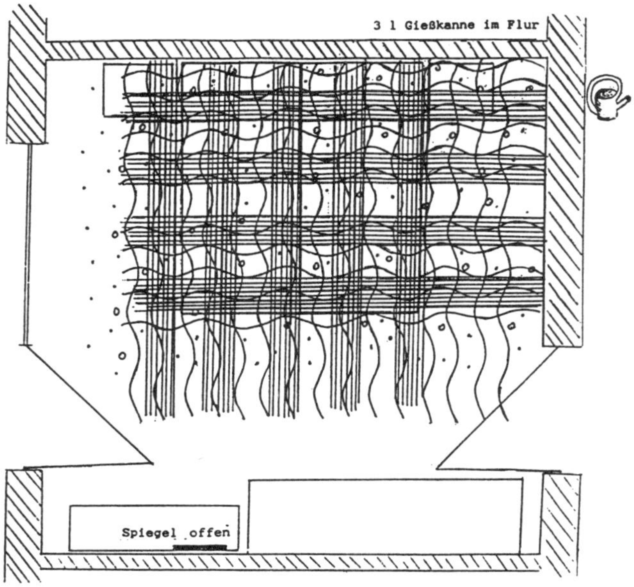


Gießkanne im Flur

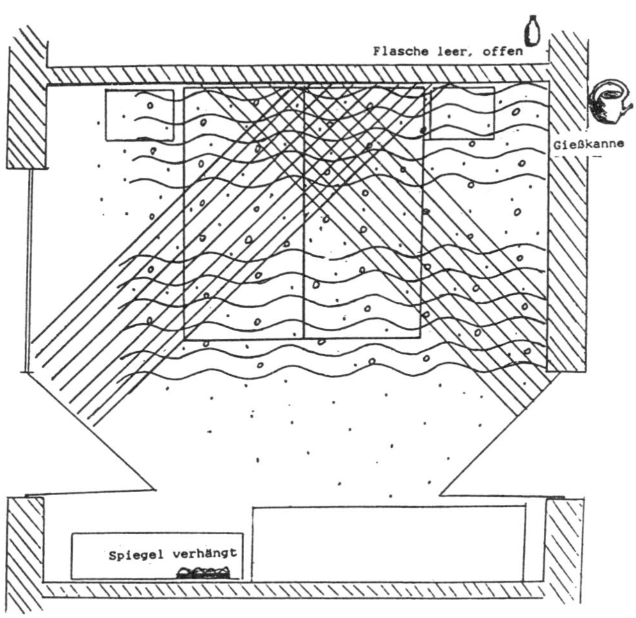


Im Nebenraum eine leere, offene 3/10 l Flasche, im Flur eine Gießkanne, Spiegel verhängt

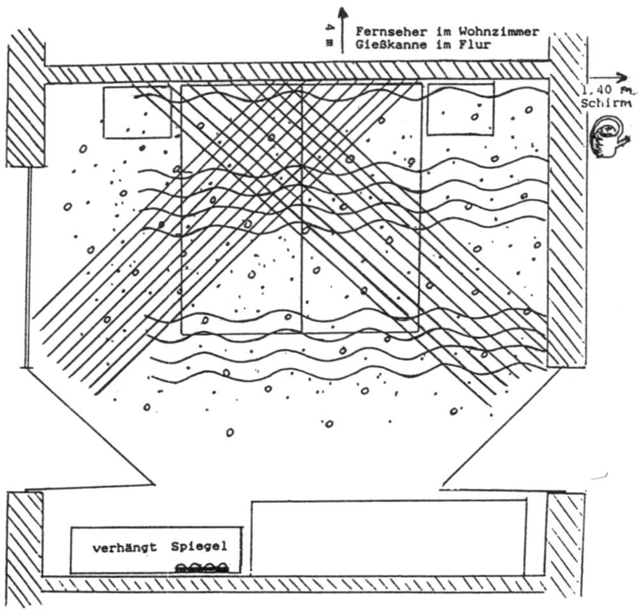


Gießkanne und Schirm, Fernseher ausgesteckt, Spiegel verhängt

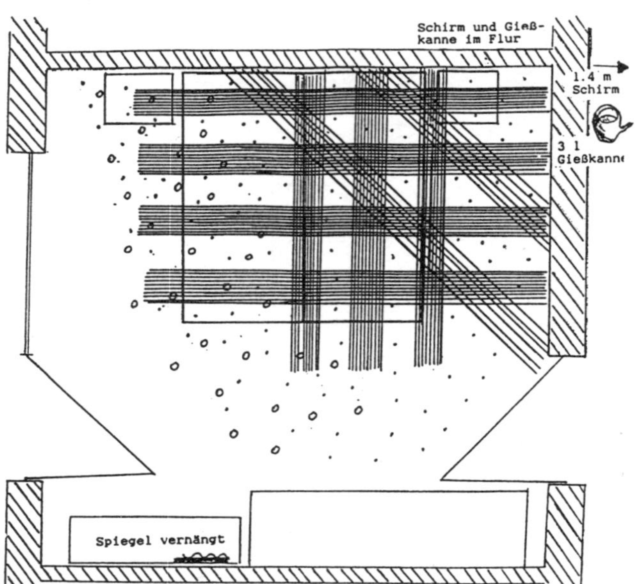


Schirm und Gießkanne im Flur

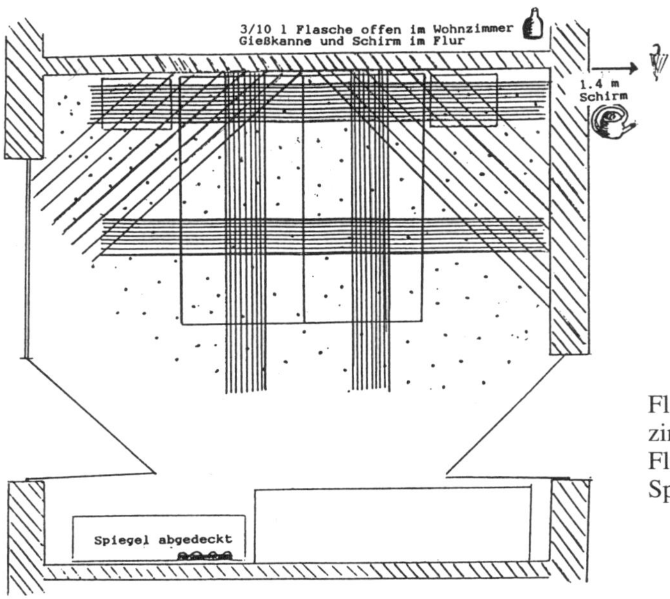


Flasche im Nebenzimmer, Schirm im Flur,
Spiegel verhängt

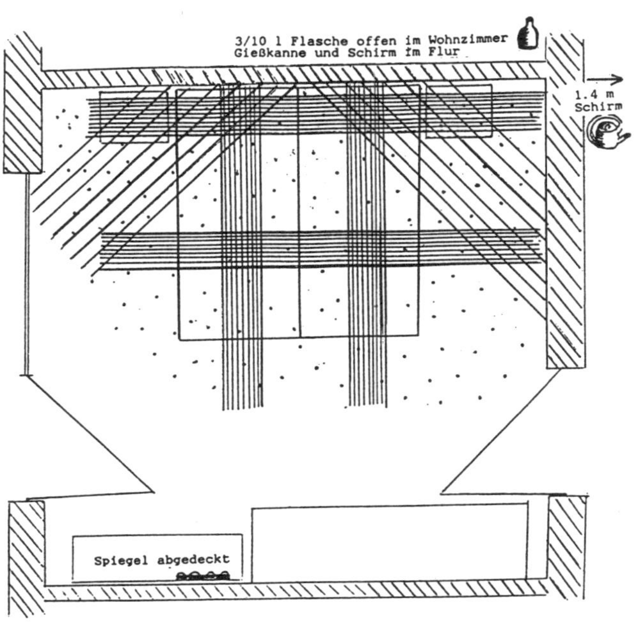


Schirm, Gießkanne und Flasche,
Spiegel verhängt

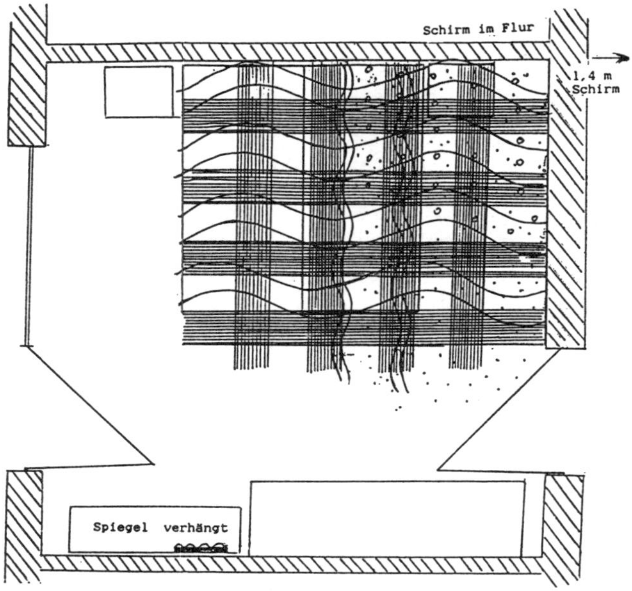


Schirm im Flur

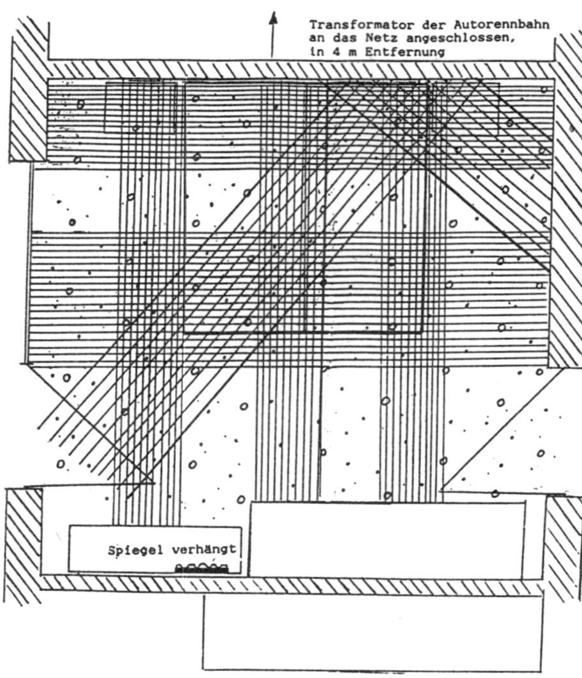


Transformator einer Rennbahn im Nebenraum in 4 m Entfernung und eine Kinderspielhütte aus Kunststoff, Spiegel verhängt

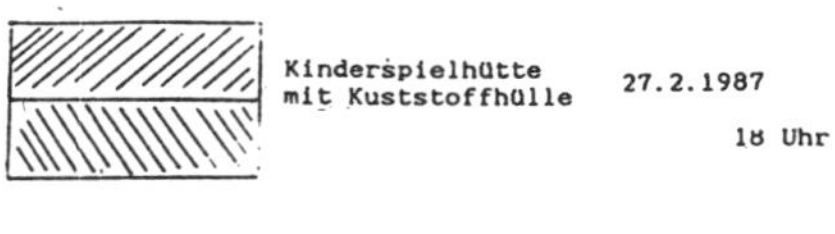

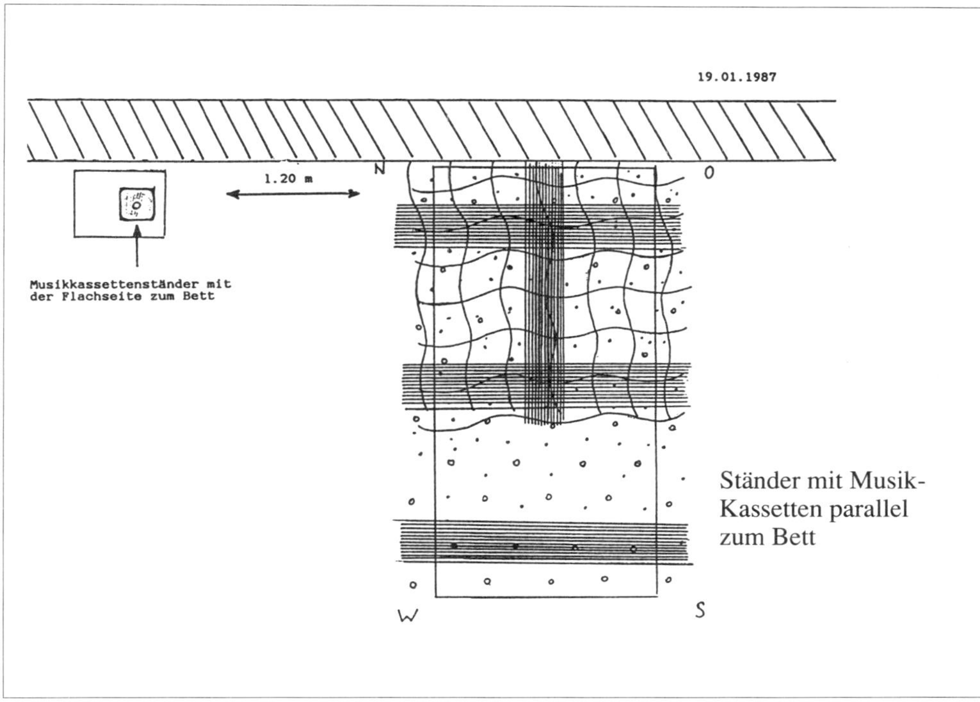


Ständer mit Musik-Kassetten parallel zum Bett

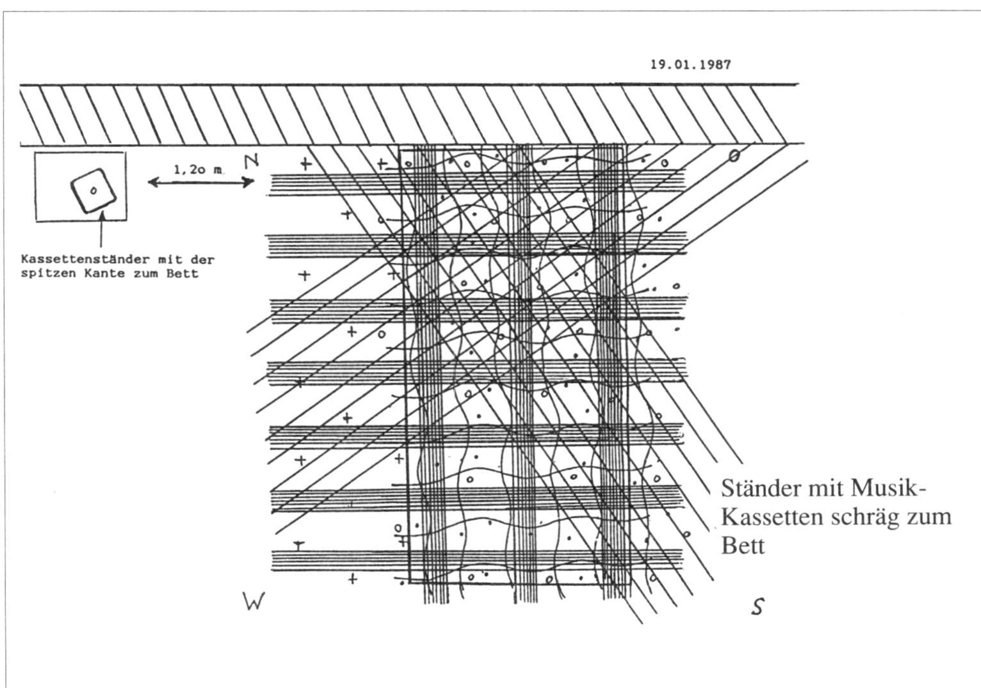


Ständer mit Musik-Kassetten schräg zum Bett

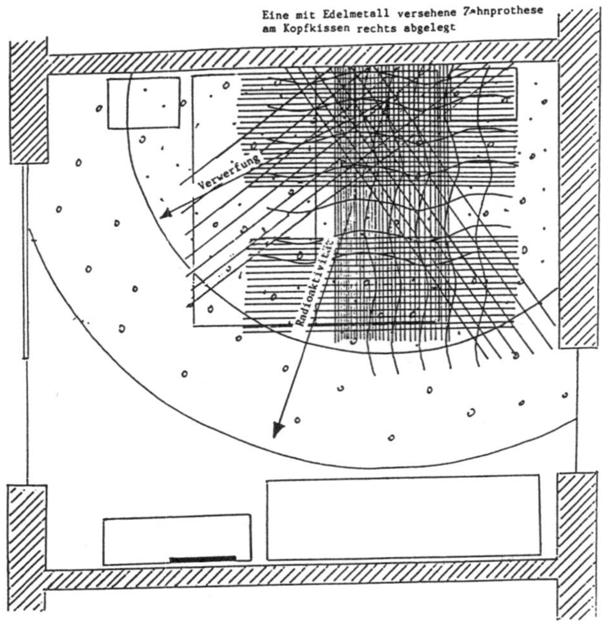


Eine mit Edelmetall versehene Zahnprothese rechts am Kopfkissen abgelegt. Mit der Gegenprothese hatte sie keine Ausstrahlung.

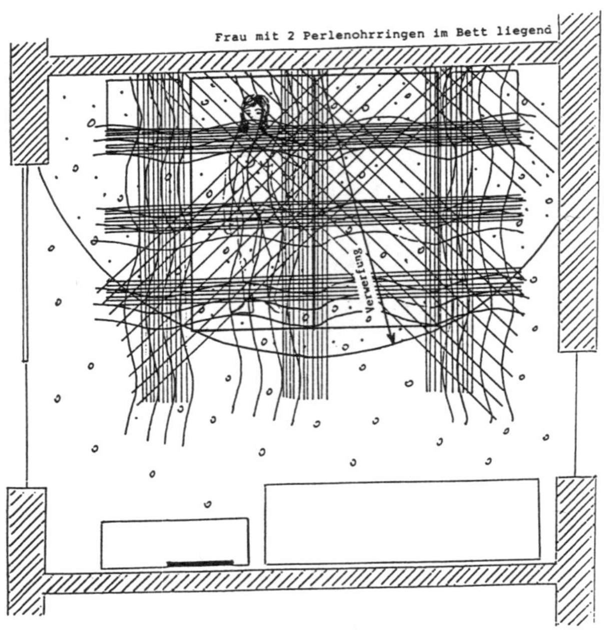


Strahlenfelder aufgebaut nur durch zwei Perlenohrringe

Kürzlich wurde mir aus der Schweiz ein **Abschirmstecker** zum Testen zugesandt. Die Schweiz hat eine dreipolige Steckdose. Deshalb wurde noch ein Zwischenstecker verwendet. Das Ergebnis ersehen Sie aus den vier folgenden Beispielen.
Gemutet im sonst strahlenfreien Zimmer.

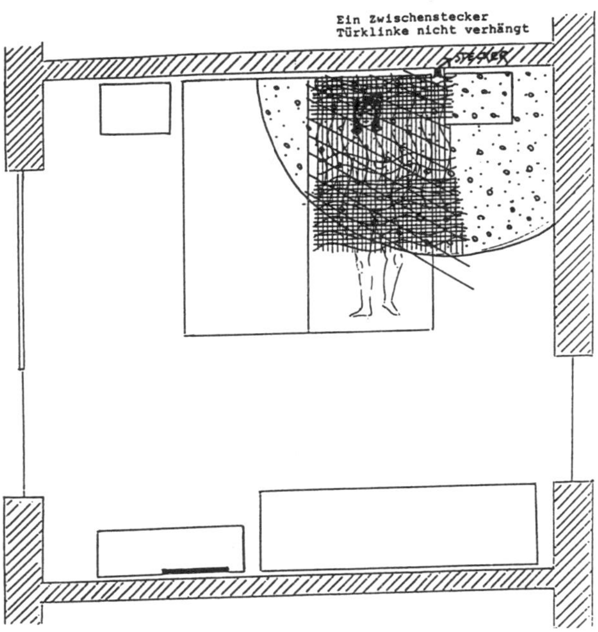


Ein Zwischenstecker, Türklinke nicht verhängt

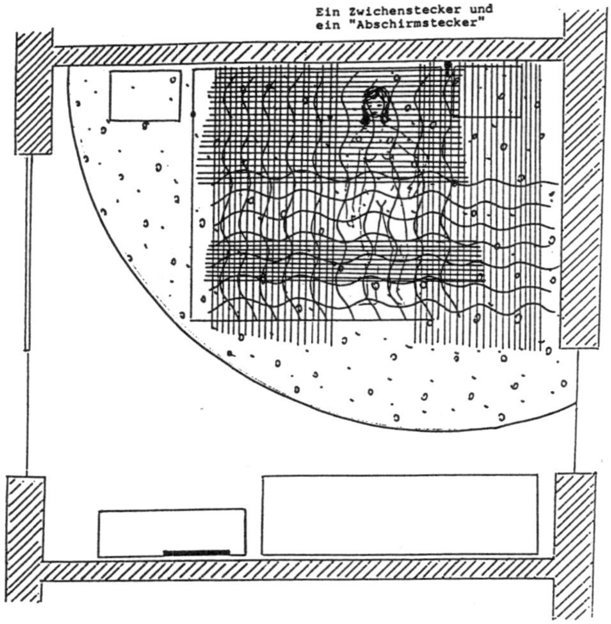


Ein Zwischenstecker
und ein
„Abschirmstecker”

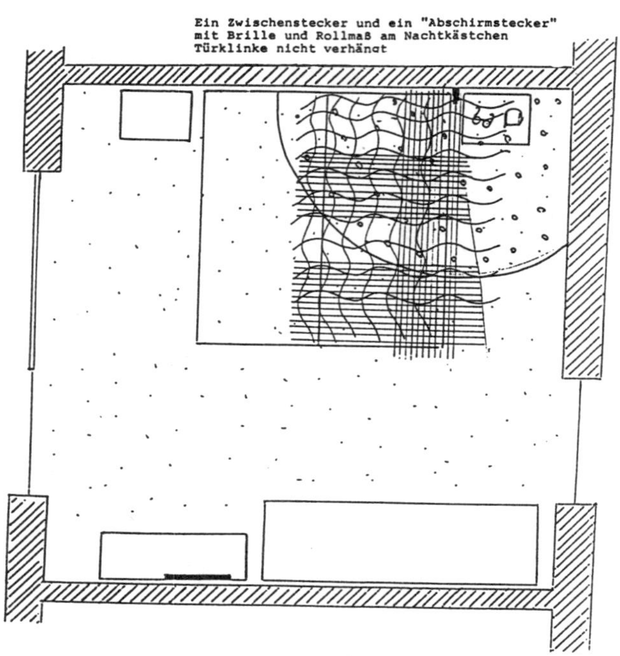


Ein Zwischenstecker
und ein „Abschirm-
stecker”, Brille und
Rollmaß am Nacht-
kästchen, Türklinke
nicht verhängt

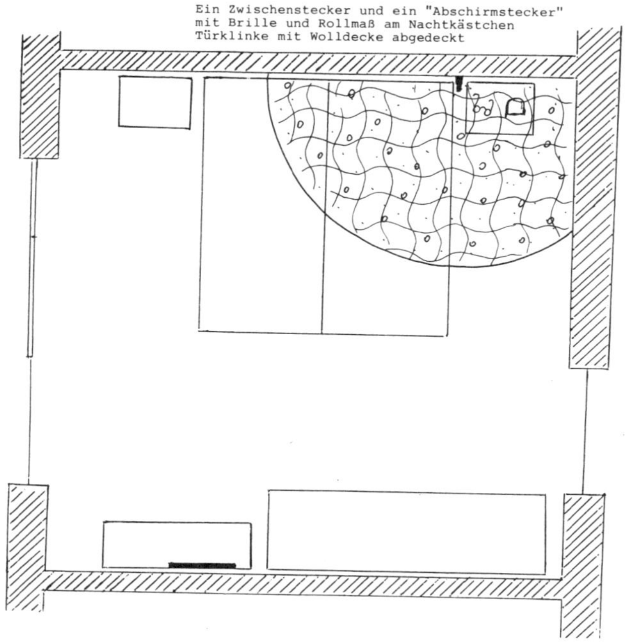


Ein Zwischenstecker und ein „Abschirmstecker", Brille und Rollmaß am Nachtkästchen, Türklinke mit Wolldecke abgedeckt

Verstrahltes Zimmer, nur durch einen neg. Raumionisator verursacht

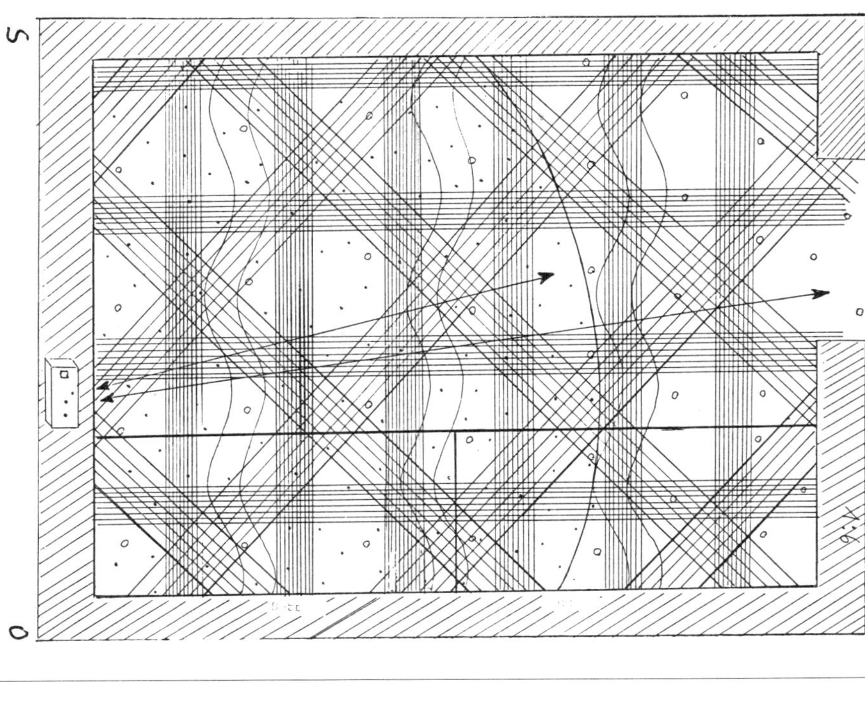

# Anhang

## Kleine Rutenkunde

Über die Anwendung der Wünschelrute wird schon aus uralten Zeiten berichtet. Schon vor 4000 Jahren bauten die Menschen in China ihre Häuser nur auf solchen Plätzen, die sie vorher durch Mutung mit der Rute für geeignet befunden hatten.

Die Suche nach Erzen und Wasserstellen im Boden durch „Wünschelrutengänger" hat die Zeiten überdauert und ist wohl allgemein bekannt.

Ich will Ihnen hier kurz die Arbeit mit der Rute erklären. Dies kann und soll kein Rutenlehrgang sein, aber vielleicht kann ich die Freude am praktischen Üben mit der Rute bei Ihnen wecken.

Früher oder später werden Sie sich wohl zum Besuch eines Rutengängerkurses entschließen, der in jeder größeren Stadt von den Verbänden für Radiästhesie und Geobiologie immer wieder abgehalten wird. Sie werden in diesem in praktischen und theoretischen Übungen unterwiesen werden.

### 1. Ruten und deren Herstellung

Es gibt Ruten aus verschiedenem Material und Art. Wir unterscheiden:

Gabel-, Stab- und Drehruten.

Die ursprüngliche Rute war wohl die Weidenrute. Sie ist eine Gabelrute.

a) Die Gabelrute:

Man nehme einen gegabelten Zweig einer Weide, Haselnuß oder von einem anderen Strauch. Er sollte eine Länge zwischen 40 und 60 cm und eine Stärke von 5 bis 6 mm haben. Als Spitze ist ein ca. 2 cm langes Stück des Zweiges zu belassen. Diese Rute hat den Nachteil, daß sie nach einiger Zeit austrocknet und dadurch ihre Funktion nicht mehr voll erfüllen kann, da sie in diesem Zustand leicht abbricht.

Eine einfache Gabelrute kann von jedem selbst schnell angefertigt werden.

Dazu benötigt man ein 80 cm langes Stück Draht und biegt ihn zu einer Gabelrute. Dabei entsteht an der Spitze eine kleine Schlinge. Bei einer Drahtstärke von 1,5 mm sollte die Rute nicht länger als 40 bis 44 cm sein. Je feiner der Draht, umso kürzer kann die Rute angefertigt werden.

b) Die Stabrute:

Ebenso wie die Gabelrute, so läßt sich auch die Stabrute selbst leicht herstellen.

Ein Messing-, Kupfer- oder ein anderer Draht in der Stärke von 2 bis 2,5 mm und einer Länge von ca. 60 bis 80 cm dient als Material.

Nehmen Sie zwei Längen dieses Drahtes und biegen Sie davon ca. 12 cm rechtwinkelig ab. Diese 12 cm dienen als Haltegriffe. Diese Griffe können Sie auch mit einer Hülse eines Plastikkugelschreibers versehen, denn diese Rute soll sich, wie alle anderen auch, selbst bewegen. Sollten Sie keine Hülse überstülpen, so lassen Sie dieser Rute in Ihren Händen einen freien Spielraum.

c) Die Drehrute:

Verwenden Sie einen Stahldraht in der Länge von ca. 80 cm und einer Stärke von 1,5 mm. Durch die Biegung des Drahtes entsteht in der Mitte eine kleine Schlinge, die als Spitze dient. Die Gesamtlänge der Rute sollte ca. 40 cm betragen. Schieben Sie über beide Enden ein 5 mm langes, dünnes Kupferröhrchen, das dazu dienen soll, die Rute zusammenzuhalten. Über die Enden des Drahtes werden zwei 8 cm lange, feineSpiralfedern oder Kupferröhrchen geschoben, die als Griffe dienen. Um das Verrutschen der Griffe zu verhindern, sollte jeweils vor und hinter der Feder ein Fixierpunkt, durch Anlöten einer kleinen Schraubenmutter, angebracht werden. Auf diese Weise wird gewährleistet, daß die Rute ihre volle Bewegungs- und Funktionsfreiheit hat.

Gabel- und Drehruten müssen vor Benützung leicht in V-Form gebogen werden, um ein wenig Spannung zu erhalten.

Alle genannten Ruten kann man käuflich erwerben. Sie werden meist aus Stahl oder Kunststoff angeboten.

Ich verwende eine ganz feine Drehrute aus Stahldraht.

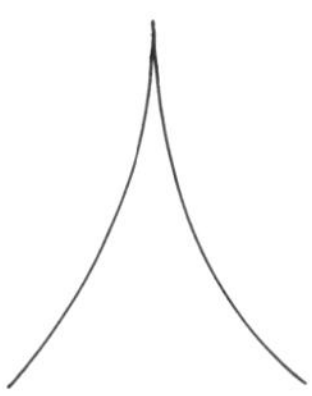

Gabelrute

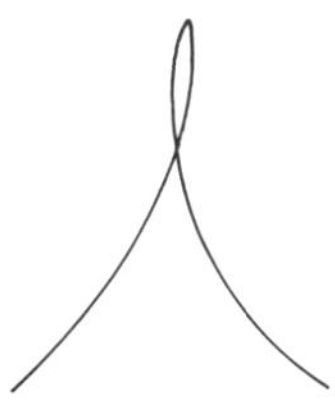

Gabelrute

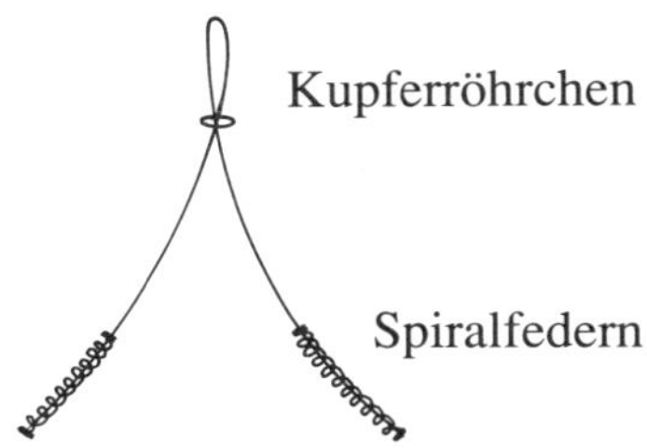


Stahldrehrute

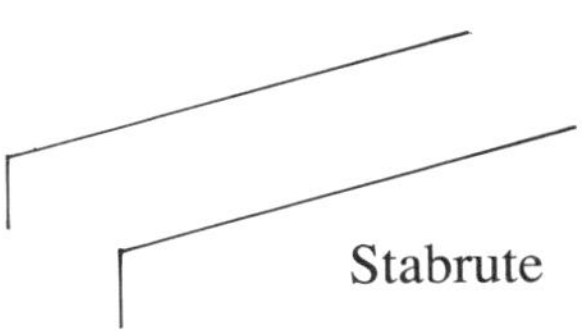

Stabrute

gekreuzte Stabruten

## 2. Handhabung und Funktion der Ruten

a) Stabrute:

Halten Sie die Rute mit beiden Fäusten. Die Ellbogen sind in Höhe des Rippenbogens leicht angewinkelt, wobei beide Stäbe nach vorne gerichtet und die äußeren Enden sich ein wenig nach unter neigen sollten.

Bei Auffindung einer Störstellen kreuzen sich die Stäbe bis zur Parallelstellung solange Sie die Störstelle überschreiten. Verlassen Sie diese Störzone, so kehren beide Stäbe wieder in ihre Ausgangsstellung zurück.

Bei der Suche nach einem Gegenstand oder eines bestimmten Ortes, sollten beide Stäbe in deren Richtung weisen.

b) Gabel- und Drehruten:

Bei Gabelruten senkt sich die Spitze so lange nach unten, bis die gesuchte Stelle nicht mehr zu orten ist.

Die Drehrute dreht sich so lange um ihre eigene Achse, bis Sie die Störzone verlassen haben und kommt dann wieder in ihrer Ausgangsposition zum Stillstand.

### 3. Praktische Anleitung

Nehmen Sie die Rute in beide Hände, wobei die Handflächen nach oben (Obergriff) zeigen sollten. Umschließen Sie die Rute mit den Fingern, sodaß sie gut in der Handfläche liegt und schließen Sie dann die Hände zur Faust.

Die Rutenspitze zeigt dabei nach oben.

Wie Sie die Rute später handhaben, ob im Ober- oder Untergriff (Handflächen nach unten), bleibt Ihnen freigestellt.

Nun stellen Sie sich mental (geistig) auf eine gewisse Art von Strahlen ein. Entspannen Sie sich, denn eine Verkrampfung ist hinderlich.

Vertrauen Sie, daß die Rute bei entsprechender geistiger Einstellung, ohne Ihr Zutun, von selbst zu arbeiten beginnt.

Beginnen Sie am besten im freien Gelände.

Suchen Sie einen Bach und nähern Sie sich ihm von der Seite. Stellen Sie sich mental auf das Finden einer „durchtränkten Zone" ein. Je nach Größe des Gewässers, wird im Abstand von einigen Metern vom Ufer, die Rute auf die „durchtränkte Zone" (Ankündigungszone) anschlagen.

Gehen Sie weiter dem Bach zu und stellen Sie sich auf die nächste Zone „Uferzone" ein. Im nächsten Moment wird sich die Rute, selbstverständlich wieder ohne Ihr Zutun, von ihrem Ausschlag in die Ausgangsposition zurückkehren.

Schreiten Sie weiter bis zum Rand des Baches. Am besten machen Sie dies auf einer Brücke oder einem Steg. Stellen Sie sich auf die gesamte Breite des Gewässers „Schwerpunktzone" ein.

Die Gabelrute wird so lange nach abwärts zeigen oder die Drehrute so lange in Bewegung sein, solange Sie sich über dem Bach befinden. Haben Sie das Ufer wieder erreicht, kehrt die Rute wieder in Ruhestellung zurück.

Markieren Sie am Boden, bei jedem Ausschlag, den Beginn der gefundenen Zone und versuchen Sie immer wieder, ob die Rute, bei gleicher geistiger Einstellung, auf derselben Stelle ausschlägt. Haben Sie genügend Versuche angestellt, so machen Sie einen Blindversuch.

Lassen Sie sich die Augen verbinden und eine Weile im Kreis führen und stellen Sie sich abermals auf die entsprechenden Zonen ein und bewegen Sie sich langsam vorwärts. Dabei sollte eine zweite Person jene Stelle markieren, an denen die Rute ausschlägt. Stimmen die Ausschläge mit denen Ihrer vorhergehenden Versuche überein, so bestätigt dies, daß Sie fähig sind, mit der Rute zu arbeiten.

Solche Versuche sollten mit Geduld und an verschiedenen Orten und Tagen wiederholt werden.

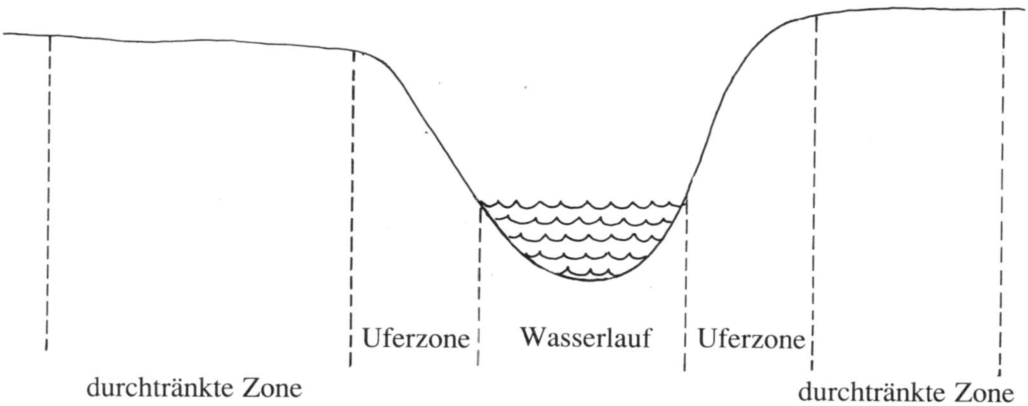


Durch Üben kann vielleicht eine latent vorhandene Fähigkeit zum Rutengehen geweckt werden. Eine Rutenfühligkeit auf Anhieb ist wohl die Ausnahme.

Wenn Sie trotz Üben keine Resultate erzielen können, so wissen Sie aus der Lektüre unseres Buches, daß Sie den Gebrauch der Rute nicht unbedingt beherrschen müssen, um Ihren Schlafplatz strahlenfrei zu machen.

Sollte sich jedoch ein Erfolg eingestellt haben, so suchen Sie im Freien die verschiedenen Gitternetze, die im Buch auf Seite 13 bis 16 angeführt sind.

Legen Sie, bevor Sie mit der Rute zu arbeiten beginnen, sämtliche störende Gegenstände ab, und entfernen Sie diese aus Ihrem Nahbereich, wie im Buch auf Seite 18 vermerkt.

Vor der Mutung Ihrer Schlafstelle gehen Sie, wo dies möglich ist, noch mit der Rute um Ihr Haus.

Stellen Sie sich geistig auf Quellwasser ein, wobei ein unterirdisches Wassergerinne gemeint ist, dann suchen Sie eine Verwerfung außer Haus.

Die Problematik bei den letztgenannten Mutungen liegen darin, daß ein Ausschlag der Rute nicht unbedingt ein Wassergerinne oder eine Verwerfung bedeuten muß, denn schon eine Abstrahlung, z.B. einer Dachrinne, eines Fahrrades, Plastikspielzeug, Teppichstangen usw., können auch entsprechende Rutenausschläge verursachen. Siehe Buch, Seite 18 und 19.

Bei der Brunnensuche gehe ich folgendermaßen vor:

Ich stelle mich auf Quellwasser ein und gehe über das jeweilige Grundstück. Dabei kann es vorkommen, daß mir die Rute an mehreren Stellen ausschlägt. Dann gehe ich nochmals über das Grundstück und stelle mich auf die ergiebigste Quelle ein. Daraufhin habe ich nur noch einen Ausschlag über einer bestimmten Stelle.

Wenn ich mir diese Stelle im Ausmaß z.B. von einem Meter abgesteckt habe, mute ich in diesem Bereich nach der richtigen Bohrstelle.

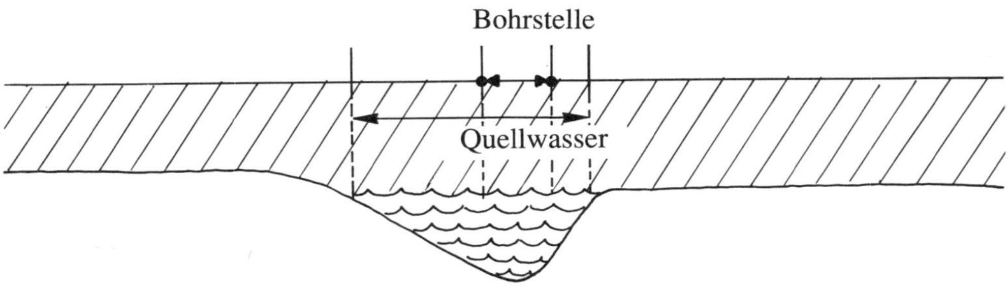


Ist nun die Begehung fertig, so mache ich in Gegenwart einer zweiten Person, die mich zuerst im Kreis führen muß, einen Blindversuch. Finde ich mit verbundenen Augen nun dieselbe Stelle wieder, so wird das Bohren eines Brunnens nicht vergeblich sein.

Nun zu Ihrem Schlafzimmer.

Die gedankliche Konzentration auf die Art der Störung ist wieder wichtig. Weist das Bett eine gesuchte Störzone auf, so zeigt dies die Rute an. Schlägt die Rute nicht aus, z.B. bei Einstellung auf einen Wasserlauf, so ist diese Strahlung nicht vorhanden und Sie müssen sich gedanklich bis zum nächsten Ausschlag immer wieder auf die nächste Strahlenart einstellen.

Eine Kreuzung finden Sie, indem Sie z.B. ein Bett von den Längsseiten aus muten, daraufhin von der Breitseite. Legen Sie auf die vorgefundenen Stellen Papierstreifen. Überkreuzen sich diese Streifen, so haben Sie an dieser Stelle eine Kreuzung festgestellt, z.B. Globalgitterkreuzung. Es können natürlich auch mehrere Kreuzungen im Bett vorhanden sein. Gehen Sie wie beschrieben vor, d.h. eine Strahlung nach der anderen suchend.

Ist Ihr Bett bestrahlt, so entfernen Sie alle Gegenstände, die störende Strahlen aussenden können, aus dem Schlafzimmer, oder legen Sie diese möglichst weit vom Bett entfernt ab und decken Sie größere Geräte, wie Fernseher usw. mit einer Wolldecke ab.

Untersuchen Sie Ihr Bett aufs Neue.

Nun werden Sie erkennen, welchen Veränderungen die Strahlenfelder durch verschiedene Gegenstände unterliegen.

Wenn Sie keine Störfelder über dem Bett mehr vorfinden, dann haben Sie einen gesunden Schlafplatz geschaffen.

Durch Üben und nochmals Üben können Sie Ihre Sensibilität steigern.

Nach den mit der Rute gemachten Erfahrungen, werden Sie auch manches im Leben mit anderen Augen betrachten, denn eine Erfahrung zieht die andere nach sich.

Glück auf!

# Literaturhinweis für interessierte Leser


| | |
|---|---|
| Bachler Käthe | Erfahrungen einer Rutengängerin |
| Dr. Bierach Alfred | Bioelektrizität |
| Brune's Tom | Rätsel der Urzeit |
| Dr. Curry Manfred | Currynetz |
| Emrich Hella | Gesundheit durch Bio-Elektrizität |
| Endrös Robert | Die Strahlung der Erde und ihre Wirkung auf das Leben |
| Felder Alois | Menschen zwischen Kosmos und Chaos |
| Graves Tom | „Radiästhesie" |
| Dr. Harmann Ernst | Krankheit als Standortproblem |
| Kirchner Georg | Pendel und Wünschelrute |
| Dr. König Herbert | Unsichtbare Umwelt |
| Dr. Oberbach Josef | Feuer des Lebens |
| Frh. Gustav von Pohl | Erdstrahlen als Krankheits- und Krebserreger |
| Rose Wulf Dietrich | Elektrostreß |
| Tompkins Peter | Cheops |
| Wochenzeitschrift „BUNTE" | Der unsichtbare Umweltschmutz<br>Mit Bewilligung der Burda Synikation |

# MITTEILUNGSBLATT

Nummer 27 / August 1987

ÖSTERREICHISCHER VERBAND
FÜR RADIÄSTHESIE UND GEOBIOLOGIE


## Berta Eggersberger und Inge Puchalka: „Erdstrahlen — Anweisung zur Selbsthilfe."

Als dieses Buch bei uns im Verband landete, waren einige sehr begeistert — andere weniger. Für mich als Schriftleiter bedeutet es schlicht und einfach die **erste** umfassende und mit zahlreichen sinnvollen Beispielen aus der Praxis belegte Veröffentlichung über ein radiästhetisches Phänomen, über das einige Kollegen im In- und Ausland seit einigen Jahren arbeiten; aber nur im engsten Kreis und in Andeutungen darüber sprechen. Gemeint ist die für Laien und auch viele Radiästheten verwirrende Tatsache, daß (vor allem im umbauten Wohn- und Arbeitsbereich) durch technisch erzeugte Felder einerseits, andererseits durch „unverdächtige" Gegenstände wie Vasen, Spiegel, Beleuchtungskörper, Jalousien usw. sogenannte Resonanzen entstehen, die sich „wie Störzonen" muten lassen und vielfach auch die gleichen störenden bzw. pathogenen Wirkungen zeigen. Für die Beseitigung solcher sekundärer Störzonen gibt es kaum feste Regeln, aber Erfahrungswerte, die von den beiden Autorinnen offen und ehrlich mitgeteilt werden. Mein Einwand: Keine Schrift für Anfänger, sondern für erfahrene und sehr fühlige Radiästheten! Die im Titel genannte Selbsthilfe besteht darin, daß man sein Schlafzimmer von den vielen als „störend" festgestellten Gegenständen frei hält — anstatt unwirksame oder gefährliche „Entstörgeräte" zu verwenden!

Ein anderer Einwand bezieht sich auf die häufige Erwähnung von Radioaktivität und deren „Beseitigung". Nun ist aber bereits erwiesen (Institut für Strahlenschutz, BRD, im Auftrag des deutschen Bundesinnenministeriums), daß die in Wohnräumen gemessene oft recht hohe Radioaktivität zumeist durch Radongas aus dem natürlichen Untergrund bedingt wird. Den Wissenschaftlern ist aber nicht bekannt, „welche Bodenaktivitäten einen bestimmten Radongehalt der Innenluft nach sich ziehen" (zitiert nach Tiroler Tageszeitung, Beilage Tirol aktuell, 12. Woche 1986).

Frau Eggersberger ist seit vielen Jahren Verbandsmitglied und in der Tiroler Landesgruppe jetzt gur bekannt. Frau Puchalka empfindet die Zonen ohne Geräte durch Körpergefühl und mit den Händen. Ihr Buch — als gebundenes Manuskript von 113 Seiten — kostet öS 250,—.

(R. Herzner)

wetter
boden
mensch

Heft 25 — 1989
Neue Folge

Betr. Schlote!

Sehr geehrter Herr Dr. Hartmann!

Schlote sind Rutengängerfallen, — wer sich nicht darauf einstellt — findet sie nicht. In der Wirkung sind sie Killerpunkte! — Verursacht werden sie durch irgendwelche Gegenstände unter der Erde, in Kellern oder Räumen. — Ich untersuchte die Todesursache eines Baumeisters, — Krebs direkt auf den Killerpunkt! Durch das Buch „Erdstrahlen — Anweisung zur Selbsthilfe" von B. Eggersberger und Inge Puchalka, welches ich Ihnen durch Frau Eggersberger vorstellen ließ, kam ich dann wegen der Schlote mit Frau Puchalka ins Gespräch und untersuchte dann entsprechend Ihrer Anweisungen das Haus des verstorbenen Baumeisters. — Im Heizungsraum fand ich 3—4 Eisenstangen als Schürhaken, Scharrer, Stocher ausgebildet und eine Schaufel aufgehängt vor — legte alle auf den Boden, die Schürhakenspitze zur Mauer gerichtet, — und der Schlot war weg!

Obiges Buch ist umstürzend, — meiner Ansicht nach eine Sensation und sollte jede Unterstützung erfahren. — Eine andere Möglichkeit, diese unvorstellbaren Elend- und Kosten verursachenden Umwelteinflüsse in Wohnungen auszuschalten, gibt es nicht. Nachdem ich vor ca. 20 Jahren Ihren Wochenendkurs I studierte, schlug ich in einer Versammlung in Eberbach und bei Prof. D. A. SCHNEIDER, Institut f. Baubiologie in Rosenheim, vor, eine gemeinsame Liste über alle störenden Einflüsse zu erarbeiten, — um diese ausschalten zu können. Diese kam nie, — ich selbst wollte es auch tun und scheiterte durch widrige Umstände genauso!

Ich wohnte mit 11 Personen in einem Haus, — diesen allen beizubringen, daß alle falsch gelagerten leeren Flaschen, Tassen, Kübel, Haferl, Kunststoffkörbe, Waschmittel, Vasen, Bilder, spitze Metallgegenstände, Radios, Batterie-Uhren, elektr. Leitungen, falsch eingesteckte Stecker usw. usw. womöglich eine Kettenraktion von heillosen Folgen auslösen können, — war nicht möglich! Die Folge war ein Krebs — ein Gehirnschlagtoter, ein Trinker, — meine Frau lag wechselweise auf einer Hartmann- und Elektrostrahlung usw., — polarisierte sich um — und ließ sich trotz 5 Kinder scheiden. (Auch Frau Käthe Bachler, Erfahrungen einer Rutengängerin, wies immer wieder auf diese Scheidungsursache hin.) Wegen ständiger Pannen durch immer wieder gestörten Schlaf- und Arbeitsplatz, durch falsch plazierte Gegenstände in allen Geschoßen, wurde ich immer mehr zermürbt und wehrloser.

Seitdem ich aber nach obigem Buch alles Erdenkliche, was in diesem Buch aufgeführt ist und selbst fand, beachte, habe ich weder bei den vielen Betonrissen ums Haus herum, noch sonstigen Netzen oder möglichen Ursachen, — keinerlei Rutenausschläge mehr! Dabei half mit der glückliche Umstand, daß ich jetzt allein im Haus lebe und der weise Wilhelm Busch sagte schon: „Der allein lebt hat es gut, — niemand ist da, — der ihm etwas zuleide tut!"

Mit allerbesten Wünschen
F.S.N.

Der Forschungskreis für Geobiologie e.V. 56935 Waldbrunn - WK schreibt am 14. März 1989 folgendes:

„Ich halte Ihre Arbeit für sehr gut und empfehlenswert für Rutengänger und Berater."

Gezeichnet Dr. med. Ernst Hartmann, 1. Vorsitzender

---

Weihbischof Fohrer, Bozen 20. Oktober 1987 unter anderem

„Vom 23. bis 27. September 1987 fand in Innsbruck ein Kongreß über Radästhesie statt; Sie waren nicht dabei. Ein Referat wurde gehalten, das genau dasselbe wissenschaftlich aussagte und begründete, was Sie in Ihrem Heft geschrieben haben. Der Referent heißt Hubert Wrede. Ein Nachlesen seines Referats wäre für Sie sehr interessant; auch Tonbänder sind erhältlich.

---

Herr Robert Herzner, Schriftführer des Österr. Verbandes für Radiästhesie und Geobiologie, Wien, Lenaugasse 5/18 schreibt im Dezember 1988:

„Ich persönlich glaube, daß Sie mit Ihrer („Eurer") Arbeit eine Pioniertat geleistet haben. Denn in den Wohnungen existiert wirklich ein echtes, von Menschen (und nicht von der modernen Technik) gemachtes „Chaos": Entweder wir nützen unsere diesbezüglichen Einflußmöglichkeiten — oder wir geben auf!

Zwischen Ihrem ersten und zweiten Buch habe ich selbst schon begonnen, in dieser Richtung bzw. in dieser Weise zu arbeiten; aber so richtig „kapiert" habe ich dieses System erst nach der Lektüre Ihrer Neuerscheinung.

Robert Herzner

---

Gesellschaft für angewandte Biophysik e.V. Sasbach, vom 16. Mai 1989

„Was Sie in Ihrem interessanten Buch, (das wir erstmals auf der Esoterik in Baden-Baden kennenlernten) „Erdstrahlen im Schlafzimmer" schreiben, können wir mit unseren parallel laufenden Erkenntnissen nur nochmals bestätigen.

---

**Zeitschrift für Radiästhesie - Geopathie - Strahlenbiologie (RGS)**

„Das Buch Erdstrahlen, das wir wirklich sehr interessant finden ...

Wir rechnen in unserem Leserkreis mit einem großen Interesse Ihres Buches. ..."

---

**Fortschritt für alle**

Mitteilungen für mündige Bürger, die eine bessere Politik mitgestalten wollen

## Selbsthilfe bei Standortstörung

Wie bereits in „Fortschritt für alle" Nr. 6/12, 11/3, 13/4, 17/13, 36/32 und 39/16 berichtet, **stören nicht nur die sog. Erdstrahlen, sondern viele andere Dinge, die sich in Schlafzimmern befinden. Unzählige Menschen könnten gesund sein, wenn sie nur wüßten, was sie so quält und krank macht. Berta Eggersberger und Inge Puchalka haben ihre jahrelangen Erfahrungen zur Hilfe von Millionen in einem Buch zusammengestellt, das jeder Fortschrittsleser kennen müßte, um sich selbst helfen zu können. 95 verschiedene Fälle werden dokumentiert.** Dieses Buch ist also, auch abgesehen von der Hilfe, die man selbst erfährt, hochinteressant.

---

**wetter boden mensch**

Nun zu einigen anderen Themen:

1) Ich würde es begrüßen, wenn der Forschungskreis eine Stellungnahme zu den von Dr. Paul SCHWEITZER entdeckten „Induzierten Kreuzungen" veröffentlichen würde. Es ist nämlich schockierend, daß gerade dort die Krebspunkte sein sollen, wo sich in Wirklichkeit keine Reizstreifen befinden!

2) Ich möchte auf das Buch „Erdstrahlen, Anweisung zur Selbsthilfe" von Berta Eggersberger und Inge Puchalka (Selbstverlag) aufmerksam machen, es handelt von Gegenständen, die man nicht im Schlafzimmer haben sollte, weil sie pathogen wirken.

Mag. Alfred Lahner

---

Für ihren vorzüglichen Vortrag bedanke ich mich bei Fr. Eggersberger. Ich erzählte, daß ich **„ausgeräumt"** habe. Z.B. entfernte ich die Aluminiumleiter und besorgte eine neue Nachttischlampe. In ihrem Auto nahm Fr. E. die Rute heraus und sagte, ich liege auf einer gekreuzten Wasserader. Ich bejahte, daß ich einen Spiegel hinter der Schranktür habe. Auf die Frage ob ich Dias im Schlafzimmer habe, sagte ich momentan „nein". Tatsächlich hatte ich Dias im Raum. Sehr überrascht war ich über die Fühligkeit von Fr. E.

Bei einem Besuch von Fr. E. schlug die Rute stark aus beim Bett und Nachtkästchen. EineKette aus „Ätna"-Vulkansteinen lag am Nachtkästchen, eine kleine Plastikhülle, die Nachttischlampe hatte einen Kupferring. Nachdem ich diese Sachen entfernt hatte und den Spiegel im Vorzimmer mit einer Wolldecke abgedeckt hatte, war es ruhig gestellt. Sehr erstaunt war ich, als bei meiner Decke, die mit Dralonwatte gesteppt ist, die Rute stark ausschlug. Auch die Polster mit Schaumstoffüllung entfernte ich, eine Vase, zwei Holzreiher ebenso. Spitze Gegenstände fangen die Erdstrahlen auf, auch wenn sie aus Holz sind, dies ist eine neue Erkenntnis für Fr. E.

Ich hatte starke Rheumaschmerzen und Migräne. Die letzten sechs Wochen sogar täglich Migräne.

Seitdem ich mein Schlafzimmer und meinen Sitzplatz im Wohnzimmer ruhig gestellt habe, habe ich **keine Migräne** mehr und mein Rheuma ist auch schon besser geworden. Wer dies mitgemacht hatt, weiß wie dankbar ich bin.

Hermine Sch.

---

VNL

2/1987 - 29. Jahrgang

MAGAZIN

für natürliche, gesunde und bewußte Lebensweise -

# BUCHBESPRECHUNG

## ERDSTRAHLEN

von Berta Eggersberger und Inge Puchalka

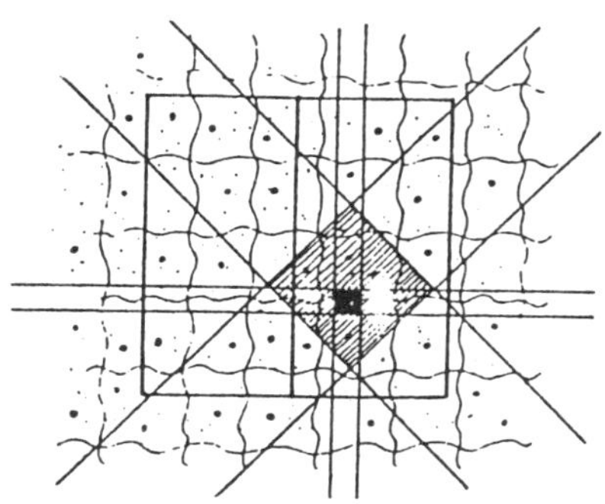

Es ist seit Urzeiten bekannt, daß Erdstrahlen auf Lebewesen schädlich einwirken können.

Einen gesunden Körper und einen klar denkenden Geist können Sie nur dann erreichen, wenn sich der Mensch während des Schlafs erholen und regenerieren kann. Dies ist nur dann möglich, wenn das Bett nicht von den sogenannten ,,Erdstrahlen'' belastet ist.

Frau B. Eggersberger und I. Puchalka sind durch ihre gemeinsame Forschungsarbeit auf vollkommen neue Erkenntnisse gestoßen. Sie kamen zu dem Ergebnis, daß die ,,Erdstrahlen'' größtenteils von uns Menschen selbst aufgebaut werden.

Durch Aufstellen von verschiedenem Mobilar, und durch die Verwendung und Lagerung von technisch- und chemisch hergestellten Gegenständen, werden die schädlichen Strahlen im Schlafzimmer von uns allen selbst hereingebracht und somit über den Betten gebündelt.

Ein Umstellen der Betten wird nicht mehr empfohlen, ja sie finden es auf die Dauer für zwecklos. Abschirmgeräte jeglicher Art werden abgelehnt.

Auf welche Weise Sie sich selbst von ,,Erdstrahlen'' befreien können, erfahren Sie aus dem vorliegenden Manuskript. In diesem werden die Anleitungen durch Selbsthilfe an Hand von Beispielen für jeden sehr verständlich dargestellt.